新时代产权交易资本市场创新发展研究报告

★★★★★

中国企业国有产权交易机构协会◎主编

Research Report on
the Innovation and Development of the Property Rights
Exchanging Capital Market in the New Era

中国经济出版社
CHINA ECONOMIC PUBLISHING HOUSE

·北 京·

图书在版编目（CIP）数据

新时代产权交易资本市场创新发展研究报告／中国企业国有产权交易机构协会主编. --北京：中国经济出版社，2023.3

ISBN 978-7-5136-7230-6

Ⅰ. ①新… Ⅱ. ①中… Ⅲ. ①产权转让-产权市场-研究报告-中国 Ⅳ. ①F723.8

中国国家版本馆 CIP 数据核字（2023）第 024356 号

组稿编辑　崔姜薇
责任编辑　焦晓云
责任印制　马小宾
封面设计　任燕飞

出版发行　中国经济出版社
印 刷 者　北京富泰印刷有限责任公司
经 销 者　各地新华书店
开　　本　787mm×1092mm　1/16
印　　张　18.75
字　　数　377 千字
版　　次　2023 年 3 月第 1 版
印　　次　2023 年 3 月第 1 次
定　　价　158.00 元
广告经营许可证　京西工商广字第 8179 号

中国经济出版社　**网址** www.economyph.com **社址** 北京市东城区安定门外大街 58 号 **邮编** 100011
本版图书如存在印装质量问题，请与本社销售中心联系调换（联系电话：010-57512564）

增强企业的活力，特别是增强全民所有制的大、中型企业的活力，是以城市为重点的整个经济体制改革的中心环节。

过去国家对企业管得太多太死的一个重要原因，就是把全民所有同国家机构直接经营企业混为一谈。根据马克思主义的理论和社会主义的实践，所有权同经营权是可以适当分开的。

在服从国家计划和管理的前提下，企业有权选择灵活多样的经营方式，有权安排自己的产供销活动，有权拥有和支配自留资金，有权依照规定自行任免、聘用和选举本企业的工作人员，有权自行决定用工办法和工资奖励方式，有权在国家允许的范围内确定本企业产品的价格，等等。总之，要使企业真正成为相对独立的经济实体，成为自主经营、自负盈亏的社会主义商品生产者和经营者，具有自我改造和自我发展的能力，成为具有一定权利和义务的法人。

——摘自《中共中央关于经济体制改革的决定》

（1984 年 10 月 20 日中国共产党第十二届中央委员会第三次全体会议通过）

必须坚持以公有制为主体、多种经济成分共同发展的方针，进一步转换国有企业经营机制，建立适应市场经济要求，产权清晰、权责明确、政企分开、管理科学的现代企业制度。

——摘自《中共中央关于建立社会主义市场经济体制若干问题的决定》
（中国共产党第十四届中央委员会第三次全体会议 1993 年 11 月 14 日通过）

要依法保护各类产权，健全产权交易规则和监管制度，推动产权有序流转，保障所有市场主体的平等法律地位和发展权利。

加快建设全国统一市场。强化市场的统一性，是建设现代市场体系的重要任务。……废止妨碍公平竞争、设置行政壁垒、排斥外地产品和服务的各种分割市场的规定，打破行业垄断和地区封锁。

大力发展资本和其他要素市场。积极推进资本市场的改革开放和稳定发展，扩大直接融资。

——摘自《中共中央关于完善社会主义市场经济体制若干问题的决定》
（2003 年 10 月 14 日中国共产党第十六届中央委员会第三次全体会议通过）

经济体制改革是全面深化改革的重点，核心问题是处理好政府和市场的关系，使市场在资源配置中起决定性作用和更好发挥政府作用。

产权是所有制的核心。健全归属清晰、权责明确、保护严格、流转顺畅的现代产权制度。

国有资本、集体资本、非公有资本等交叉持股、相互融合的混合所有制经济，是基本经济制度的重要实现形式。

建设统一开放、竞争有序的市场体系，是使市场在资源配置中起决定性作用的基础。

——摘自《中共中央关于全面深化改革若干重大问题的决定》
（2013 年 11 月 12 日中国共产党第十八届中央委员会第三次全体会议通过）

以管资本为主推动国有资本合理流动优化配置。

支持企业依法合规通过证券交易、产权交易等资本市场，以市场公允价格处置企业资产，实现国有资本形态转换，变现的国有资本用于更需要的领域和行业。

推进国有企业混合所有制改革。以促进国有企业转换经营机制，放大国有资本功能，提高国有资本配置和运行效率，实现各种所有制资本取长补短、相互促进、共同发展为目标，稳妥推动国有企业发展混合所有制经济。

——摘自《中共中央 国务院关于深化国有企业改革的指导意见》
（中发〔2015〕22 号）

国有资本、集体资本、非公有资本等交叉持股、相互融合的混合所有制经济，是基本经济制度的重要实现形式。

以企业为主体，充分发挥市场机制作用，把引资本与转机制结合起来，把产权多元化与完善企业法人治理结构结合起来，探索国有企业混合所有制改革的有效途径。

通过产权、股权、证券市场发现和合理确定资产价格，发挥专业化中介机构作用，借助多种市场化定价手段，完善资产定价机制，实施信息公开，加强社会监督，防止出现内部人控制、利益输送造成国有资产流失。

——摘自《国务院关于国有企业发展混合所有制经济的意见》（国发〔2015〕54号）

坚持服务生产经营不偏离，把提高企业效益、增强企业竞争实力、实现国有资产保值增值作为国有企业党组织工作的出发点和落脚点，以企业改革发展成果检验党组织的工作和战斗力。

——摘自习近平总书记在全国国有企业党的建设工作会议上的重要讲话（2016年10月10日）

经济体制改革必须以完善产权制度和要素市场化配置为重点，实现产权有效激励、要素自由流动、价格反应灵活、竞争公平有序、企业优胜劣汰。

要完善各类国有资产管理体制，改革国有资本授权经营体制，加快国有经济布局优化、结构调整、战略性重组，促进国有资产保值增值，推动国有资本做强做优做大，有效防止国有资产流失。

深化国有企业改革，发展混合所有制经济，培育具有全球竞争力的世界一流企业。

深化商事制度改革，打破行政性垄断，防止市场垄断，加快要素价格市场化改革，放宽服务业准入限制，完善市场监管体制。

深化金融体制改革，增强金融服务实体经济能力，提高直接融资比重，促进多层次资本市场健康发展。……健全金融监管体系，守住不发生系统性金融风险的底线。

——摘自《决胜全面建成小康社会 夺取新时代中国特色社会主义伟大胜利》（2017 年 10 月 18 日习近平总书记在中国共产党第十九次全国代表大会上的报告）

健全要素市场化交易平台。拓展公共资源交易平台功能。健全科技成果交易平台，完善技术成果转化公开交易与监管体系。引导培育大数据交易市场，依法合规开展数据交易。支持各类所有制企业参与要素交易平台建设，规范要素交易平台治理，健全要素交易信息披露制度。

完善要素交易规则和服务。研究制定土地、技术市场交易管理制度。建立健全数据产权交易和行业自律机制。推进全流程电子化交易。推进实物资产证券化。鼓励要素交易平台与各类金融机构、中介机构合作，形成涵盖产权界定、价格评估、流转交易、担保、保险等业务的综合服务体系。

——摘自《中共中央 国务院关于构建更加完善的要素市场化配置体制机制的意见》（中发〔2020〕9号）

坚持和完善社会主义基本经济制度，以完善产权制度和要素市场化配置为重点，全面深化经济体制改革，加快完善社会主义市场经济体制，建设高标准市场体系，实现产权有效激励、要素自由流动、价格反应灵活、竞争公平有序、企业优胜劣汰。

全面完善产权制度。健全归属清晰、权责明确、保护严格、流转顺畅的现代产权制度，加强产权激励。完善以管资本为主的经营性国有资产产权管理制度，加快转变国资监管机构职能和履职方式。健全自然资源资产产权制度。健全以公平为原则的产权保护制度，全面依法平等保护民营经济产权，依法严肃查处各类侵害民营企业合法权益的行为。……深化农村集体产权制度改革，完善产权权能，将经营性资产折股量化到集体经济组织成员，创新农村集体经济有效组织形式和运行机制，完善农村基本经营制度。

——摘自《中共中央 国务院关于新时代加快完善社会主义市场经济体制的意见》

（2020年5月11日）

发挥全国中小企业股份转让系统、区域性股权市场和产权交易市场在培育企业上市中的积极作用。

——摘自《国务院关于进一步提高上市公司质量的意见》
（国发〔2020〕14号）

建立数据资源产权、交易流通、跨境传输和安全保护等基础制度和标准规范，推动数据资源开发利用。扩大基础公共信息数据有序开放，建设国家数据统一共享开放平台。

深化农村集体产权制度改革，发展新型农村集体经济。

健全自然资源资产产权制度和法律法规，加强自然资源调查评价监测和确权登记，建立生态产品价值实现机制，完善市场化、多元化生态补偿，推进资源总量管理、科学配置、全面节约、循环利用。

——摘自《中共中央关于制定国民经济和社会发展第十四个五年规划和二〇三五年远景目标的建议》
（2020年10月29日中国共产党第十九届中央委员会第五次全体会议通过）

完善农村产权制度和要素市场化配置机制，充分激发农村发展内生动力。

加强农村产权流转交易和管理信息网络平台建设，提供综合性交易服务。

——摘自《中共中央 国务院关于全面推进乡村振兴加快农业农村现代化的意见》

（2021年1月4日）

健全农村集体产权制度。全面推开农村集体产权制度改革试点，完善农村集体产权确权和保护制度，分类建立健全集体资产清产核资、登记、保管、使用、处置制度和财务管理监督制度。规范农村产权流转交易，切实防止集体经济组织内部少数人侵占、非法处置集体资产，防止外部资本侵吞、非法控制集体资产。完善集体产权资产评估、流转交易、担保等综合服务体系，加强农村土地经营权流转规范管理和服务。

加快培育发展数据要素市场。制定出台新一批数据共享责任清单，加强地区间、部门间数据共享交换。研究制定加快培育数据要素市场的意见，建立数据资源产权、交易流通、跨境传输和安全等基础制度和标准规范，推动数据资源开发利用。积极参与数字领域国际规则和标准制定。

设立知识产权和科技成果产权交易机构。支持中国技术交易所、上海技术交易所、深圳证券交易所等机构建设国家知识产权和科技成果产权交易机构，在全国范围内开展知识产权转让、许可等运营服务，加快推进技术交易服务发展。

——摘自中共中央办公厅 国务院办公厅印发的《建设高标准市场体系行动方案》

（2021年1月31日）

各部门及其所属单位应当加强对本单位固定资产、在建工程、流动资产、无形资产等各类国有资产的管理，明确管理责任，规范使用流程，加强产权保护，推进相关资产安全有效使用。

——摘自《行政事业性国有资产管理条例》

（国务院令第738号）

推进市场化机制建设。依托公共资源交易平台，加快建设完善全国碳排放权交易市场，逐步扩大市场覆盖范围，丰富交易品种和交易方式，完善配额分配管理。将碳汇交易纳入全国碳排放权交易市场，建立健全能够体现碳汇价值的生态保护补偿机制。健全企业、金融机构等碳排放报告和信息披露制度。完善用能权有偿使用和交易制度，加快建设全国用能权交易市场。加强电力交易、用能权交易和碳排放权交易的统筹衔接。发展市场化节能方式，推行合同能源管理，推广节能综合服务。

——摘自《中共中央 国务院关于完整准确全面贯彻新发展理念做好碳达峰碳中和工作的意见》

（2021年9月22日）

完善统一的产权保护制度。完善依法平等保护各种所有制经济产权的制度体系。

完善市场信息交互渠道。统一产权交易信息发布机制，实现全国产权交易市场联通。优化行业公告公示等重要信息发布渠道，推动各领域市场公共信息互通共享。优化市场主体信息公示，便利市场主体信息互联互通。推进同类型及同目的信息认证平台统一接口建设，完善接口标准，促进市场信息流动和高效使用。

推动交易平台优化升级。深化公共资源交易平台整合共享，研究明确各类公共资源交易纳入统一平台体系的标准和方式。坚持应进必进的原则要求，落实和完善“管办分离”制度，将公共资源交易平台覆盖范围扩大到适合以市场化方式配置的各类公共资源，加快推进公共资源交易全流程电子化，积极破除公共资源交易领域的区域壁垒。

加快培育统一的技术和数据市场。建立健全全国性技术交易市场，完善知识产权评估与交易机制，推动各地技术交易市场互联互通。

培育发展全国统一的生态环境市场。依托公共资源交易平台，建设全国统一的碳排放权、用水权交易市场，实行统一规范的行业标准、交易监管机制。

——摘自《中共中央 国务院关于加快建设全国统一大市场的意见》

（2022 年 3 月 25 日）

积极推进产权规范交易。充分发挥产权交易所的价值发现和投资者发现功能，创新交易产品和交易方式，加强全流程精细化服务。

支持兼并重组等其他盘活方式。积极探索通过资产证券化等市场化方式盘活存量资产。在符合反垄断等法律法规前提下，鼓励行业龙头企业通过兼并重组、产权转让等方式加强存量资产优化整合，提升资产质量和规模效益。通过混合所有制改革、引入战略投资方和专业运营管理机构等，提升存量资产项目的运营管理能力。

积极落实项目盘活条件。针对存量资产项目具体情况，分类落实各项盘活条件。对产权不明晰的项目，依法依规理顺产权关系，完成产权界定，加快办理相关产权登记。

坚持市场化法治化原则，严格落实国有资产监督管理规定，做好财务审计、资产评估、决策审批等工作，除相关政策规定的情形外，应主要通过公共资源交易平台、证券交易所、产权交易所等公开透明渠道合理确定交易价格，严防国有资产流失。

——摘自《国务院办公厅关于进一步盘活存量资产扩大有效投资的意见》

（国办发〔2022〕19号）

构建全国统一大市场，深化要素市场化改革，建设高标准市场体系。完善产权保护、市场准入、公平竞争、社会信用等市场经济基础制度，优化营商环境。

深化国资国企改革，加快国有经济布局优化和结构调整，推动国有资本和国有企业做强做优做大，提升企业核心竞争力。优化民营企业发展环境，依法保护民营企业产权和企业家权益，促进民营经济发展壮大。

积极稳妥推进碳达峰碳中和。完善碳排放统计核算制度，健全碳排放权市场交易制度。

——摘自《高举中国特色社会主义伟大旗帜为全面建设社会主义现代化国家而团结奋斗》
（2022年10月16日习近平总书记在中国共产党第二十次全国代表大会上的报告）

在相当长一个时期，产权交易清晰化、透明化，公正公平，通过产权交易市场体现国有产权的价值是非常必要的，中国产权协会要在这方面进一步完善做好。

——国务院国有资产监督管理委员会原党委书记、主任郝鹏

牢牢把握国有资产监管这个重要保障，有效防止国有资产流失、促进国有资产保值增值。加强国有资产监管、防止国有资产流失，是做强做优做大国有企业的重要保障。必须持续完善国资监管体制，充分发挥体系化、专业化、法治化监管优势，坚持依法监管、依法治企，切实提高监管系统性针对性有效性。

——摘自《党建》杂志刊发的国务院国有资产监督管理委员会原党委书记、主任郝鹏文章：《深入学习贯彻习近平新时代中国特色社会主义思想 扎实推动国资央企高质量发展》（2022 年 2 月 11 日）

编委会名单

（按姓氏笔画排列）

编委会顾问 马正武 王乃祥 王立峰 王　军 王曙光 韦明芳 朱　戈 朱　冬 朱　跃 刘庆波 刘　闻 刘　超 许钢涛 孙光远 李连庆 李晓梁 杨　静 连　炜 吴江涛 吴汝川 吴宏平 张世宏 张亚明 张　丽 张　莉 张敬忠 陈　戈 罗俊茯 岳士侠 周小全 周业军 周　琪 赵永涛 钟德富 姜又阳 栗　楠 徐世湘 徐　勇 高振武 章斌辉 斯映红

编委会主任 夏忠仁

编委会副主任 王双林 王　艳

第一编编写组成员 宋林泉 周业军 夏龙江

执笔人 叶长春 付　伟 李　颖 杨思远 张　凯 周雪飞 费汉赟 高友富

第二编编写组成员 刘　闻 吴汝川 周业军

执笔人 艾碧俊 刘一然 杨　颖 肖　丹 祝婉奕 费汉赟 高友富 谢育均

第三编编写组成员 王乃祥 王　军 韦明芳 白相飞 刘庆云 孙光远 李新立 吴汝川 宋林泉 陈　戈 周小全 姜又阳 徐世湘

执笔人 马湘毅 艾碧俊 朱丽娜 刘申燕 刘素妍 孙高健 杨　冰 杨　啸 连利军 张敬忠 张　煜 欧阳克坚 姜又阳 费汉赟 贾　彦 高志臣 黄运兵 黄晓春 萧　楠 游　方 臧腾进

第四编编写组成员 杨　静 周小全

执笔人 肖　丹 何昌福 费汉赟 党　政 郭　悦 潘　熙

第五编编写组成员 王双林 王　艳

执笔人 王予商 刘一然 刘江璐 肖　君 费汉赟 殷佳梁

导论及致谢执笔人 费汉赟

编写组总务人员 王思思 伍小保 李红娟 杨　洁 宋伟宏 宋盈盈 张立英 张静水 季雯雯 赵鹏远 姚　玥 贾璐遥 高少辉

目　录

Contents

第二编 新时代产权交易资本市场体制变革

第三编 新时代产权交易资本市场实践探索

第四编　新时代产权交易资本市场监督管理

第五编　新时代产权交易资本市场自律建设

导　论

一、相关概念释义

（一）命题释义

1. 关于“新时代”的释义

本书命名“新时代产权交易资本市场创新发展研究报告”，其中的“新时代”与“新时期”“新阶段”高度关联，需要区分认识。《习近平谈治国理政》和《中共中央关于党的百年奋斗重大成就和历史经验的决议》（简称《决议》）中对中国特色社会主义新时代、新时期、新阶段有重要论述，应当把《习近平谈治国理政》和《决议》的重要论断作为定义“新时代”“新时期”“新阶段”（简称“三新”）的根本依据。

依据中央文件的权威阐述，本书的“三新”定义如下：①新时期。新时期通常是指从我国实施改革开放起到全面建成小康社会这一历史时期。②新阶段。2017 年 10 月 25 日，习近平总书记在中共十九届一中全会上发表讲话：“党的十八大以来，在新中国成立特别是改革开放以来取得的重大成就的基础上，我国发展站到了新的历史起点上，中国特色社会主义事业进入了新的发展阶段。”中共中央党史文献研究院就此认为，我国下一步发展需要把握新发展阶段，贯彻新发展理念，构建新发展格局，而新阶段就是新时代的初始阶段。③新时代。2017 年 10 月 18 日，习近平总书记在党的十九大报告中指出：“中国特色社会主义进入了新时代，这是我国发展新的历史方位。”新时代是决胜全面建成小康社会，进而全面建设社会主义现代化强国的时代。《决议》指出：“党的十八大以来，中国特色社会主义进入新时代。”

2. 关于“产权交易资本市场”的释义

习近平总书记指出：“着力引导民营企业利用产权市场组合民间资本，开展跨地区、跨行业兼并重组，培育一批特色突出、市场竞争力强的大企业集团。”《中共中央国务院关于深化国有企业改革的指导意见》（中发〔2015〕22 号）（简称“22 号文”）指出：“支持企业依法合规通过证券交易、产权交易等资本市场，以市场公允价格处置企业资产，实现国有资本形态转换，变现的国有资本用于更需要的领域和行业。”“产权交易资本市场”这个概念有广义市场和狭义市场之分。广义市场是指在社会主义市场经济体制框架下，为各类非上市企业提供产股权交易、并购及投融资活动的场所、机构和各类交易关系的总和；它不仅包括各产权交易机构，还包括区域股权市场运营机构、银行间市场部分运营机构，和围绕上述交易机构建立起来的投资机构或市场投资人、经纪机构、其他中介服务机构、相关法律法规和交易制度体系，以及与之相关的各类产权交易市场生态网络体系。① 习近平总书记提出的“利用产权市场组合民间资本”论断中的“产权市场”，就是广义的产权交易资本市场。22 号文提出的“证券交易、产权交易等资本市场”也是广义的产权交易资本市场。狭义市场是指中央政府及各级地方政府所属部门依据一定的遴选程序依法依规选定的具有承办相关资产交易能力的产权交易机构。

党的十八大以来，国家高度重视产权交易资本市场建设，颁布实施了一系列旨在推动产权交易资本市场健康发展的重要政策，产权交易资本市场建设进入新的历史机遇期。

（二）重要概念释义

1. 关于“产权”的释义

党的十六届三中全会通过的《中共中央关于完善社会主义市场经济体制若干问题的决定》指出：“产权是所有制的核心和主要内容，包括物权、债权、股权和知识产权等各类财产权。”产权是为适应现代市场经济发展要求而出现的经济范畴。国内理论界从不同角度对产权进行了定义和解释。一般认为，产权主要是指财产权或财产权利，是以财产所有权为主体的一系列财产权的总和，包括所有权及其衍生的占有权、使用权、收益权和处分权等。通常意义上的财产，既包括土地、房屋、设备及存款、现金等不动产和动产，也包括股票、债券等证券资产，还包括专利、商标、名誉、商业秘密等无形资产。②

2. 关于“产权转让”的释义

《中华人民共和国宪法》第十条规定：“任何组织或者个人不得侵占、买卖或者以其他形式非法转让土地。土地的使用权可以依照法律的规定转让。”宪法作为国家的根本法，其中关于土地使用权可以依法转让的规定，应当视同迄今为止对产权转让最权威的法制保障，也是制定其他有关产权交易专门法的根本依据。以此为发端，宪法精神层面所定义的“产权转让”，其范围已经不仅限于土地使用权，还包括各类动产和不动产、有形资产和无形资产。一般而言，产权转让是指各类财产的所有权及占有权、

① 中国产权协会．中国产权交易资本市场研究报告［M］．北京：中国经济出版社，2018：52.
② 中国产权协会．中国产权交易资本市场研究报告［M］．北京：中国经济出版社，2018：50.

使用权、收益权和处分权等权利在不同主体之间进行变更。

3. 关于“产权交易”的释义

首次采用“产权交易”概念的法律是2002年出台的《中华人民共和国中小企业促进法》。该法第四十六条规定：“国家鼓励各类服务机构为中小企业提供创业培训与辅导、知识产权保护、管理咨询、信息咨询、信用服务、市场营销、项目开发、投资融资、财会税务、产权交易、技术支持、人才引进、对外合作、展览展销、法律咨询等服务。”该法明确将“产权交易”列为各类服务机构为中小企业提供的15项服务内容之一。简要地说，产权交易是指市场中交易双方把产权及其相关权利作为商品进行买卖的一切经济活动，其中包含但不限于企业财产所有者将其拥有的财产所有权或经营权进行有偿转让的经济活动。

4. 关于“产权交易机构”和“产权交易场所”的释义

我国产权交易机构的设立时间最早可以追溯至20世纪80年代中期。据《中国经济年鉴》记载，1986年，江西省出现了冠名为“南昌市企业产权转让办公室”的机构。该机构负责对企业资产进行统一的分账管理，指导和协调企业产权转让活动，承办企业产权拍卖、兼并、租赁和承包等日常业务。1988年，湖北省出现了冠名为“武汉市企业兼并市场事务所”的机构，其职能是从事企业兼并、转让工作。同一时期，河北省、四川省也先后出现了类似的机构。吉林省和黑龙江省还一度出现了冠名为“厂内银行”的负责企业承包经营权利调配的机构。进入21世纪，有关部委规章中也提到了“产权交易机构”这个称谓。它与《中华人民共和国企业国有资产法》中提出的“产权交易场所”的概念存在着法理逻辑上的种属关系。《中华人民共和国企业国有资产法》第五十四条第二款规定：“……国有资产转让应当在依法设立的产权交易场所公开进行。”近年来，“产权交易机构”这个概念广泛见于部委规章，如《企业国有资产交易监督管理办法》（国务院国资委、财政部令第32号）（简称“32号令”）、《财政部关于印发〈规范产权交易机构开展金融企业国有产权交易管理暂行规定〉的通知》（财金〔2020〕92号）、国资委办公厅《关于调整从事中央企业国有资产交易业务产权交易机构的通知》（国资厅产权〔2020〕333号）。一般而言，产权交易机构是指以产权交易为主要业务，具有独立法人资格的产权交易场所。在编制与组织形式上，早期的产权交易机构大多采用事业法人制。进入新时代以后，产权交易机构适应市场化、法治化的要求，绝大多数转制为公司制企业。

二、研究背景与研究目的

（一）研究背景

党的十八大以来，党中央、国务院从国有资产交易、要素资源交易和市场体系建设等方面对产权交易资本市场提出改革创新要求：需要完善产权制度，推动各类国有产权交易进场，健全要素市场制度，实现市场化配置，着力打造高标准市场体系。在此过程中，诸多法规政策出台，明确产权交易资本市场未来的发展方向。例如：在国有资产交易领域，国务院于 2013 年提出完善国有产权交易制度，实行“四统一”；2015 年以来，国务院及各部委推动各类国有产权交易进场，包括国有企业资产交易、国有文化企业资产交易、国有金融企业资产交易、行政事业性国有资产交易等。在要素资源交易领域，国家出台了一系列政策，推动产权交易诸多市场建设，包括农村产权交易市场建设、知识产权（技术）交易市场建设、碳排放权交易市场建设，以及自然资源交易市场建设等。在当前的时代背景下，产权交易资本市场正面临着新形势、新机遇和新要求，亟须开展相关理论研究，破解目前市场发展面临的一系列理论与实践难题，指导行业发展。

（二）研究目的

中国企业国有产权交易机构协会（简称“中国产权协会”）组织开展本研究主要基于以下五个目的：

一是深入学习宣传贯彻中共十九届六中全会精神，牢固确立习近平新时代中国特色社会主义思想对产权交易资本市场创新发展的指导地位，运用习近平经济思想、习近平总书记关于金融工作的重要论述、习近平法治思想、习近平生态文明思想和习近平关于国有企业改革发展的重要论述，科学定义定位产权交易资本市场。

二是推进落实国家“十四五”规划和 2035 年远景目标在产权交易行业的落实落地，确保全国产权交易行业“十四五”规划如期实现。

三是培养培训产权交易行业理论骨干和业务骨干，为参与并争取入选《中华人民共和国职业分类大典》做好思想准备、人才准备、舆论准备和机制准备。

四是依照中国产权协会章程关于业务范围的规定，向第四次会员大会提交开展业务成果报告，向党的机关和政府部门提供关于我国产权交易资本市场创新发展研究报告。

五是回应社会各界对我国产权交易资本市场理论建设、产权交易资本市场业务建设、产权交易资本市场自律建设的关注和期待，提升行业商誉，积累社会效益，发挥中国产权协会作为 AAAAA 级品牌协会的作用。

三、研究必须坚持的原则

（一）坚持政治性原则

坚持以习近平新时代中国特色社会主义思想为指导，增强“四个意识”、坚定“四个自信”、做到“两个维护”。全部研究活动均把为中国特色社会主义产权交易资本市场体制立言立论和传经播道放在首要位置。不得出现任何与党的基本理论、基本纲领、基本路线、基本经验相违背的行动或内容。

（二）坚持前瞻性原则

着眼新时代、立足新阶段、回顾总结新时期。追溯初心，构筑梦想；继往开来，知行合一；以“道”统“术”，以“术”载“道”。紧随社会主义发展步伐，深入研究产权交易资本市场发展规律。

（三）坚持求是性原则

一切从实际出发，用于研究的所有信息、资料必须以依法公开的资料为依据。以事实和实证为依据开展讨论和研究，力求从事实当中寻求规律性的结果。力戒以讹传讹，力戒夸大其词，力戒弄虚作假，力戒失密泄密。

（四）坚持全面性原则

树立新发展理念，基于“五位一体”总体布局和“四个全面”战略布局，放眼世界百年未有之大变局和我国新发展格局，把我国产权交易资本市场领域的全部实践活动和理论观点尽可能纳入研究范围，开展相关研究。

（五）坚持学术性原则

用社会主义核心价值观统领学术争鸣与利益诉求的博弈，最大限度节制资本逐利诉求对学术研究的掣肘和影响。发扬学术民主，集思广益，不搞“一言堂”，破除门户之见，摆脱自说自话，不以一家之言或一孔之见代替社会公论。既动员全行业参与研究活动，也欢迎社会各界人士参与并提出宝贵意见，同时争取政府的支持。

四、研究概述

本研究报告共五编，具体如下：

第一编，新时代产权交易资本市场理论指南。本编共七章，重点研究习近平新时代中国特色社会主义思想和习近平总书记的相关论述、重要指示对产权交易资本市场的指导意义，探讨新时代我国产权交易资本市场的政治经济学。习近平新时代中国特色社会主义思想是产权交易资本市场发展的根本指南，本编旨在阐释习近平经济思想、习近平总书记关于金融工作的重要论述、习近平法治思想、习近平生态文明思想、习近平总书记关于国有企业改革发展的重要论述和习近平总书记关于“着力引导民营企业利用产权市场组合民间资本”的重要论述对产权交易资本市场的指导意义。此外，对西方新制度经济学，特别是科斯定理对产权交易资本市场的影响作出合理的、实事求是的评价，以正本清源，进一步确立马克思主义中国化的产权理论和产权交易学说的指导地位。

第二编，新时代产权交易资本市场体制变革。本编共四章，重点研究产权交易资本市场体制的历史渊源、形成过程、基本经验和加快完善市场体制的重大问题。产权交易资本市场的发展伴随着我国社会主义市场经济体制建立、建设、改革的全过程，是我国社会主义市场经济建设的重要组成部分。本编总结了产权交易资本市场体制建设的六条经验：一是必须坚持马克思主义中国化的产权理论指导，二是必须围绕中国特色社会主义经济体制运行，三是必须完善以产权交易场所为中心的基础设施建设，四是必须严格实行多元一体的监督管理，五是必须以社会组织为依托深入开展自律建设，六是必须建设公开、公平、公正、阳光透明的市场机制。同时，分析加快完善产权交易资本市场体制的四个重大问题：一是广义市场引领狭义市场的理论问题，二是全国产权交易资本市场统一区域产权交易资本市场的路径问题，三是各地产权交易机构与各级公共资源交易中心之间的关系问题，四是我国产权交易资本市场“走出去”（国际化）的战略问题。

第三编，新时代产权交易资本市场实践探索。本编共七章，重点研究产权交易资本市场当前交易业务与交易辅助业务的实操情况。从实证角度出发，当前我国产权交易机构的业务范围包括资产股权类、金融资产类、自然资源类、环境权类和招标采购类 5 大类 26 项具体业务。同时，分析 5 项交易辅助业务，即资产评估业务、法律顾问业务、财务顾问业务、司法辅助业务、交易档案管理。最后，展望数字经济未来发展趋势，分析数据交易业务发展现状，进行前瞻性研究探讨。

第四编，新时代产权交易资本市场监督管理。本编共四章，重点研究产权交易资本市场监督管理体系，分为立法监管、行政监管、司法监督和公众监督。立法监管分为全国人民代表大会及其常委会监管和地方各级人民代表大会及其常委会监管；行政监管分为国务院及各部委监管、统筹协调机制监管和各级地方政府监管；司法监督分为人民法院监督和人民检察院监督；公众监督分为公民监督、舆论监督和其他公众监督。从国家治理体系和治理能力现代化的顶层统观市场监督管理，产权交易资本市场的监管采取立法监管、行政监管、司法监督和公众监督多元一体的监管模式，具有中央集中监管与地方分层监管相结合的特征。

第五编，新时代产权交易资本市场自律建设。本编共三章，重点研究产权交易资本市场自律建设的理论、政策依据与实践创新，产权交易资本市场自律组织概况，以及产权交易资本市场自律建设的重点方向；分析全国性和地方性自律组织的分布与运行情况，明确新时代产权交易资本市场加强自律建设的方向分别是诚信操守自律、风险防控自律和规范创新自律。

01

第一编

新时代产权交易资本市场理论指南

本编核心观点和内容提要

■ 习近平新时代中国特色社会主义思想，是对马克思列宁主义、毛泽东思想、邓小平理论、“三个代表”重要思想、科学发展观的继承和发展，是马克思主义中国化最新成果，是党和人民实践经验和集体智慧的结晶，是中国特色社会主义理论体系的重要组成部分，是全党全国人民为实现中华民族伟大复兴而奋斗的行动指南，同时也是产权交易资本市场发展的根本指南。

■ 运用习近平新时代中国特色社会主义思想的理论体系、基本立场、基本观点和相关内容，对产权交易资本市场发展的理论指导进行针对性研究，力求反映产权交易资本市场发展实际，切实指导产权交易资本市场未来理论研究和业务操作。

■ 关于习近平经济思想、习近平总书记关于金融工作的重要论述、习近平法治思想、习近平生态文明思想，均以《习近平新时代中国特色社会主义思想学习纲要》为根本遵循展开论述。

■ 对西方新制度经济学，特别是科斯定理对产权交易资本市场的影响作出合理、客观、实事求是的评价，进一步确立马克思主义中国化的产权理论和产权交易学说对当今产权交易资本市场的指导地位。

第一章　习近平经济思想对产权交易资本市场的指导意义

党的十八大以来，以习近平同志为核心的党中央高瞻远瞩，全面把握世界发展大势，深刻总结国内外发展的经验教训，紧紧围绕新时代中国特色社会主义经济发展重大问题和实践，创造性地提出一系列治国理政的新理念新思想新战略，创立形成习近平经济思想，科学指导新时代我国经济改革和发展实践。① 产权交易资本市场作为我国多层次资本市场的重要构成，是服务国企改革和要素市场化配置的主战场，在中国特色社会主义经济建设中发挥着越来越重要的作用。深入学习贯彻习近平经济思想，对进一步丰富完善新时代中国产权交易资本市场建设理论，加快建设统一开放、竞争有序、制度完备、治理完善的高标准市场体系具有重要意义。

第一节　必须完整准确全面贯彻新发展理念

新发展理念是习近平经济思想的主要内容，是马克思主义政治经济学和中国特色社会主义政治经济学的重大理论创新。② 习近平总书记指出，发展必须是科学发展，必须坚定不移贯彻创新、协调、绿色、开放、共享的新发展理念。③ 新发展理念内涵清晰、目标明确，在全面建设社会主义现代化国家新征程中，产权交易资本市场必须完整准确认识新发展理念的丰富内涵和理论精髓，深刻把握全面贯彻新发展理念的重大实践要求，不断提升创新动力和市场功能。④

---

① 《经济日报》课题组．习近平经济思想研究评述［N］．经济日报，2021-11-29.

② 邱海平．全面认识和贯彻新发展理念［N］．经济日报，2021-12-06.

③ 中共中央宣传部．习近平新时代中国特色社会主义思想学习纲要［M］．北京：学习出版社，人民出版社，2019：109-122.

④ 杨秋宝．完整准确认识习近平新时代中国特色社会主义经济思想［J］．金融博览，2019（6）：44-45.

一、创新是引领发展的第一动力

创新发展解决的是动力问题。习近平总书记指出，我们必须把创新摆在国家发展全局的核心位置，不断推进理论创新、制度创新、科技创新、文化创新等各方面创新，让创新贯穿党和国家一切工作，让创新在全社会蔚然成风。① 产权交易资本市场随着国企改革推进而诞生发展，是中国独创的经济模式，定位为非标准化和非连续交易的资本市场，现有的经济体制改革和要素市场化配置已在一定程度上离不开产权交易资本市场的服务。但与标准化的证券市场相比，产权交易资本市场在成交规模、融资能力、制度环境等方面还有一定差距。在抓住前期国有资产进场交易政策红利的同时，我们仍然要秉承持续创新的传统，把握国家新政策出台的步伐，在交易理论、交易制度、交易方式和系统建设等方面提前创新实践，积极构建服务于改革发展的新兴要素市场。

二、协调是健康发展的内在要求

习近平总书记指出，“协调既是发展手段又是发展目标，同时还是评价发展的标准和尺度”，“协调发展，就要找出短板，在补齐短板上多用力，通过补齐短板挖掘发展潜力、增强发展后劲”。国有资产进场交易制度设计的初衷是通过产权交易机构间的合作实现跨区域协同发展，提高交易质量和效率，实现国有资产保值增值，但客观上也形成了产权交易机构互不隶属、市场资源很难共享、业务规模差异较大和交易市场碎片化的现状。我国社会主要矛盾已经转化为人民日益增长的美好生活需要和不平衡不充分的发展之间的矛盾，从当前我国发展中不平衡、不协调、不可持续的突出问题出发，产权交易资本市场要着力推动全国各区域协调发展和城乡融合发展，实现跨城乡、跨区域要素市场一体化。

三、绿色是永续发展的必要条件

绿色发展注重的是解决人与自然和谐共生的问题，必须实现经济社会发展和生态环境保护协同共进，为人民群众创造良好生产生活环境。② 绿色低碳循环发展是当今时代科技革命和产业变革的方向，是最有前途的发展领域，我国在这方面潜力巨大，可以形成很多新的经济增长点。在绿色低碳新发展格局下，产权交易资本市场应按照经济转型和结构调整的要求，跻身服务全社会的绿色产业投融资活动，从制度约束型市场向经济引领型市场转变，提升绿色产业投资效率，降低交易成本，力争成为绿色产业发展过程中必备的战略平台。产权交易机构也要探索服务以新兴绿色产业链和绿色

---

① 习近平．习近平谈治国理政：第 2 卷［M］．北京：外文出版社，2017：197-200.

② 黄志斌，黄驰．以绿色发展解决人与自然和谐共生问题［N］．经济日报，2020-12-21.

供应链为重点的市场，成为绿色产业交易服务机构，在处置国有资产的同时，为绿色产业链上下游企业的全要素交易需求和买、卖、投、融、询等提供全方位服务。

四、开放是繁荣发展的必由之路

我国经济总量持续稳居世界第二，国际竞争力和世界影响力显著提升，有充分条件推进全方位对外开放和加快形成开放型经济新体制，并为推动形成开放型世界经济做出更大贡献。要保持经济持续健康发展，就必须坚持开放是国家繁荣发展的必由之路的理念。开放发展注重的是解决发展内外联动的问题，必须发展更高层次的开放型经济，以扩大开放推进改革发展。过去，产权交易资本市场主要立足于国内，现在可以乘着"一带一路"的东风，加速向国际市场拓展。产权交易是资本市场多元化建设和金融服务的重要内容，应充分发挥市场化资源优化配置功能、资本聚焦转换功能和产业带动发展效应，切实解决"一带一路"建设参与企业、参与项目工程遇到的实际问题，更好地服务于"一带一路"建设。①

五、共享是社会主义的本质要求

共享注重的是解决社会公平正义的问题。让广大人民群众共享改革发展成果，是中国特色社会主义的本质要求，是社会主义制度优越性的集中体现，是我们党坚持全心全意为人民服务根本宗旨的重要体现。随着时代的发展，传统粗放型经济模式已经不能完成资源的高效配置，而共享经济能有效调整供需矛盾，将闲置资源进行合理配置，更好地满足差异化需求。目前，产权交易资本市场的需求量和供给量增多，信息传播速度加快，将逐步形成一个多层次、立体型的市场网络协作系统。但产权交易机构的区域性特点却制约着产权交易资本市场的发展，特别是中小产权交易机构，它们只盯着国有资产甚至是应进必进的政策性业务，很容易陷入低水平循环之中。对此，我们要推动产权交易机构由过去的各自为政、单打独斗逐渐转变为资源共享、共同发展，积极改变传统资源的使用模式，使产品或服务的实际成本低于传统模式，从而形成资源有效利用的双赢局面。

第二节　新时代产权交易资本市场建设应关注的问题

我国产权交易资本市场是伴随着经济体制改革的进程逐步发展起来的。由于建立

① 周远．推进产权交易国际化，服务好"一带一路"建设［EB/OL］．(2019-07-03)．http：//views. ce. cn/view/ent/201907/03/t20190703_32511301. shtml

初期改革不配套和制度设计上的局限，产权交易资本市场在体制机制、业务创新和改革发展等方面还存在一些深层次问题及结构性矛盾，在一定程度上制约了市场功能的有效发挥，需要我们予以关注。

一、市场与政府的关系

在我国从计划经济向市场经济转型的过程中，政府面临的最重要的问题就是如何完善我们的产权制度，实现要素市场化配置。解决这一问题的关键在于以法律形式确定国有资产退出的公共选择、公共授权、公共监督机制，使国有产权的转让成为市场自发的、自由的选择，从而提高产权转让的质量和效率。多年来，我们的产权交易资本市场改革始终围绕着重新划定政府与市场的界限进行，把更多的事务交给市场，这是一般意义上的市场化改革。在新时代的改革中，我们要更好地发挥政府的作用，履行好政府监管职能，实施科学监管、适度监管，创造公平竞争的市场环境，保护投资者的合法权益，有效维护市场秩序，否则很容易产生道德风险和经济秩序紊乱，影响改革的绩效。

二、创新与风险的关系

产权交易资本市场的创新是中国独有的，它建立了我国国有经济民营化、多种所有制经济混合化、生产要素资源配置市场化的大产权交易制度。这个市场是由业已存在的、分布于全国各地自发形成的产权交易机构共同构建的全新行业和超大市场。我们的创新应该是兼顾风险防范的创新，要始终让风险监测、预警和处置贯穿市场创新发展全过程，确保各项业务有法可依、有规可循，牢牢守住不发生系统性、区域性风险的底线。

三、改革与稳定的关系

产权交易资本市场在组织形式、市场结构、创新能力、服务功能、服务水平方面与政府部门和市场主体的要求还有差距，交易机构综合服务能力、直接融资服务水平和要素市场运营能力还有待提高。建设高标准的市场体系对产权交易行业提出了更高要求，立足全局、着眼长远，我们要坚定不移地积极推进改革。我们要注重加强产权交易资本市场顶层设计，增强改革措施的系统性、针对性、协同性，把握好改革的力度、节奏和市场承受能力，稳步实施各项政策措施，着力推动资本市场平稳发展。

第三节　科学运用习近平经济思想指导我国产权交易资本市场高质量发展

习近平经济思想不仅是新发展理念下的思想体系，还是新时代关于经济建设、经济发展的系统完整的理论与战略体系，它告诉我们新时代经济建设的根本遵循是“七个坚持”，根本要求是高质量发展，基本取向是社会主义市场经济改革方向，发展主线是供给侧结构性改革，基本目标是建成现代化经济体系，重要原则是稳中求进，要实施区域协调发展战略，推动形成全面开放新格局。大力发展产权交易资本市场是一项重要的战略任务，我们需要科学运用习近平经济思想解决新时代产权交易资本市场发展的问题，充分发挥产权交易资本市场在促进资本形成、优化资源配置、推动经济结构调整、完善公司治理结构等方面的作用，为国民经济持续快速协调健康发展和全面建设小康社会做出新的贡献。

一、坚持和加强党的集中统一领导

我国产权交易资本市场诞生、发展和壮大的历史，是党领导中国人民探索社会主义市场经济道路、实现国家繁荣富强这部恢宏壮丽史诗中的重要篇章。坚持和加强党的集中统一领导，是习近平经济思想的本质特征，也是确保产权交易资本市场始终沿着正确方向稳步前进的根本保证。做好新时代产权交易资本市场建设，必须坚决维护以习近平同志为核心的党中央权威和集中统一领导，在学懂弄通做实习近平经济思想上下苦功夫，自觉把产权交易资本市场改革发展稳定各项工作放在党和国家全局中思考、谋划和定位。① 必须推动全面从严治党向纵深发展，进一步加强党对产权交易事业发展的核心引领作用，确保改革发展各项工作沿着正确方向前进。必须坚持党管干部原则，发挥党管人才优势，建设一支政治过硬、作风优良、业务精通的高素质产权交易人才队伍。

二、贯彻以人民为中心的发展思想

中国特色的资本市场应当结合中国国情打造“人民需要的资本市场”，这就是以人民为中心的发展理念在资本市场的具体体现。在坚持公开、公平、公正价值观指引下，产权交易资本市场始终鼓励“自下而上”的基层首创精神，始终坚持开放合作的共享理念，在坚定不移地维护人民群众的知情权、参与权和监督权基础上，促进国家、集

① 刘绪尧．党中央坚强领导为资本市场改革发展指明方向［N］．上海证券报，2021-07-01.

体和个人的财产权益保值增值。作为服务全要素配置的主平台，产权交易资本市场充分体现公开、公平、公正的市场经济本质，更能够服务规模庞大、区域广泛和多元化、多层次的市场主体，更能满足人民群众多样化的现实需求，是人民所需要的要素市场。因此，产权交易资本市场建设要做到“充分发挥市场配置资源的决定性作用，畅通要素流通渠道，保障不同市场主体平等获取生产要素，推动要素配置依据市场规则、市场价格、市场竞争实现效益最大化和效率最优化”，成为真正有中国特色的、以人民为中心的全要素大市场。①

三、适应产权交易发展新常态

经济新常态这一重大判断，科学回答了我国经济发展怎么看和怎么干的问题。当前，我国经济增长速度从高速转向中高速，发展方式要从规模速度型转向质量效率型，经济结构调整要从增量扩能为主转向调整存量、做优增量并举，发展动力要从主要依靠资源和低成本劳动力等要素投入转向创新驱动。新常态下，根据国资国企改革的新要求及企业发展的新需求，产权交易资本市场也面临着前所未有的机遇和挑战。从服务内容来看，产权交易资本市场服务股权投资基金等各种民间资本参与混合所有制经济发展的空间巨大。从服务对象来看，产权交易资本市场在传统股权业务的基础上，交易品种将不断丰富，要把握权益性要素市场的发展方向。从服务领域来看，非公产权交易、非公资本并购重组、非公企业发展服务也是产权交易资本市场服务的重要内容。从服务方式来看，以信息化推动产权交易市场化、开放化和规范化运作效率和水平成为产权交易发展趋势。从服务模式来看，产权交易资本市场要不断提升规范化、标准化、增值化服务水平。②

四、夯实产权交易市场基础制度

新时代经济建设的基本取向即坚持社会主义市场经济改革方向，传统的计划经济向现代市场经济的转变，并不是不要政府起作用，而是市场在资源配置中起决定性作用，更好地发挥政府作用。从这个角度来看，我国产权交易资本市场体系建设已取得历史性进步，但仍存有短板和不足。③ 比如，依法保护产权仍有薄弱环节，市场准入仍有某些行政性垄断，不同类型企业仍有不公平竞争的感受，市场监管不适应市场发展要求等。高标准产权交易资本市场体系基础制度，是市场有效运行的保障。在产权保

---

① 马志春．产权市场就是始终以人民为中心的全要素市场［EB/OL］．（2021-08-05）．https：//www. sohu. com/a/481655018_121123887. html.

② 娄金洋．认识产权市场发展新常态的维度［J］．产权导刊，2015（4）：25-27.

③ 刘世锦．加快建设高标准市场体系的重要战略部署［J］．财经界，2021（6）：1-2.

护制度方面，要完善平等保护产权的法律法规、健全产权执法司法保护制度、强化知识产权保护、健全农村集体产权制度，激发各类市场主体活力；在市场准入负面清单制度方面，要落实“全国一张清单”管理模式、开展放宽市场准入，加大力度破除各种市场准入隐形壁垒，形成全国统一产权交易资本市场；在公平竞争制度方面，要增强公平竞争审查制度刚性约束，加强和改进反垄断与反不正当竞争执法，破除区域分割和地方保护，促进市场主体充分竞争、优胜劣汰，实现资源优化配置。

五、推进供给侧结构性改革

在新时代相当长的历史时期中，我国经济运行主要矛盾仍然是供给侧结构性的，必须更多采取改革的办法，更多运用市场化、法治化手段，坚定不移地以供给侧为取向重点、以供给结构为内容重点、以深化改革为方式重点，推动经济高质量发展。产权交易活动具有资本市场属性，在于能够针对经济增长和社会发展的结构性需求，从生产要素的供给侧不断注入适应性、灵活性、流动性。32 号令要求国企的增资扩股和资产转让在产权交易机构中公开进行，为产权交易场所发挥资本市场功能、实现资产流转与融资“双轮驱动”提供了政策依据，也给微观产权交易活动提供了基本规程。产权交易资本市场要适应供给侧结构性改革，就要面向生产领域做好、做优交易产品、交易体系和服务供给，即为实体经济高质量发展提供交易产品、交易体系和服务供给，包括产股权、实物资产、诉讼资产、金融资产、环境权益、公共资源、技术产权、企业融资服务、文化产权、林权、矿业权和农村产权交易等业务。①

六、改善提升市场环境和质量

高质量发展要求推动实现质量变革、效率变革、动力变革，市场体系的基础制度、运行效率、开放程度、监管体制等都要与之相匹配。建设高标准产权交易资本市场体系，要坚持平等保护各类所有制经济产权，健全产权执法司法保护制度，强化竞争政策基础地位，形成市场主体公平竞争的市场环境，充分激发市场主体活力和创造力，实现企业优胜劣汰，提高经济质量效益和核心竞争力，持续增强发展动力和活力。产权交易资本市场着力推动国有资产阳光交易，促进各类生产要素跨区域流转。目前，全国产权交易机构分布的城市与全国营商环境排名靠前的城市高度重合，侧面印证了我国产权交易资本市场的存在与城市营商环境改善关系密切，也表明地区经济发达程度越高，产权交易资本市场发展越好。② 产权交易资本市场是区域经济发展的市场基础

---

① 王双林．从当前舆论看产权交易领域供给侧结构性改革［J］．产权导刊，2017（7）：23-29.

② 上海产权市场特约评论员．提升要素资源配置功能，推进产权市场高质量发展［EB/OL］.（2021-12-21）. https：//m. thepaper. cn/baijiahao_15940094.

设施之一，也是当地营商环境建设成果的直接反映，作为优化营商环境的先行者和规范市场秩序的裁判员，应继续围绕市场准入畅通、市场开放有序、市场竞争充分、市场秩序规范等目标，为构建全国统一开放的高标准市场体系做出不懈努力。

七、实施区域协调发展战略

稳定畅通国内大循环重在突破供给约束堵点，打通生产、分配、流通、消费各环节，促进各类要素跨区域自由流转。近年来，各地产权交易资本市场积极服务区域一体化发展战略，主动融入京津冀、长三角、粤港澳大湾区等区域经济圈建设，加快推进区域产权交易资本市场一体化发展，通过建立各类市场主体的协同联动机制，引导资本、技术等要素资源按照价值规律和宏观调控导向进行跨区域流动，促进高、中、低级产业在各自的优势地区集聚，在更大范围形成布局和谐的产业结构，推动全国平均生产效率的整体提升和比较优势产业的均衡发展。产权交易资本市场要进一步发挥资本市场和要素市场资源高效配置的平台功能，通过促进区域间各类要素价值发现、有序流动和高效流转，提升市场服务能力和辐射能级，推进各区域之间产权、要素交易机构实现共赢共享的交易服务生态圈，进一步推动构建充分开放、公平竞争、高效规范的全国统一大市场。

八、完善现代化市场监管机制

产权交易市场的健康发展，源于市场规范的建立与有效执行。规范市场建设和加强市场监管，是确保产权交易资本市场持续发展的生命线。提升监管水平是建设高标准产权交易资本市场体系的重要前提，也是维护公平竞争市场秩序、保护市场主体权益的重要保障。在保障企业国有产权规范流转的工作中，加强产权交易资本市场监管工作，要切实维护各类所有制市场主体的合法权益。① 产权交易涉及的参与主体数量多、范围广，各类主体的行为规范与否，集中反映在交易平台的运行过程中。打造高标准产权交易资本市场体系，要求产权交易行业建立现代化的市场监管机制，大力推进综合协同监管，加强政府部门间涉企信息统一归集共享。同时，要进一步完善“互联网+监管”，健全对新业态的包容审慎监管制度，加强和规范事中、事后监管。要发挥信用监管的激励约束机制，按照有关规定将市场主体的承诺履行情况记入信用记录，作为事中、事后监管的重要依据。要健全社会监督机制，发挥行业协会作用，推动健全行业经营自律规范、自律公约，规范会员行为。同时，要健全风险预防、预警、处置、问责制度体系，提高通过大数据等方式认定竞争违法行为、预警识别市场运行风

---

① 上海市产权交易管理办公室．着力发挥市场监管职能 积极推进市场规范发展［J］．国有资产管理，2008（6）：19-22.

险的能力，强化市场预期管理。

参考文献

[1]《经济日报》课题组．习近平经济思想研究评述［N］．经济日报，2021-11-29.

[2] 邱海平．全面认识和贯彻新发展理念［N］．经济日报，2021-12-06.

[3] 中共中央宣传部．习近平新时代中国特色社会主义思想学习纲要［M］．北京：学习出版社，人民出版社，2019.

[4] 杨秋宝．完整准确认识习近平新时代中国特色社会主义经济思想［J］．金融博览，2019（6）：44-45.

[5] 习近平．习近平谈治国理政：第2卷［M］．北京：外文出版社，2017.

[6] 黄志斌，黄驰．以绿色发展解决人与自然和谐共生问题［N］．经济日报，2020-12-21.

[7] 周远．推进产权交易国际化，服务好“一带一路”建设［EB/OL］．（2019-07-02）．http：//views. ce. cn/view/ent/201907/03/t20190703_32511301. shtml

[8] 刘绪尧．党中央坚强领导为资本市场改革发展指明方向［N］．上海证券报，2021-07-01.

[9] 马志春．产权市场就是始终以人民为中心的全要素市场［EB/OL］．（2021-08-05）．https：//www. sohu. com/a/481655018_121123887. html.

[10] 娄金洋．认识产权市场发展新常态的维度［J］．产权导刊，2015（4）：25-27.

[11] 刘世锦．加快建设高标准市场体系的重要战略部署［J］．财经界，2021（6）：1-2.

[12] 王双林．从当前舆论看产权交易领域供给侧结构性改革［J］．产权导刊，2017（7）：23-29.

[13] 上海产权市场特约评论员．提升要素资源配置功能，推进产权市场高质量发展［EB/OL］．（2021-12-21）．https：//m. thepaper. cn/baijiahao_15940094.

[14] 上海市产权交易管理办公室．着力发挥市场监管职能 积极推进市场规范发展［J］．国有资产管理，2008（6）：19-22.

第二章　习近平总书记关于金融工作的重要论述对产权交易资本市场的指导意义

金融是现代经济的核心，是配置资源要素的主要枢纽、调节宏观经济的重要杠杆、影响实体经济的关键因素。党的十八大以来，习近平同志站在战略和全局的高度，在金融发展方面作出了一系列重要论述，敏锐洞察，科学判断，精辟阐述了金融领域的重大理论和现实问题，包括健全金融机构和市场体系、提高金融服务实体经济的能力和水平、把防控金融风险放到更加重要的位置、完善全球金融治理体系等内容，对如何做好新时代金融工作提出了一系列的新观点、新论断、新要求。这些重要论述既立足国内又放眼世界，既立足当前又着眼长远，是推动中国产权交易资本市场改革发展的行动指南，是解决当前产权交易资本市场突出问题的战略指引，是做好新时期产权交易工作的根本遵循。

第一节　深刻领会习近平总书记关于金融工作的重要论述的丰富内涵

2008 年国际金融危机爆发后，国际经济金融形势更加复杂多变，国际竞争局面愈加激烈，与此同时，我国经济发展进入了新常态，经济下行压力加大，产业转型升级形势紧迫，实体产业发展任务繁重。在这样的背景下，无论是国内经济发展、产业升级，还是国际经贸竞争合作，都对发展多层次、多类型、多元化的金融服务提出了更多、更新、更高的要求。党的十八大以来，习近平总书记在金融改革发展稳定方面作出了一系列重要论述，为我国未来金融发展确定了基调、指明了方向、规划了蓝图、勾勒了重点，为新形势下做好金融工作明确了路径。

一、确立了党对金融工作领导的原则要求

习近平总书记多次强调坚持党对金融工作领导的重要性，指出“做好新形势下金融工作，必须坚持和加强党对金融工作的全面领导”，并明确要坚持党中央对金融工作

的集中统一领导。金融部门要增强“四个意识”，切实做到“两个维护”，自觉维护党中央对金融工作的集中统一领导，自觉在思想上政治上行动上同党中央保持高度一致。

二、阐明了金融的重要地位和作用

习近平总书记在充分总结我国金融改革发展经验和国际金融危机教训的基础上，提出“金融是国家重要的核心竞争力，金融安全是国家安全的重要组成部分，金融制度是经济社会发展中重要的基础性制度”，“金融活，经济活；金融稳，经济稳”等一系列重要论断，旗帜鲜明地把金融上升到国家核心竞争力层面、把金融安全上升到国家安全层面、把金融制度上升到基础性制度层面来认识。这些论断是我们认识和思考产权交易资本市场的根本，也是我们做好产权交易资本市场的底气。一是金融是国家重要的核心竞争力。党的十八大以来，在以习近平同志为核心的党中央坚强领导下，我国金融改革发展取得了重大成就，对世界经济稳定和发展的影响力空前提高，已逐步崛起成为世界金融大国。在中国特色社会主义的新时代，我国要全面参与全球化竞争、提升国际影响力和国际话语权，就必须切实提高金融发展的质量和效益，进一步壮大我国金融的整体实力，进而提高国家的核心竞争力。二是金融制度是经济社会发展中的重要基础性制度。金融制度是社会主义经济制度的重要组成部分，也是社会主义基础制度的重要构成要素。

三、指明了建设中国特色现代金融体系的发展方向

习近平总书记明确指出，“要优化金融机构体系，完善现代金融企业制度，完善国有金融资本管理，完善外汇市场体制机制”，“深化金融体制改革，增强金融服务实体经济能力，提高直接融资比重，促进多层次资本市场健康发展”。其中，深化金融体制改革是我国建设现代金融体系的重要内容。习近平总书记提出，要“坚持市场化改革方向，加快建立符合现代金融特点、统筹协调监管、有力有效的现代金融监管框架”。这一系列重要论断，针对建立现代金融监管框架、建立监管协调机制等关键问题，是我们推进金融体制改革攻坚的根本方向。

四、明确了金融回归服务实体经济本源的根本宗旨

习近平总书记指出“金融是实体经济的血脉，为实体经济服务是金融的天职，是金融的宗旨，也是防范金融风险的根本举措”，并特别强调金融要“回归本源，服从服务于经济社会发展”，“要改善金融服务，疏通金融进入实体经济特别是中小企业、小微企业的管道”，“如何让金融市场在保持稳定的同时有效服务实体经济，仍然是各国需要解决的重要课题。”这些重要论述告诉我们，如果没有实体经济做支撑，金融就会

会失去发展的基础，成为无本之木、无源之水。对于如何做好服务实体经济的工作，习近平总书记强调，“要贯彻新发展理念，树立质量优先、效率至上的理念，更加注重供给侧的存量重组、增量优化、动能转换”，并明确提出“要把发展直接融资放在重要位置，形成融资功能完备、基础制度扎实、市场监管有效、投资者合法权益得到有效保护的多层次资本市场体系。要改善间接融资结构，推动国有大银行战略转型，发展中小银行和民营金融机构。要促进保险业发挥长期稳健风险管理和保障的功能。要建设普惠金融体系，加强对小微企业、‘三农’和偏远地区的金融服务，推进金融精准扶贫，鼓励发展绿色金融。要促进金融机构降低经营成本”。这些重要论述，有力地纠正了金融脱实向虚的错误倾向，指明了金融业改革发展稳定的正确道路。

五、确立了不发生区域性、系统性金融风险的坚守底线

习近平总书记始终高度重视金融风险防控问题，明确指出：“维护金融安全，是关系我国经济社会发展全局的一件带有战略性、根本性的大事”；“防范化解金融风险，特别是防止发生系统性金融风险，是金融工作的根本性任务，也是金融工作的永恒主题”；“打好防范化解重大风险攻坚战，重点是防控金融风险”。习近平总书记明确提出，防控金融风险的重点方向，在于金融“要服务于供给侧结构性改革这条主线，促进形成金融和实体经济、金融和房地产、金融体系内部的良性循环，做好重点领域风险防范和处置，坚决打击违法违规金融活动，加强薄弱环节监管制度建设”。这些重要论述，针对防范和化解金融风险的关键问题，坚持维护金融稳定的底线思维，强调金融稳定在金融工作中的重要性，对我们进一步做好金融工作具有特别重要的指导意义。

六、彰显了为全球金融治理贡献中国力量的责任担当

2008 年国际金融危机爆发后，充分暴露了全球金融治理的种种弊端和问题。习近平总书记高度关注完善全球金融治理，在多个国际场合作出一系列重要论述，彰显了中国作为负责任大国的担当。习近平总书记及时提出了完善全球金融治理的倡议和主张，明确指出：“要稳步推进国际经济金融体系改革，完善全球治理机制”，全球经济治理的重点之一是“要共同构建公正高效的全球金融治理格局，维护世界经济稳定大局”，并强调中国要“以推进经贸大市场、金融大流通、基础设施大联通、人文大交流为抓手，走向国际开放合作最前沿，在国际舞台上积极发挥引领作用”。在第五次金融国家领导人峰会上，习近平主席指出，金砖国家要加强在联合国、二十国集团、国际经济金融机构等框架内协调和配合。在二十国集团领导人杭州峰会上，习近平主席指出，“我们决心完善全球经济金融治理，提高世界经济抗风险能力”。这些重要论述深刻揭示了全球金融市场频繁动荡、资产泡沫积累、抗风险能力不强等问题，剖析

了全球金融治理机制与市场新需求不相适应的现实，为稳步推进国际经济金融体系改革、完善全球治理体制、推动世界经济健康稳定发展提供了有效方案，充分体现了中国的责任担当，受到国际社会的充分肯定和高度赞许。

第二节　准确把握习近平总书记关于金融工作的重要论述对产权交易资本市场的重要指导意义

我国资本市场经过多年的发展，初步形成了多层次的资本市场体系，主要包括证券市场、银行业市场、保险业市场、期货市场、区域性股权市场、产权交易市场等。其中，产权交易市场经过多年的持续发展和不断完善，交易规模不断扩大，交易品类不断增加，交易模式不断创新，市场功能持续优化，已经成为我国多层次资本市场的重要组成部分，特别是为我国经济社会发展中的各种非标准权益性资源配置提供了规范、专业、阳光、高效的服务，基本具备了要素流转、信息集聚、资源配置市场竞价、融资服务、资金结算等资本市场的功能，已经成为中国的非标准化新型资本市场。作为现代市场经济的重要组成部分，深入贯彻习近平总书记关于金融工作的重要论述精神，对中国产权交易资本市场具有重要的理论和实践指导意义。

一、产权交易资本市场能够增强实体经济的发展动能

一是拓宽企业融资渠道，缓解企业特别是中小企业“融资难、融资贵”的问题。产权交易资本市场不仅通过引入战略投资方、风险投资资金、财务投资人等方式为我国各类企业提供企业发展所需资金，还可以盘活中小企业拥有的各类有形资产和无形资产，如各类非上市股权资产、实物资产、知识产权、债权等，帮助广大企业特别是非公企业、中小企业通过产权交易的方式获得所需发展资金。对于因缺乏资产抵押、信用担保而难以获得银行资金支持的初创型、成长型企业，产权交易资本市场具有重要的现实意义。

二是通过并购重组助推产业转型升级，有效提高实体产业的核心竞争力。产权交易资本市场作为现代经济资源配置的主要市场之一，其并购重组功能具有定价方式市场化、支付手段多元化、信息披露公开化、权益交易便利化等优势，可为各类所有制企业的并购重组搭建桥梁，推动实现投资主体的多元化发展。产权交易资本市场能够促进国有资本和非国有资本的深度联姻，推动国家和地区重点公共基础设施建设。积极引导非公企业通过联合重组等多种方式参与政府职能转变、国资国企改革，可以促进要素的高效配置、产权的有序流动，进而实现跨地区、跨行业、跨所有制的企业兼并重组，推动各类所有制企业做大做强。

二、产权交易资本市场能够助推新兴产业加快发展

从国际经验来看，20 世纪 70 年代，在经历了第二次世界大战后二三十年的恢复性增长之后，美国、欧洲国家和日本同时陷入了经济滞胀的泥潭，世界经济面临重大转型。在这一过程中，美国依靠以纳斯达克和硅谷为代表的创业投资机制与科技创新措施，成功培育和有效拓展了计算机、通信、网络、生物医药等一大批高新技术产业，实现了经济发展的重大转型。国外发达资本市场的经验证明，资本市场与科技创新的无缝对接是推进自主创新战略实施和经济发展方式转变的有效途径。资本市场提供的风险共担、利益共享机制，能够不断推动资金和其他各类资源向高新技术产业聚集，加速实现科技成果向现实生产力的转化。产权交易市场要紧紧抓住新型要素市场如知识产权交易、数据要素交易、应急要素资源交易等市场，积极发挥创新驱动发展的平台功能。

一是要不断提供多元化交易品种，持续满足新兴产业的个性化需求。市场的需求是多元化的，产权交易市场能够为多元化的需求提供一个集中匹配的高效平台。通过产权交易市场融资的企业既有成熟企业的股权，又有新兴企业的股权，既有各类企业的权益性股权，又有各类非权益性的资产类产权形态。产权交易市场一方面可以有效解决企业的个性化融资需求，另一方面可以助力新兴产业不断发展壮大。

二是有助于促进非上市公司的股权流转，解决我国当前资本市场结构单一，发展不平衡、不充分的问题。我国市场经济的发展，不仅需要证券股票市场、货币市场、期货保险市场、银行业市场等标准化的资本市场，还需要产权交易市场为各类所有制主体提供产权转让服务，更需要不断创新交易模式和服务内容，为无法进入传统资本市场的其他要素资源提供阳光、规范、智慧、高效的融资服务。实践证明，各类非标权益性交易通过产权交易市场的赋能，能够实现资源要素的优化配置。

三是产权交易市场是能够使各种交易品类高效流转的交易平台。目前，我国的产权交易市场已经由单一的产权交易市场发展为企业债权流通转让试点平台、金融不良资产交易平台、信托收益权转让平台、数据要素交易平台等立体化、全覆盖的综合性要素交易市场。产权交易市场通过有效的信息交互、全面的信息披露，利用丰富的客户资源和渠道资源，不断健全交易制度、完善交易模式，优化系统软硬件支撑平台，持续提高服务水平，扩大品牌影响力，通过深入了解市场和各类客户的实际需求，促进实体经济持续健康、规范稳步发展。

三、产权交易资本市场有助于优化城市营商环境

产权交易资本市场是促进区域经济发展的重要引擎和核心支撑，应加快提升产权交易机构的服务水平和服务能力，紧紧围绕权益交易、投融资需求、增资扩股、并购

重组、招商引资、企业改制、数据交易、知识产权等业务板块深耕细作，突出产权交易资本市场的要素流转和融资服务功能，助力优化城市营商环境。

一是完善“一站式”服务体系，为企业提供个性化服务。产权交易机构的服务范围应从以国有产权交易为主，不断拓展至为各类所有制企业提供资产类、权益类、大宗商品类等综合性服务，具体包括：交易前端的协助企业准备挂牌材料，为企业涉及的产权归属、清产核资、法律纠纷等寻求有效的解决途径，根据企业的需求推荐符合要求的资产评估机构、会计师事务所、律师事务所等中介服务机构；交易中端的帮助企业与所涉及的主管部门沟通协调，梳理项目特点，研究设计项目交易方案，确保项目顺利进场挂牌交易，最大限度地帮客户完成相关工作；交易后端的项目路演、市场推广、意向客户征集等服务，保证企业权益得到最大限度的维护，提高客户的满意度和归属感。

二是根据区域经济发展情况拓展特色服务，不断满足差异化需求。产权交易机构具有很强的区域属性，应根据各地区的经济发展水平和城市服务功能，有针对性地开拓具有地方特色的服务。通过深入了解市场和客户的需求，不断创新设计个性化、定制化的服务方案。积极拓展新的交易平台和交易品类，研究探索搭建新型要素交易平台，持续扩大产权交易机构的业务领域、交易品种和服务体系。同时，研究探索跨领域、跨部门的创新孵化工作组，依托产权交易机构的媒介渠道和客户资源，广泛推送项目信息，有效形成竞价机制，为区域经济的发展贡献平台力量。

三是着力打造品牌，提升平台的法治化水平。建立健全规范有效的制度规则体系，营造公开、公平、公正的交易环境，针对产权交易前、中、后端可能产生的廉洁风险，借助现代化的信息技术手段和交易监测系统，对产权交易实行全流程监管，使信息平台完整覆盖进场交易项目的信息链，对各类交易主体的行为、各个交易项目的进程同步记载、实时留痕，为各类交易主体和中介机构建立信用档案，从源头预防、过程控制的角度，健全失信惩戒和守信褒扬的评价机制，提升产权交易从业人员的职业素养，打造阳光、规范、智慧、高效的交易平台，形成品牌效应，提升平台的法治化水平。

第三节　积极开创新时代产权交易资本市场高质量发展的新局面

2021—2025 年是我国国民经济和社会发展第十四个五年规划期，是我国“两个一百年”奋斗目标的历史交汇期，也是全面开启社会主义现代化强国建设新征程的重要战略机遇期。培育公开透明和长期稳定健康发展的资本市场，是实施国家经济发展战略、调整产业结构的关键举措。新时代产权交易资本市场的建设发展，必须始终牢记习近平总书记的指示精神，坚持金融服务实体经济的初心和使命，贯彻新发展理念，构建新发展格局，以供给侧结构性改革为主线，坚持高质量发展。

一、深入贯彻落实产权交易行业“十四五”发展规划

当前我国正面临百年未有之大变局和世纪疫情双重风险叠加的外部环境挑战，中国经济产业结构不断优化升级，全面开放格局正在加速形成，营商环境持续改善提升，我国经济发展已由高速增长阶段进入高质量发展阶段。新时期国际、国内经济形势和发展环境将为新时代产权交易行业发展带来新增量、新机遇、新动力、新活力。

一是深入推进国资国企深化改革为行业发展带来新增量。国务院国资委印发《关于以管资本为主加快国有资产监管职能转变的实施意见》《中央企业混合所有制改革操作指引》《关于中央企业加强参股管理有关事项的通知》等文件，以及国企改革“1+N”政策体系深入落实，国企改革“双百行动”和“三年行动方案”持续推进，对产权交易资本市场的创新发展提出了更高的要求。2022 年是国企改革三年行动的收官之年，按照国企混改和供给侧结构性改革的相关要求，在未来国家经济向高质量发展的过程中，必然涉及巨大规模的国有资产重新配置和合理流动，产权市场目前的资产和股权交易规模与整体的国有资产及金融机构国有资产的规模相比还很小，扩大市场整体规模的前景非常广阔。

二是完善要素市场化配置体制机制为产权市场带来新机遇。根据《中共中央 国务院关于新时代加快完善社会主义市场经济体制的意见》《关于构建更加完善的要素市场化配置体制机制的意见》等相关文件精神，深入推动自然资源资产产权制度改革、完善国有资本金融资本管理、建立健全城乡融合发展体制机制、强化知识产权保护、深化公共资源交易平台整合共享等要素市场化改革，进一步推动公共资源、金融资产、自然资源、农村产权、知识产权、数据要素交易等要素交易市场建设和平台经济建设。可以预计，知识产权、数据要素、碳排放权交易、土地交易等交易市场会是当前乃至今后相当长时间推动中国经济高质量发展的重要市场平台。

三是经济结构转型升级促进非标资产流动性提升为产权市场注入了新动力。与传统的资本市场相比，产权交易资本市场在组织形式、市场结构、创新能力、服务功能等方面仍然有提升的空间，直接融资服务能力和要素市场运营能力还有待提高。目前，我国很多企业通过证券市场进行投融资，那些不具备进入证券市场条件的非上市公司的资本亟待产权市场为其提供平台和渠道进行流转。从产权与要素配置角度来看，必须加快国有资产在企业、金融机构与非公企业之间的流动，加快国有资产的周转速率和产出效率，实现经济结构调整和竞争力提升，为建设现代化的经济体系做出应有的贡献。

四是深化金融供给侧结构性改革为产权市场注入新活力。中央、省市等相关政府部门将产权交易资本市场视为推动地方经济增长、实施区域协同发展的重要基础设施。

加快金融体制改革，完善资本市场的基础制度，依托产权交易市场加快建立企业投融资服务平台等基础设施建设，拓宽直接融资渠道，切实解决民营企业“融资难、融资贵”问题。产权交易资本市场将与其他要素市场协同发展，在促进要素流转、资金融通、资本流动和服务混合所有制经济发展，服务非公企业和中小企业投融资，支持实体经济等方面发挥更大的作用，实现更大的发展。

二、扎实有效推进新时代产权交易资本市场的发展建设

产权交易资本市场将以习近平新时代中国特色社会主义思想为行动纲领，深入贯彻党的十九大和十九届历次全会精神，认真落实党中央、国务院和国务院国资委党委工作部署，立足新发展阶段、贯彻新发展理念、构建新发展格局，坚决落实国家对资本市场的统筹协调监管新要求，高标准推进产权交易资本市场体系建设。

一是持续加强党对产权交易资本市场建设的全面领导。习近平总书记多次强调，要“坚持和加强党的全面领导”。我们必须牢牢抓住“加强党的领导”这个根本，切实加强党对产权交易资本市场建设的领导，全面认识新形势下加强行业内党建工作的重要性，积极探索党的建设“一盘棋”、党的活动“一起抓”、党务干部教育培训“一体化”，确保行业发展始终坚持正确的政治方向，以良好的政治生态，切实保障行业发展的任务目标有序实现。

二是持续深化服务要素配置市场化改革。发挥产权交易资本市场作为要素资源市场化配置和阳光规范流转的金融基础设施作用，切实总结利用产权交易资本市场作为要素市场建设者和运营者的成功经验，统一规划、统一部署、统一建设、统一管理，致力于建设高标准、高要求、高质量的要素市场体系。要素交易市场要不断降低交易成本，提高交易效率，提升服务效能，打破妨碍生产要素市场化配置的体制机制障碍，助力构建以国内大循环为主体、国内国际双循环相互促进的新发展格局。

三是持续增强产权交易行业的市场服务效能。有效提升各类要素资源市场化配置的水平和能力，进一步推动产权交易行业市场服务体系建设，助力各类所有制企业以及新型经济组织扩宽直接融资渠道，发挥产权交易机构在直接融资方面的服务优势，助力实体经济健康发展。始终坚持市场化和法治化的改革方向，实现要素价格市场决定、流动自主有序、配置高效公平，释放产权交易资本市场新的增长动力。

四是持续健全服务国家战略的制度体系。按照产权市场作为我国多层次资本市场重要组成部分的功能定位，争取到“十四五”末期基本建立起与国家“四个全面”战略布局相匹配的统一、规范、高效和服务功能较强的产权交易资本市场。通过深化区域创新合作，推动全国市场一体化建设，引导区域性产权交易机构实现有序竞争、互利合作、协同发展，构筑共建、共治、共享、共赢的产权交易生态系统。

参考文献

[1] 习近平. 习近平谈治国理政：第2卷［M］. 北京：外文出版社，2017.

[2] 欧阳卫民. 中国主流金融思想史［M］. 北京：中国金融出版社，2020.

[3] 中国产权协会. 中国产权交易资本市场研究报告［M］. 北京：中国经济出版社，2018.

[4] 易会满. 敢担当善作为，站稳人民立场，努力实现新时代资本市场高质量发展［J］. 旗帜，2019（11）：40-42.

[5] 夏忠仁. 在“中国产权市场从这里起步——湖北产权市场诞生30周年主题展览”开幕式上的致辞［J］. 产权导刊，2018（6）：33-35.

[6] 周小全. 建设高标准市场体系构建产权市场发展新模式［N］. 上海证券报，2021-12-10.

[7] 郭树清. 深化证券期货市场改革 促进实体经济科学发展［EB/OL］.（2011-12-01）. http：www. csrc. gov. cn/csrc/c100028/c1002555/content. shtml.

第三章　习近平法治思想对产权交易资本市场的指导意义

“法者，治之端也。”法治兴则国家兴，法治衰则国家乱。党的十八大以来，以习近平同志为核心的党中央在全面依法治国、建设中国特色社会主义法治体系、建设社会主义法治国家、推进国家治理体系和治理能力现代化新的伟大实践中，创造性地发展了中国特色社会主义法治理论。① 习近平总书记强调，全面依法治国具有基础性、保障性作用，在统筹推进伟大斗争、伟大工程、伟大事业、伟大梦想，全面建设社会主义现代化国家的新征程上，要更好发挥法治固根本、稳预期、利长远的保障作用。②

2020 年 11 月，中央全面依法治国工作会议在北京召开。这次会议的一个重要成果，就是首次提出了习近平法治思想。会议强调，习近平法治思想内涵丰富、论述深刻、逻辑严密、系统完备，从历史和现实相贯通、国际和国内相关联、理论和实际相结合等方面深刻回答了新时代为什么要实行全面依法治国、怎样实行全面依法治国等一系列重大问题。③ 习近平法治思想是马克思主义法治理论同中国实际相结合的最新成果，是习近平新时代中国特色社会主义思想的重要组成部分，是在法治轨道上推进国家治理体系和治理能力现代化的根本遵循，是全面依法治国的行动指南，是引领法治中国建设在新时代实现更大发展的思想旗帜。

---

① 张文显．习近平法治思想的基本精神和核心要义［EB/OL］．（2021-01-15）．https：//article. xuexi. cn/articles/index. html？ art_ id = 5598255950971727043&item_ id = 5598255950971727043&study_style_id = feeds_ default&t = 1610678578019&showmenu = false&ref_ read_ id = d3864337-ed28-46ee-a3b4-c457807ce7ef_ 1668670553312&pid = &ptype = -1&source = share&share_ to = copylink.

② 习近平．加强党对全面依法治国的领导［J］．求是，2019（4）：2.

③ 习近平在中央全面依法治国工作会议上发表重要讲话［EB/OL］．（2020-11-17）．http：//www. gov. cn/xinwen/2020-11/17/content_5562085. htm.

第一节 习近平法治思想对产权交易资本市场建立发展的重要意义

一、蕴含丰富的马克思主义哲学思想

马克思主义历史唯物观表明，经济基础决定上层建筑，上层建筑要适应生产力发展的客观需要。公有制经济是社会主义市场经济的基础，决定了社会主义法律的性质和内容。一方面，我国法律的制定要体现社会主义经济基础的客观要求，为经济基础服务；另一方面，我国法律在社会主义市场经济中起着规范和保障的作用，有助于巩固和壮大社会主义的经济基础，是社会主义市场经济的内在要求。从唯物辩证法角度来看，市场经济具有二重性——通过自身的竞争机制去驱动商品经济的发展和社会生产力水平的提高，同时具有盲目性、滞后性、自发性等非有序化倾向和过于利己的反作用力，会影响商品市场的健康发展。如何做到将行政调控与市场经济相结合，保证市场调节在社会主义经济中发挥最大的作用？这需要法治的参与。社会主义市场经济的发展离不开社会主义法律的保障和推动。习近平总书记指出，市场经济应该是法治经济，和谐社会应该是法治社会，法治是最好的营商环境，社会主义市场经济本质上是法治经济。这一论述和马克思主义关于法与经济基础相互作用的原理一脉相承，深刻体现了马克思主义唯物史观和辩证思想。

当前，我国经济社会已经进入新的发展阶段，产权交易资本市场的改革发展也面临着一系列新形势、新挑战和新要求。在习近平法治思想的指引下，各地区、各行业、各领域产权交易资本市场坚持科学把握新发展阶段，完整、准确、全面地贯彻新发展理念，坚持市场化、法治化、专业化的导向，持续完善产权交易资本市场服务新发展格局的体制机制，持续推进产权交易资本市场全面深化改革，持续加强产权交易资本市场法治建设，市场生态得到了显著改善。

二、为产权交易资本市场制度建立提供理论依据

科学完备的法律制度是资本市场发挥功能的基础，党和国家始终高度重视产权交易资本市场法律制度的建设，围绕深化改革开放、促进经济社会发展出台了一系列推动产权交易资本市场发展的决策部署。党的十九届五中全会通过的《中共中央关于制定国民经济和社会发展第十四个五年规划和二〇三五年远景目标的建议》中提出，“社会主义市场经济体制更加完善，高标准市场体系基本建成，市场主体更加充满活力，

产权制度改革和要素市场化配置改革取得重大进展，公平竞争制度更加健全，更高水平开放型经济新体制基本形成”，对推进产权制度改革和要素市场化配置意义重大、影响深远。

习近平总书记指出，全面推进依法治国，是解决党和国家事业发展面临的一系列重大问题，是增强社会活力、促进社会公平正义、维护社会和谐稳定、确保党和国家长治久安的根本要求。要推动我国经济社会持续健康发展，不断开拓中国特色社会主义事业更加广阔的发展前景，就必须全面推进社会主义法治国家建设，从法治上为解决这些问题提供制度化方案。在党的十九届五中全会上，习近平总书记要求紧紧围绕迈向新发展阶段、贯彻新发展理念、构建新发展格局，加强法治建设，打造市场化、法治化、国际化的营商环境。

产权交易资本市场加速建设以来，与产权交易相关的法律、行政法规、指导意见等规范性文件相继颁布，产权交易资本市场总体实现了有法可依、有章可循。2020 年 3 月，《中共中央 国务院关于构建更加完善的要素市场化配置体制机制的意见》《中共中央 国务院关于新时代加快完善社会主义市场经济体制的意见》强调，进一步推动市场化改革，完善产权制度，推进要素市场化配置，健全要素市场制度，建设高标准市场体系，明确了土地、劳动力、资本、技术、数据五个要素领域的改革方向，进一步推动公共资源、金融资产、自然资源、农村产权、知识产权等要素交易市场建设和平台经济建设，更加重视发挥产权交易机构作为金融要素市场基础设施的作用。

随着要素市场化配置改革全面启动，法律制度、规则框架不断构建和完善，产权交易资本市场迎来战略转型升级发展机遇，不仅自身市场制度建设将得到完善，平台功能将得到提升，而且在推动其他要素市场建设和制度完善的过程中，将发挥更加重要的支撑和引领作用。

三、为产权交易资本市场发展指明方向

产权交易资本市场要以资本市场基础法律制度为准则，持续加强市场法治建设，推进依法管理产权交易资本市场各项工作，夯实产权交易资本市场制度基础，完善各项交易规则、操作流程和运行体系，强化日常管理，推进市场监督规范化标准化，依法从严规范市场主体运作，探索建立产权交易资本市场信用体系，完善法治化风险防控和处置机制，保障产权交易资本市场安全运行、平稳发展。

产权交易资本市场要以规范化、市场化、数字化、国际化为导向，根据产权交易资本市场非标的特点，灵活制定适合各地区、各行业、各领域的市场规则、交易制度和操作形式，依法打造优质营商环境，减少行政干预，为产权交易资本市场主体创造依法行政、公平竞争、产权和合法利益有保障的投融资环境，提升市场参与主体信心，吸引各类要素参与市场，增强产权交易资本市场的活力。

产权交易资本市场要以加强保护合法产权、推进激励创新、服务实体经济为目标。产权内容清晰完整、合法产权得到有效保护是各类市场主体持续参与竞争、积极创新创造的重要基础。依法保障一切市场主体的平等法律地位和发展权利，使产权体系更加科学完备、权能更加细化优化、产权保护力度进一步加大，方能使产权激励更加有效，产权特别是与创新有关的知识产权、科技领域产权得到法律更全面的确认和充分保护，创新创造的内在动能更加强劲。

产权交易资本市场要坚持以习近平新时代中国特色社会主义思想为指引，全面贯彻习近平法治思想，科学把握新发展阶段，贯彻新发展理念，构建新发展格局，持续深入推进产权交易资本市场法治建设；进一步加强产权交易资本市场基础制度建设，深化行政审批制度改革，引导、鼓励产权交易产品创新，依法全面从严履行监督职责，继续加大对产权交易资本市场的风险防控力度，为打造一个规范、透明、开放、有活力、有韧性的产权交易资本市场，加快构建以国内大循环为主体、国内国际双循环相互促进的新发展格局贡献力量。

第二节　习近平法治思想对产权交易资本市场安全运行及平稳发展的指导意义

“安全是发展的前提，发展是安全的保障。”这是习近平总书记在党的十八大以来反复强调的重大关系之一。在党的十九届五中全会上，习近平总书记进一步指出：“当前和今后一个时期是我国各类矛盾和风险易发期，各种可以预见和难以预见的风险因素明显增多。我们必须坚持统筹发展和安全，增强机遇意识和风险意识，树立底线思维，把困难估计得更充分一些，把风险思考得更深入一些，注重堵漏洞、强弱项，下好先手棋、打好主动仗，有效防范化解各类风险挑战，确保社会主义现代化事业顺利推进。”

产权交易资本市场是非标资本市场，与标准化资本市场相比，有较多的不确定性和较大的市场风险；同时，产权交易资本市场又具有创新度高、灵活性强、多元发展的特点。因此，正确处理产权交易资本市场创新发展和风险防控的关系非常重要。产权市场应当建立完备的市场体系和高效的风控机制，在业务创新中不盲目跟风，把创新的“底线”设定在坚守法律法规的前提下。只有把发展建立在安全的基础上，培育有利于行业发展、产权保护、规范交易、激励创新的安全环境，才能实现产权交易资本市场平稳、健康、可持续发展。

坚持底线思维，增强系统观念，遵循市场化法治化原则，统筹做好重大金融风险防范化解工作，化解存量、防范增量，避免发生系统性、区域性风险，是产权交易资本市场安全运行的底线。习近平总书记在 2017 年召开的全国金融工作会议上曾指出："防止发生系统性金融风险是金融工作的永恒主题。要把主动防范化解系统性金融风险放在更加重要的位置，科学防范，早识别、早预警、早发现、早处置，着力防范化解重点领域风险，着力完善金融安全防线和风险应急处置机制。"在 2019 年的中央政治局第十三次集体学习时，习近平总书记又强调："防范化解金融风险特别是防止发生系统性金融风险，是金融工作的根本性任务。"习近平总书记关于防范金融风险的论述，为理解和把握产权交易资本市场法治安全、保障产权交易资本市场平稳运行指明了方向。

产权交易资本市场的风险防范和法治建设是资本市场法治建设乃至我国社会主义法治建设的重要组成部分。产权交易资本市场相关法规制度的健全与完善是防范化解市场风险的基础。党的十八大以来，我国产权交易资本市场相关的法规体系日趋完善，可动用的法治手段也越来越多。32 号令、《企业国有产权交易操作规则》、《国务院关于清理整顿各类交易场所切实防范金融风险的决定》（国发〔2011〕38 号）等文件的发布，为进一步规范各类产权交易场所、防范化解产权交易资本市场风险奠定了坚实的法治基础。未来的金融风险防范将作为金融改革发展的一部分，继续沿着市场化、法治化方向稳步推进。

按照全国统一的产权交易资本市场规则，加强各区域、各行业、各领域的产权交易资本市场法治建设，符合产权交易资本市场分区域、分行业、分领域发展的特征。产权交易资本市场应按照全国统一的金融资本市场管理规则，根据业务持照经营、特许经营原则，推动所有产权交易活动依法纳入监管，严格市场准入和业务监管，严厉惩处各类无证经营、超范围经营产权交易业务的行为，坚决取缔非法产权交易机构和非法产权交易业务活动，对违法违规行为零容忍。

加快完善各区域产权交易资本市场监管制度，依法规范区域性产权交易资本市场监管行为。各地区产权交易资本市场主管部门应着力推动产权交易机构建立健全投融资双方的权益保护机制，落实权益保护主体责任，督促产权交易机构规范营销宣传行为，防止虚假宣传、夸大宣传、误导客户，防止将产权交易产品提供给不合适的投资者。完善产权所有者和投资者权益保护协调联动机制，推进产权交易相关知识的宣传普及，提高投融资双方以及各类市场参与主体的安全意识和风险管控能力。探索建立产权交易资本市场信用体系，健全完善信息共享、信用评价和激励奖惩等机制，推广信用记录在行政许可、资质认定、招标投标、银行贷款、债券发行等方面的应用，构建政策环境更加规范、信用环境更加优化、法治环境更加完善、服务环境更加和谐的社会生态环境。

着力防范化解重点领域风险，稳妥处置高风险机构，多渠道化解局部性、结构性、流动性风险，维护产权交易资本市场稳定。妥善化解重点地区、重点行业、重点领域、重点企业的信用风险，严密防范流动性风险，推动产权交易和实体经济均衡发展，防止资本违规流入产权交易资本市场。加强对从事产权交易业务的类金融机构的风险监测和整治。坚持"六稳""六保"原则，提前做好各类风险处置预案和托底预案，防止局部风险演化为系统性、全局性风险。

加强产权交易资本市场和从事产权交易的各类机构的自律管理，防范非法产权交易活动。产权交易资本市场要根据各地区、各行业、各领域特征，制定防范和处置非法产权交易活动的制度规则，强化产权交易资本市场的风险排查和监测预警，建立交易场所清理整顿工作长效机制，持续做好清理整顿交易场所工作，有效防范化解私募投资基金风险。

第三节　习近平法治思想对优化产权市场营商环境的指导意义

2018 年 12 月召开的中央经济工作会议提出："建立公平开放透明的市场规则和法治化营商环境。"2019 年 2 月 25 日，习近平总书记主持召开中央全面依法治国委员会第二次会议时强调，改革开放 40 年的经验告诉我们，做好改革发展稳定各项工作离不开法治，改革开放越深入越要强调法治。要完善法治建设规划，提高立法工作质量和效率，保障和服务改革发展，营造和谐稳定社会环境，加强涉外法治建设，为推进改革发展稳定工作营造良好法治环境。①

习近平总书记强调，推进产业政策由差异化、选择性向普惠化、功能性转变，清理违反公平、开放、透明市场规则的政策文件，推进反垄断、反不正当竞争执法。2020 年 7 月 21 日，习近平总书记在企业家座谈会上的讲话中指出，要依法平等保护国有、民营、外资等各种所有制企业产权和自主经营权，完善各类市场主体公平竞争的法治环境。习近平总书记强调，政府是市场规则的制定者，也是市场公平的维护者。习近平法治思想系列论述指明了法治对优化营商环境的重要性，将优化营商环境与科学立法、严格执法、公正司法、全民守法紧密结合，提出了以法治为基础、在法治轨道上运行、受法治规则调整的营商环境新方略，引领中国不断优化营商环境。

打造法治化营商环境，对产权交易资本市场意义深远——既是产权市场健康发展的内在要求，也是产权市场良性运行的根本保障。习近平总书记在党的十九大报告中

① 习近平主持召开中央全面依法治国委员会第二次会议并发表重要讲话［EB/OL］.（2019-02-25）. http：//www.gov.cn/xinwen/2019-02/25/content_5368422.htm.

指出："清理废除妨碍统一市场和公平竞争的各种规定和做法。"这是"使市场在资源配置中起决定性作用"的重要举措。通过不断健全产权交易资本市场的规则框架和制度体系，可进一步明确市场角色、规范市场职能，充分强调产权交易资本市场公开、公正、规范的功能属性，提升产权市场作为交易平台的公信力，为各类产权交易打造透明规范、有序竞争、有法可依的市场环境，激发产权交易资本市场的流动性和创造力。

打造法治化营商环境，是增强政策透明度和市场可预期性的基础。社会主义市场经济本质上是法治经济，深化产权制度改革、推动产权市场规范运营、维护产权交易资本市场稳定，应运用法治思维和法治方式，尊重市场经济规律，通过市场化手段，在法治框架内调整产权交易各主体的利益关系。① 产权交易资本市场和产权交易机构在制定市场运营模式和制度规则的过程中，要坚持法治思维、增强法制观念，依法调控、依法履职，避免产权交易资本市场职能错位、越位、缺位，在法规体系和制度框架下对各类产权交易实施管理、监督和服务。

依法平等保护各类市场主体的产权和合法权益，是打造良好营商环境的重要方面。《中华人民共和国民法典》明确"国家实行社会主义市场经济，保障一切市场主体的平等法律地位和发展权利"。② 产权交易资本市场严格实施民法典和相关法律法规，依法平等地保护国有、集体、企业等各类主体的产权和自主经营权，健全以公平为原则的产权保护制度，建立公平开放透明的市场规则和法治化营商环境，稳定市场主体预期，促进更多优质主体参与产权交易资本市场。把法律法规作为行政决策、市场管理、行业监督的重要标尺，为产权交易资本市场的各类参与主体提供持续、优质、高效的服务工作。

建立公平竞争的市场规则，是打造优质营商环境的重要目标。习近平总书记指出，面对新形势新任务新要求，全面深化改革的关键是进一步形成公平竞争的发展环境，政府的职责和作用主要是保障公平竞争、加强市场监管、维护市场秩序。产权交易机构应根据党中央的决策部署和法律法规要求，以习近平法治思想为指导和准则，加快构建权责明确、公平公正、公开透明、简便高效的交易管理服务体系，以公正的监管体系、公开的规则制度、标准化的操作流程促进公平竞争，坚决破除妨碍公平竞争的体制机制障碍，营造公平、开放、透明的市场规则和法制化的营商环境。

公平、公正、公开的市场秩序是打造产权交易资本市场法治化营商环境的核心要求。习近平总书记指出，要用法治来规范政府和市场的边界，尊重市场经济规律，通过市场化手段，在法治框架内调整各类市场主体的利益关系。产权交易资本市场和产

---

① 丛书编写组．打造国际一流营商环境［M］．北京：中国计划出版社，中国市场出版社，2020：16.

② 《中华人民共和国民法典》，第二百零六条。

权交易机构应明确自身定位，强化交易平台备案、监督、服务的职能，严格按照市场规律和法治原则，根据不同地区、不同行业、不同领域产权交易的特点，建立健全公平合理、简明易行、多元统一的管理规则和标准体系，在法律框架下创新市场管理运营方式，提高市场效能，为产权交易资本市场各参与主体提供透明、规范的管理环境和优质、高效的市场服务。

在“十四五”期间乃至更长的新发展阶段，产权交易资本市场的建设发展要在全面依法治国和全面深化改革实践中贯彻公开、公正、规范的法治观，确保市场在资源配置中的决定性作用，提高市场法治化水平，统筹推进全国性市场建设，增强各地区、各行业、各领域市场制度规则的一致性，切实优化产权交易营商环境，保障市场公正公开、要素自由流动、资源优化配置。

第四节　习近平法治思想对完善产权制度、鼓励创新的指导意义

产权制度是社会主义市场经济有效运行的基础。产权交易资本市场是产权合法流转和保护的有力抓手。产权交易资本市场的制度建设、体系建设、规则建设应以习近平法治思想为根本依据，顺应产权保护的需要，为产权保护体系的建立健全奠定坚实的基础。

习近平总书记指出，产权保护特别是知识产权保护是塑造良好营商环境的重要方面，加强产权保护，根本之策是全面推进依法治国。全面加强产权保护、规范产权交易资本市场，是激发创新活力、推动技术进步、完善现代产权制度、构建新发展格局、推动高质量发展的内在要求。产权司法保护作为产权保护体系的重要力量，发挥着不可或缺的重要作用。产权交易资本市场要从大局出发，找准角色定位，发挥应有作用，自觉担负起依法保护产权、规范产权交易的职责使命。

党的十八大以来，党中央把产权保护工作摆在更加突出的位置，部署推动了一系列改革，出台了一系列重大政策、规划，保护各类合法产权和产权的规范交易，坚决依法惩处侵犯合法权益的行为。我国产权交易资本市场不断发展，走出了一条中国特色产权交易资本市场发展之路，产权交易资本市场建设取得了历史性成就，全社会保护合法产权、规范产权交易的意识明显提升。

要加强产权交易资本市场顶层设计。要研究制定“十四五”时期对产权及要素市场的合法保护、规范交易和创新运用措施，明确产权交易资本市场健康发展的目标、任务、举措和实现路径。要坚持人民利益至上、公正合理保护，加强关键领域的自主

知识产权创造和储备。①

要鼓励并支持创新，加强产权保护特别是知识产权和科技领域产权的保护，研究制定符合知识产权和科技领域产权实际情况的制度规则，提高知识产权和科技创新领域产权交易的质量和效率，提升公信力。要完善产权交易资本市场的自律监督机制，对重点地区、重点行业、重点领域加强防范，确保产权交易规范，保护创新能力和创新动力。

要坚持公平公正，保护激励创新。既要严格保护产权，又要兼顾公共利益，正确把握与技术贡献程度相适应的知识产权保护范围和强度，划清权力边界，促进创新要素有序流动、高效配置。加强对企业商业秘密的保护，促进企业公平竞争、人才合理流动。妥善处理涉及新基建、新技术、新材料、新装备、新产品、新业态的产权交易、反垄断和不正当竞争纠纷，合理平衡各方利益，依法保障科技创新，促进自主创新能力的增强。

要强化产权全链条保护。要综合运用法律、行政、经济、技术、社会治理等多种手段，从权属认证、规范交易、配套服务、行政执法、司法保护、仲裁调解、行业自律等环节完善产权交易体系，加强协同配合，构建产权交易大市场工作格局。要打通产权创造、运用、保护、管理、交易、服务全链条，健全产权保护和产权交易综合管理体制。要统筹做好保护产权、保护国有资产、保护公平竞争等工作，促进各类市场要素有序流动、高效配置，推动创新成果实现、更好惠及人民。要加强产权交易信息化、智能化基础设施建设，推动产权交易资本市场线上线下融合发展。要鼓励建立产权交易资本市场自律机制，推动诚信体系建设。要加强产权保护和规范交易宣传教育，增强全社会尊重和保护产权、规范产权交易的意识。

要深化产权交易工作体制机制改革。要健全大数据、人工智能、基因技术等新领域新业态的产权保护和产权交易制度，及时研究制定传统文化、传统知识等领域的产权保护和交易办法。推动产权交易领域立法建设，健全产权交易领域诉讼仲裁机制，建立产权交易资本市场惩罚性赔偿制度。要健全统一规范的产权价值评估体系和标准，鼓励跨地区、跨行业、跨领域的资本要素流动。

要加强产权交易资本市场创新人才培养。要加强政治能力建设，按照党建和业务深度融合的要求，提高产权交易资本市场人才队伍的思想政治素质、职业素养和专业水平。要加强人才培养，立足产权交易资本市场实际和岗位职责，不断创新人才培养机制，造就一批政治坚定、顾全大局、精通法律、熟悉技术、思维开阔且具有国际视野的产权交易行业人才，为产权交易资本市场的长远发展奠定人才基础。

---

① 习近平主持中央政治局第二十五次集体学习并讲话［EB/OL］.（2020-12-01）. http：//www.gov.cn/xinwen/2020-12/01/content_5566183.htm.

参考文献

[1] 文宗瑜．中国产权交易市场的发展现状及其改革［J］．财政研究，2006，10（1）：2-4.

[2] 中共中央 国务院关于构建更加完善的要素市场化配置体制机制的意见［EB/OL］．（2020-03-30）．http：//www.gov.cn/zhengce/2020-04/09/content_5500622.htm.

[3] 柴振国，王晶．着力打造法治化营商环境［N］．河北日报，2019-04-12（7）.

[4] 孙晋．习近平法治思想中的公平竞争法治观［EB/OL］．（2021-01-06）．http：//www.china.com.cn/opinion2020/2021-01/06/content_77086043.shtml.

[5] 丛书编写组．打造国际一流营商环境［M］．北京：中国计划出版社，中国市场出版社，2020.

[6] 丛书编写组．促进金融更好服务实体经济［M］．北京：中国计划出版社，中国市场出版社，2020.

第四章　习近平生态文明思想对产权交易资本市场的指导意义

第一节　习近平生态文明思想的深刻内涵和深远意义

习近平生态文明思想是习近平新时代中国特色社会主义思想的重要组成部分，是中国共产党领导中国人民推进生态文明建设取得的战略性、标志性、创新性重大理论成果。习近平生态文明思想内涵丰富、系统完整，深刻回答了为什么建设生态文明、建设什么样的生态文明、怎样建设生态文明等重大理论和实践问题，集中体现为“八个坚持”：坚持生态兴则文明兴、坚持人与自然和谐共生、坚持绿水青山就是金山银山、坚持全面推动绿色发展、坚持良好生态环境是最普惠的民生福祉、坚持山水林田湖草是生命共同体、坚持用最严格制度最严密法治保护生态环境、坚持建设美丽中国全民行动、坚持共谋全球生态文明建设。①

习近平生态文明思想丰富了马克思主义人与自然关系论述的思想内涵，弘扬了中华文明生态智慧的时代价值，拓展了全球生态环境治理的可持续发展理念，深化了中国特色社会主义思想发展与保护关系的实践认识。② 从战略的高度、历史的深度、世界的广度，系统全面、精准质朴地诠释了生态文明建设的重大意义、建设方向、建设目标和建设路径，体现了以习近平同志为核心的党中央立足中华民族永续发展、立足中国人民生活福祉、立足世界人民共同发展的博大胸怀与责任担当。

《中共中央关于党的百年奋斗重大成就和历史经验的决议》指出，党的十八大以来，党中央以前所未有的力度抓生态文明建设，全党全国推动绿色发展的自觉性和主动性显著增强，美丽中国建设迈出重大步伐，我国生态环境保护发生历史性、转折性、

---

① 全国干部培训教材编审指导委员会．推进生态文明建设美丽中国［M］．北京：人民出版社，党建读物出版社，2019：7-16.

② 全国干部培训教材编审指导委员会．推进生态文明建设美丽中国［M］．北京：人民出版社，党建读物出版社，2019：17-22.

全局性变化。《2020中国生态环境状况公报》显示，“十三五”规划纲要确定的生态环境九项约束性指标均圆满超额完成，人民群众生态环境获得感显著增强，厚植了全面建成小康社会的绿色底色和质量成色：2020年全国地级及以上城市优良天数比例提高到87.0%（目标84.5%），全国地表水优良水质断面比例提高到83.4%（目标70%），劣Ⅴ类水质断面比例下降到0.6%（目标5%），受污染耕地安全利用率达到90%左右，污染地块安全利用率达到90%以上，单位国内生产总值二氧化碳排放强度比2015年下降18.8%。这些成就的取得，根本在于以习近平同志为核心的党中央的坚强领导，在于习近平新时代生态文明思想的科学指引。

第二节 习近平生态文明思想引领产权交易资本市场绿色升级发展

生态环境问题归根结底是发展方式和生活方式问题。要从根本上解决生态环境问题，必须贯彻绿色发展理念，坚决摒弃损害甚至破坏生态环境的增长模式，加快形成节约资源和保护环境的空间格局、产业结构、生产方式、生活方式。① 习近平生态文明思想为产权交易资本市场绿色转型发展提供了方向指引和根本遵循。产权交易资本市场运营服务机构及其工作人员必须牢固树立“四个意识”，坚定“四个自信”，做到“两个维护”，用习近平生态文明思想武装头脑、指导实践、推动工作，勇做习近平生态文明思想的践行者、传播者和服务者，为“美丽中国”建设贡献产权交易资本市场的力量。

一、持续转换产权交易资本市场绿色生产发展方式

（一）推动市场由分散向集约化发展

改革开放以来，随着中国特色社会主义市场经济不断发展和市场经济体制不断完善，产权交易资本市场体系不断发展壮大。比如，在各级政府及其国资监管部门主导推动下，建立了覆盖全国的企业国有资产交易市场体系。又如，在国家相关部委和省级地方人民政府的协同推动下，建立了覆盖全国的区域性股权交易市场体系。再如，在最高人民法院的统一设计改革下，选择确定7家司法拍卖网络服务平台，为全国3500多家法院司法拍卖资产提供网上交易服务。结合产权要素的区域分布和分级管理、

① 中共中央宣传部．习近平新时代中国特色社会主义思想学习纲要［M］．北京：学习出版社，人民出版社，2019：171.

分类管理的客观实际，产权交易资本市场“条、块、线”特征较为明显，“散、弱、小”问题较为突出，不仅在一定程度上制约了资源要素的畅通流动、高效配置，而且增加了市场建设、运行维护和监督管理成本。贯彻落实习近平生态文明思想，就是要加强市场建设，发展顶层设计，按照集约、节约原则，科学规划、合理布局，依托优势市场开展跨行业、跨区域整合和叠加发展，防止盲目建设、各开各市、各说各话，以最小的投入和最少的资源消耗，最大限度地满足资源要素市场化公平高效配置需求，实现市场集约化、规模化、体系化发展。

（二）推动业务由单一向多元化发展

从历史实践来看，产权交易资本市场在设立之初，交易品种往往相对单一，市场运行的经济效用、社会效用相对有限。随着社会经济不断发展，一些市场发挥体制机制优势，不断扩大市场的溢出效应，实现了交易品种的多元化、跨区域、跨领域发展，提高了经济效益和社会效益。以北京、上海、重庆、山东、广东、深圳等地产权交易资本市场为例，从成立初期单一企业国有产权转让，逐步发展至覆盖各类企业国有资产、行政国有资产、环境资源、司法拍卖资产、金融资产乃至自然资源、农村产权、集体资产、民营资产、个人资产等的交易，有的甚至扩展至工程招投标、政府采购、药品器械采购、企业采购等领域，服务区域从地方扩展至全国乃至境外，年交易规模达到数千亿元甚至超过万亿元，较好地发挥了市场在资源配置中的决定性作用，有力地推动了社会经济发展。但从全国产权交易资本市场的总体运行情况来看，能够实现多元化、跨领域、上规模的交易机构数量并不多。据中国产权协会统计，2020 年交易规模超过 1000 亿元的会员机构只有 7 家。国家市场监管总局在国新办 2021 年 9 月 6 日“激发市场活力规范市场秩序助力全面建成小康社会”新闻发布会上公布的数据显示，截至 2021 年 7 月，全国市场主体数量达到 1. 46 亿户。规模庞大的市场主体及其资源要素流转配置需求，为产权交易资本市场纵深发展奠定了坚实基础。贯彻落实习近平生态文明思想，就是要求产权交易资本市场立足发挥市场在资源配置中的决定性作用，不断完善体制机制，拓展交易服务领域、服务区域，为更多适合以市场化方式配置的资源要素提供交易服务，以最少的投入和消耗，推动市场多元化、跨区域、跨领域发展。

（三）推动交易服务设施绿色化发展

产权交易资本市场的正常运转离不开场所设备、信息系统和水电气讯等的支撑。贯彻落实习近平生态文明思想，就是要求产权交易资本市场及其营运机构在市场建设及运营服务过程中，秉持节能、环保、低碳原则，将对能源的消耗减至最低、对环境的损害降至最小，实现市场绿色化、生态化发展。在基础设施建设方面，坚持使用环保建筑材料、绿色认证产品和节能电器设备；在日常运行管理中，倡导勤俭节约、绿色低碳办公方式，坚持使用绿色办公产品、可回收材料，合理控制室内温度和办公资源用量；在交易服务方式方面，加快推进全流程电子化、网络化、智能化交易，不断优化交易流程，缩减不必要的交易环节，实现交易无纸化、网上办、快捷办，让“数据多跑路、客户少跑腿”，尽可能减少交易活动对资源的消耗。比如，重庆联合产权交易所建立了“云+网+端”运行模式，推动全流程电子招投标“一张网交易”，开评标环节节时 50%以上，每年为交易主体节约人工、交通等成本 2 亿元以上①。在机构发展方面，坚持将绿色环保嵌入经营决策，在开展项目投资、战略合作、业务拓展、机构创设等活动时，充分考量绿色环保因素，使市场和机构的发展方向与国家生态文明建设目标相契合。

二、在产权交易行业推行绿色生活方式

良好的生态环境关系每个地区、每个行业、每个家庭，人人受益，也需要人人参与。② 产权交易相关行业协会、交易机构要深入学习贯彻落实习近平生态文明思想，积极响应党中央号召，旗帜鲜明地组织发动干部员工及其家庭成员主动融入生态环保行动，引导培养形成绿色低碳生活方式。产权交易资本市场要发挥人员、市场主体的集聚优势，以交易场所、网络平台、App 客户端、微信公众号等为载体，积极宣传习近平生态文明思想和各级党委政府对生态环境保护工作的决策部署、工作安排，开展主题鲜明、内容丰富、贴近生活的宣传活动，弘扬主旋律，传播正能量。产权交易各类从业人员要认真学习领悟习近平生态文明思想的丰富内涵和精神实质，心怀“国之大者”，牢固树立生态文明理念，自觉提升生态环境保护意识和生态文明素养，积极融入“美丽中国”建设，在日常工作和生活中，严格落实《公民生态环境行为规范（试行）》，从绿色消费、低碳出行、垃圾分类、光盘行动、节约资源、呵护自然等方面践行绿色低碳生活方式，积极参与各类环保志愿服务活动，自觉做生态环境保护的倡导者、行动者、示范者，共建天蓝、地绿、水清的美好家园。

三、建立健全产权交易资本市场绿色环保考评机制

（一）在交易资质许可的情况下增加绿色发展考评指标

产权交易资本市场许可经营的管理体制，为相关政府及监管部门在行业中宣贯落实习近平生态文明思想提供了便利。有关政府和主管部门在批准市场建设、机构设立、

① 杨永芹．重庆市公共资源交易平台交易额上半年同比增长 21.6%［N］．重庆日报，2018-07-18（6）．

② 全国干部培训教材编审指导委员会．推进生态文明建设美丽中国［M］．北京：人民出版社，党建读物出版社，2019：31．

服务范围和选定交易机构的过程中，根据行业特点增加绿色生产方式、绿色产品使用、环境保护投入、绿色交易能力等生态环保考核指标，科学合理设置指标权重，建立相应考核制度、评价方法，完善市场准入退出机制，激励产权交易机构不断强化生态文明理念，提升生态环保意识，承担环保责任，积极转变发展方式，推动行业绿色发展。

（二）在行业信用评价中增加绿色信用评价指标

行业自律是产权交易资本市场健康发展的重要保障，行业协会的生态文明建设引导作用至关重要。在相关协会的组织下，产权交易资本市场中的一些细分行业已常态化开展信用评价工作。比如，中国产权协会组织建立了行业信用评价制度，聘请第三方专业机构对协会交易机构会员开展信用评价，每三年评价一次、每年组织信用复核，及时公布信用评价与复核结果。为引导行业进一步强化生态文明建设，产权交易相关协会在开展行业信用评价时，将生态环保、绿色信用纳入评价范围，推动行业生态文明建设整体水平提升。

（三）在交易制度设计中增加绿色环保激励措施

政策性强、规范性要求高是产权交易活动的重要特征。在制定交易制度规则时，充分发挥政策的导向作用，增加生态建设、绿色发展激励措施，让绿色企业、绿色项目、绿色产品优先获得资源，倒逼推动生产方式绿色转型。比如，在区域性股权交易市场中，优先安排节能减排、生态环保型企业上市融资；在企业增资和混合所有制改革中，优先引入绿色低碳、生态环保型战略投资者；在自然资源交易中，提高生态环保准入门槛；在工程发包及产品、服务采购中，优先选择生态信用好的单位或节能环保产品。

第三节　习近平生态文明思想为产权交易资本市场提供广阔的发展空间

多年以来，全国各地产权交易资本市场发挥自身优势，积极探索开展碳排放权、排污权、林权、再生资源、土地使用权、农村产权等环境权和自然资源交易，积累了丰富经验。在新时代，习近平生态文明思想指引下的“美丽中国”建设，特别是反映市场供求和资源稀缺程度、体现自然价值和代际补偿的资源有偿使用与生态补偿等制度体系的建立完善，为生态资源的市场化流转配置提供了有力的制度保障，也为产权交易资本市场做强做优做大指明了方向、提供了空间。

一、开展碳交易，在服务碳达峰碳中和中建功立业

实现碳达峰碳中和，是以习近平同志为核心的党中央统筹国内国际两个大局作出的重大战略决策，是着力解决资源环境约束突出问题、实现中华民族永续发展的必然选择，是构建人类命运共同体的庄严承诺。《中华人民共和国国民经济和社会发展第十四个五年规划和2035年远景目标纲要》提出，到2025年单位国内生产总值二氧化碳排放比2020年下降18%；到2030年单位国内生产总值二氧化碳排放比2005年下降65%以上，顺利实现2030年前碳达峰目标。

2011年，按照《国家发展改革委办公厅关于开展碳排放权交易试点工作的通知》（发改办气候〔2011〕2601号）要求，北京、上海、天津、重庆、广东、湖北、深圳等7个试点省市产权交易资本市场积极行动，分别建立碳排放权交易平台并启动交易试点。截至2020年11月，试点省市碳市场累计配额成交量约为4.3亿吨二氧化碳当量，累计成交额近100亿元人民币。① 2021年7月16日，全国碳排放权交易市场（简称“全国碳市场”）正式启动上线交易。截至2021年12月31日，纳入发电行业重点排放单位的共2162家，碳排放配额总成交量1.79亿吨，总成交额76.61亿元。② 按照全国碳市场建设发展规划，未来进场交易范围将由发电行业逐步扩大至石化、建材、钢铁等八大行业，市场容量将大幅提升。

我国碳市场总体处于发展初期，还存在交易机制不健全、交易品种少、交易活跃度低、碳金融发展不充分等问题。作为产权交易资本市场重要组成部分的碳市场，要以习近平生态文明思想为指导，进一步强化使命意识和责任担当，不断完善市场功能，持续深化碳交易服务，全力助推碳达峰碳中和。一是推动丰富交易产品。在做好碳配额交易基础上，积极发展国家和地方核证自愿减排量交易、农林碳汇交易，探索碳远期、碳期货、碳期权等金融产品交易。二是服务绿色金融发展。发挥碳市场“碳定量”“碳定价”优势，协同相关金融机构、碳核查机构，有序推进碳配额托管、碳质押融资、碳租借、碳回购、碳债券、碳基金、碳保险、碳信托、碳资产支持证券等绿色金融产品创新与交易体系建设，放大市场功能。三是发展绿色咨询服务。完善碳交易咨询、低碳顾问咨询、绿色金融咨询等基础服务，积极承接重大碳研究课题、碳政策评估，协助碳政策制定和行业标准设计等。四是做好市场联动协同。进一步厘清全国碳市场和各试点碳市场的功能定位，错位发展、优势互补；依托现有碳市场基础设施，推进碳交易跨区域合作，构建覆盖全国的碳市场体系；搭建全国集中统一碳信息平台，

① 徐靓丽．中国碳排放权交易市场全面启动试点十年累计成交近100亿［N］．长江商报，2021-02-08.

② 周小全．锚定“双碳”战略目标深化全国碳市场建设［N］．上海证券报，2021-01-06.

整合共享各碳市场信息资源，提高市场透明度和交易活跃度。五是探索建立碳市场跨境对接机制。深入研究国内国际碳市场交易机制和标准体系差异，立足我国发展实际，依托国际多边治理机制，探索建立国内国际碳交易协调机制和市场联动机制，提高国内碳市场在全球的定价能力和影响力。

二、开展排污权交易，在污染防治攻坚战中建功立业

改革开放以来，我国经济发展取得了巨大成就，也积累了大量生态环境问题，一段时间内成为民生之患、民生之痛。① 2017 年，我国主要污染物排放量仍停留在千万吨级水平，单位国土面积上的污染物排放总量超过美国、欧盟 2~4 倍。②《中共中央国务院关于深入打好污染防治攻坚战的意见》指出，我国生态环境保护结构性、根源性、趋势性压力总体上尚未根本缓解，重点区域、重点行业污染问题仍然突出。

从 2007 年起，国家相关部委积极探索“污染者付费”治理机制，先后批准浙江、重庆、江苏等 11 省份开展污染物排放权有偿使用与交易试点。据中国产权协会统计，2020 年有 12 家机构开展了排污权交易，化学需氧量、二氧化硫、氮氧化合物、氨氮化合物等排污权共成交 2.95 万吨，颗粒物排放成交 731.72 万吨，固体废物成交 16.78 万吨。根据《2019 中国生态环境统计年报》，2019 年全国废水中化学需氧量排放量为 567.1 万吨、氨氮排放量为 46.3 万吨，全国废气中二氧化硫排放量为 457.3 万吨、氮氧化物排放量为 1233.9 万吨、颗粒物排放量为 1088.5 万吨，全国一般工业固体废物产生量为 44.1 亿吨、危险废物产生量为 8126.0 万吨。由此可见，产权交易资本市场交易的污染物总量不足 1%，市场发展空间巨大。

产权交易资本市场要以习近平生态文明思想为指导，坚决打好污染防治攻坚战，不断完善排污权交易市场服务体系，积极扩大交易品种、服务范围，充分发挥市场机制作用，助力蓝天、碧水、净土攻坚战取得全面胜利。一是建立完善的市场体系。争取当地党委政府支持，发挥产权交易资本市场的资源集聚和价值发现作用，整合建立区域集中统一排污权交易信息平台，积极探索水权、用能权等交易。二是建立完善交易机制。协助主管部门建立完善各类污染物排放交易管理制度，在排放定额发放一级市场交易基础上，完善二级市场交易机制。三是优化排放定额核定机制。分析历史交易数据，总结规律，结合区域环境质量和容量，协助主管部门科学合理确定排污总量、定额分配方式、定价方法，以及行业、企业的具体减排任务。四是积极发展排污权金融产品。汇集政府、金融机构、交易场所力量，研究推出环境权质押抵押融资、节能

① 中共中央宣传部．习近平新时代中国特色社会主义思想学习纲要［M］．北京：学习出版社，人民出版社，2019：168.

② 全国干部培训教材编审指导委员会．推进生态文明建设美丽中国［M］．北京：人民出版社，2019：79.

环保资产证券化等融资产品，盘活企业环保资产。五是探索建立排污权跨区域交易补偿机制。根据区域战略发展总体规划和功能分区，结合环境污染影响范围，探索建立京津冀、长三角、粤港澳、成渝双城经济圈等区域性排污权交易市场体系及交易机制、生态补偿机制，统筹推进区域环境一体化治理，推动生态价值转化变现。

三、开展自然资源交易，在生态财富转化中建功立业

“绿水青山就是金山银山。”① 为推进生态价值的有效转化，以习近平同志为核心的党中央从顶层设计上持续深化自然资源资产产权制度改革，建立了自然资源统一确权登记、自然资源资产有偿使用、自然资源生态空间用途管制和国土空间规划、自然资源保护修复与节约集约利用，以及农村集体产权、林权等一系列自然资源产权制度方案、标准规范。这些制度的建立和完善，为自然资源资产的市场化配置提供了有力的制度保障和基础支撑。

据中国产权协会统计，2020 年全国产权交易资本市场交易各类自然资源 8706 宗、交易额为 4735. 78 亿元，交易品种包括国有建设用地使用权出让、矿业权出让、河流与海洋资源交易、林权交易、农村土地承包经营权流转、宅基地使用权流转、“四荒地”使用权流转等。随着生态文明建设的持续深化，自然资源资产权属边界更加明晰，自然资源蕴含的生态价值越来越高，进入市场公开流转交易的品种和规模进一步扩大。

产权交易资本市场要以习近平生态文明思想为指导，贯彻落实中共中央办公厅、国务院办公厅印发的《关于统筹推进自然资源资产产权制度改革的指导意见》和《国务院办公厅关于健全生态保护补偿机制的意见》等国家重大决策部署，不断提升市场服务能力和创新能力，全力助推生态文明建设和生态价值转化。一是进一步完善自然资源交易市场体系。各地产权交易资本市场要立足当地资源禀赋，积极对接相关自然资源资产产权单位、主管部门，研究开发地票、林票等新的生态资源交易品种和交易组织方式，构建多元开放的市场体系。二是提高交易专业化水平。对于新的自然资源交易品种，结合相关政策法规、制度规定和资源特点，针对性设计交易规则、交易流程、交易文本，建立完善交易系统，满足交易需求。三是推动建立跨区域交易补偿机制。针对自然生态资源受益人的跨区域特性，建立区域相关政府、部门、市场等不同层面协调协同机制，探索完善自然生态资源跨区域交易与补偿机制，实现生态价值异地转化。四是提高市场金融服务能力。联合自然资源资产产权单位、评估机构和相关金融机构，针对自然资源资产特点，开发自然资源所有权、收益权、使用权抵押质押等金融服务产品，为自然资源资产流转、开发、利用、退出提供金融“血液”。

---

① 中共中央宣传部．习近平新时代中国特色社会主义思想学习纲要［M］．北京：学习出版社，人民出版社，2019：169.

四、深化市场招商服务，在绿色生产转型中建功立业

加快形成绿色发展方式，重点是调整经济结构和能源结构，优化国土空间布局，培育壮大节能环保产业、清洁生产产业、清洁能源产业，推进生产系统和生活系统循环对接。① 中国投资协会能源投资专业委员会和落基山研究所共同编写的《零碳中国·绿色投资蓝皮书》预测，零碳中国将撬动70万亿元绿色产业投资机会，零碳转型还将创造大量就业机会，仅零碳电力、再生资源利用、氢能等行业将带来的新增就业机会就高达3000万个以上。②

巨大的投资需要有效市场进行对接。目前，我国通过证券市场融资和实施并购交易的市场主体数量占比约为万分之三，产权交易资本市场发挥作用的空间巨大。据中国产权协会统计，2020年全国产权交易资本市场交易股权资产类项目22.11万宗、成交金额为14.16万亿元。产权交易资本市场较好地发挥了项目、资本的对接通道作用，大量企业通过产权交易资本市场实现绿色转型升级发展。比如，紫光展锐公司通过北京联合产权交易所完成股权重组，引入国家集成电路产业投资基金、三峡资本等投资方资金123.66亿元，为打造世界一流芯片制造企业奠定了基础；长安阿维塔科技公司通过重庆联合产权交易所引入宁德时代、承安基金、南方资产3家战略投资者资金24.2亿元，助力打造自主可控全球领先的新能源高端智能汽车平台③。仅2019年就有476家高新技术企业通过上海产权市场实施兼并重组，交易金额达到726亿元，涉及新一代信息技术、新能源汽车、新材料、生物医药、节能环保等领域。④

在新时代，产权交易资本市场要在习近平生态文明思想的指导下，进一步加强市场招商功能，为我国产业绿色转型和生态文明建设作出更多更大贡献。一是强化投行化服务能力。立足我国产业现状、政策导向和技术趋势，强化行业发展研判能力、项目价值分析能力、项目交易策划能力、招商推介服务能力，提升投行化服务水平。二是强化平台资源集聚能力。积极拓展交易品种，丰富交易资源；引导法律、财务、评估、金融等各类服务机构聚集，扩大交易产业集群；加强与区域性股权市场、证券市场等各类交易市场的联动和共享，放大市场功能。三是强化市场金融服务能力。根据不同产权资产的特点，联合各类金融机构、中介机构，针对性开发金融产品，助推项

① 中共中央宣传部．习近平新时代中国特色社会主义思想学习纲要［M］．北京：学习出版社，人民出版社，2019：172.

② 安娜．前景广阔，“稳”字先行：从“十四五”规划看减碳［EB/OL］．(2021-03-14)．https：//bm.cnfic.com.cn/sharing/share/articleDetail/2248536/1.

③ 杜巧梅．引入宁德时代等三家战略投资方：阿维塔科技完成首轮24.2亿元战略融资［N］．21世纪经济报道，2021-11-05.

④ 周小全．把握资本市场定位，构建产权市场发展新格局［EB/OL］．(2020-10-26)．http：//www.cspea.org.cn/article/sjyj/zjgd/202010/20201000008841.shtml.

目交易和资本形态转换。四是强化跨境交易服务能力。建立开放型市场服务体系，聚集国内外项目资源，聚集熟悉国际投资、法律、金融、财务等的咨询机构，为国际资本进入国内市场和国内资本走出国门搭建通道。

参考文献

［1］全国干部培训教材编审指导委员会．推进生态文明建设美丽中国［M］．北京：人民出版社，党建读物出版社，2019.

［2］中共中央宣传部．习近平新时代中国特色社会主义思想学习纲要［M］．北京：学习出版社，人民出版社，2019.

［3］杨永芹．重庆市公共资源交易平台交易额上半年同比增长 21.6%［N］．重庆日报，2018-7-18（6）.

［4］徐靓丽．中国碳排放权交易市场全面启动试点十年累计成交近 100 亿［N］．长江商报，2021-02-08.

［5］周小全．锚定“双碳”战略目标深化全国碳市场建设［N］．上海证券报，2021-01-06.

［6］安娜．前景广阔，“稳”字先行：从“十四五”规划看减碳［EB/OL］．（2021-03-14）．https：//bm. cnfic. com. cn/sharing/share/articleDetail/2248536/1.

［7］杜巧梅．引入宁德时代等三家战略投资方：阿维塔科技完成首轮 24.2 亿元战略融资［N］．21 世纪经济报道，2021-11-05.

［8］周小全．把握资本市场定位，构建产权市场发展新格局［EB/OL］．（2020-10-26）．http：//www. cspea. org. cn/article/sjyj/zjgd/202010/20201000008841. shtml.

第五章　习近平总书记关于国有企业改革发展的重要论述是产权交易资本市场长期稳定健康发展的根本遵循

第一节　习近平总书记关于国有企业改革发展的重要论述

作为中国特色社会主义的重要物质基础和政治基础，国有企业是中国共产党执政兴国的重要支柱和依靠力量。

2014 年 8 月 18 日，习近平总书记在中央深改组第四次会议上明确指出，“国有企业特别是中央管理企业，在关系国家安全和国民经济命脉的主要行业和关键领域占据支配地位，是国民经济的重要支柱，在我们党执政和我国社会主义国家政权的经济基础中也是起支柱作用的，必须搞好”。2016 年 10 月 10 日，习近平总书记在全国国有企业党的建设工作会议上发表重要讲话，特别强调“国有企业是中国特色社会主义的重要物质基础和政治基础”，关系公有制主体地位的巩固，关系我们党执政地位和执政能力，关系我国社会主义制度。

习近平总书记的重要论述，深刻揭示了国有企业在党和国家事业发展全局中的战略地位，为新时代坚定不移做强做优做大国有企业和国有资本提供了总依据，具有重大实践意义、战略意义和理论意义。

深化国有企业改革，是以习近平同志为核心的党中央作出的重大战略决策，是全面深化改革的重要组成部分。党的十八大以来，习近平总书记高度重视国资国企改革发展工作，深入国企一线考察调研，站在党和国家发展全局的战略高度多次发表重要讲话，作出一系列重要指示批示，深刻回答了新时代、新阶段、新征程国资国企改革发展中的重大理论和实践问题。习近平总书记关于国有企业改革发展的重要论述，是习近平新时代中国特色社会主义思想的重要组成部分，为全面深化国资国企改革提供了根本遵循和行动指南。

一、国企改革发展的总体要求

（一）坚持“两个一以贯之”、建立中国特色现代企业制度，是国有企业改革的根本原则和方向

习近平总书记在2016年10月全国国有企业党的建设工作会议上强调指出，“坚持党对国有企业的领导是重大政治原则，必须一以贯之；建立现代企业制度是国有企业改革的方向，也必须一以贯之”。要把加强党的领导和完善公司治理统一起来，建设中国特色现代国有企业制度。中国特色现代国有企业制度，“特”就特在把党的领导融入公司治理各环节。

习近平总书记关于中国特色现代国有企业制度的重要论述，科学总结了我们党领导国有企业改革发展的丰富实践和历史经验，运用马克思主义立场、观点、方法对国有企业发展理论进行了重大创新，为坚定走中国特色国有企业改革发展道路提供了科学指南。

（二）坚持社会主义市场经济改革方向、确立国有企业独立市场主体地位，是国有企业改革必须遵循的基本规律

2015年7月，习近平总书记在中国中车长春轨道客车股份有限公司考察时提出，“深化国有企业改革，要沿着符合国情的道路去改，要遵循市场经济规律，也要避免市场的盲目性，推动国有企业不断提高效益和效率，提高竞争力和抗风险能力，完善企业治理结构，在激烈的市场竞争中游刃有余”。其间，习近平总书记在长春与部分省区党委主要负责人座谈时指出，“要深化国有企业改革，完善企业治理模式和经营机制，真正确立企业市场主体地位，增强企业内在活力、市场竞争力、发展引领力”。

习近平总书记的重要论述，深刻阐明了坚持社会主义市场经济改革方向不仅是经济体制改革的基本遵循，也是全面深化国有企业改革的重要依托。国有企业首先是企业，使市场在资源配置中起决定性作用，更好发挥政府作用，让国有企业真正成为依法自主经营、自负盈亏、自担风险、自我约束、自我发展的独立市场主体，是国有企业改革必须遵循的市场经济规律和企业发展规律。

（三）坚持“三个有利于”，是检验国企改革成败的主要依据和标准

2015年7月，习近平总书记在吉林调研考察时，围绕推进国有企业改革，提出三个“有利于”，即“推进国有企业改革，要有利于国有资本保值增值，有利于提高国有经济竞争力，有利于放大国有资本功能”。

习近平总书记提出的这一重要论断，为国企改革确立了主要检验依据、价值判断标准，具有鲜明的改革指向性和现实针对性。

二、国企改革发展的目标指向

（一）理直气壮、坚定不移做强做优做大国有资本和国有企业

2016 年 7 月 4 日，在全国国有企业改革座谈会召开之际，习近平总书记就国有企业改革作出重要指示，强调“国有企业是壮大国家综合实力、保障人民共同利益的重要力量，必须理直气壮做强做优做大，不断增强活力、影响力、抗风险能力，实现国有资产保值增值”。

2017 年 10 月 18 日，习近平总书记在中共十九大报告中明确提出“推动国有资本做强做优做大”。2021 年 11 月 11 日，中共十九届六中全会通过的《中共中央关于党的百年奋斗重大成就和历史经验的决议》指出，“支持国有资本和国有企业做强做优做大”。

“国有资本做强做优做大”和“国有企业做强做优做大”是国资国企改革相辅相成、有机联系、内在统一的目标要求，总的落脚点和目的在于发展壮大中国特色社会主义国有经济。正因如此，国有企业要自觉肩负起新时代赋予的新使命，以做强做优做大、实现高质量发展为主线，强化责任、守正创新，不断开创改革发展的新局面。

（二）打造和培育具有全球竞争力的世界一流企业

党的十九大报告提出：“深化国有企业改革，发展混合所有制经济，培育具有全球竞争力的世界一流企业。”这是以习近平同志为核心的党中央对国有企业改革作出的重大部署，为新时代国有企业改革发展指明了努力方向。

为了在激烈的全球经济竞争中培育我国经济的新优势，在产业链、价值链中占据中高端地位，打造国企国际竞争力，提升我国的综合国力，我们必须培育一批具有较强国际竞争力的大企业大集团，要形成一批在全球资源配置中能够逐步占据主导地位的、有话语权和影响力的领军企业、排头兵。

（三）贯彻新发展理念，在高质量发展中勇当“排头兵，先锋队”

2021 年 7 月 1 日，习近平总书记在七一重要讲话中指出，“立足新发展阶段，完整、准确、全面贯彻新发展理念，构建新发展格局，推动高质量发展”。

习近平总书记明确提出，“实现‘两个一百年’奋斗目标，实现中华民族伟大复兴的中国梦，必须坚持走中国特色自主创新道路”①，“中央企业等国有企业要勇挑重担、

---

① 习近平：在庆祝中国共产党成立 100 周年大会上的讲话［EB/OL］.（2021-07-15）. http://www.gov.cn/xinwen/2021-07/15/content_5625254. htm.

敢打头阵，勇当原创技术的‘策源地’、现代产业链的‘链长’”①。

建设具有全球竞争力的一流企业，必须贯彻新发展理念，走高质量发展之路。坚定不移走高质量发展之路，既是党和国家赋予国有企业的重要历史使命，又是建设具有全球竞争力世界一流企业的必由之路。在此过程中，需要把企业发展规划同国家重大战略有机衔接起来，使创新成为第一动力、协调成为内在要求、绿色成为普遍形态、开放成为必由之路、共享成为根本目的；进一步转变发展方式，推动创新链和产业链对接，勇当原创技术的“策源地”、现代产业链的“链长”；深化与世界优秀企业的沟通、交流与合作，在“一带一路”建设中担纲领衔；推进共同富裕，在向第二个百年奋斗目标进军的过程中“当先锋、站排头”。

第二节　习近平总书记关于国有企业改革发展的重要论述对保障产权交易资本市场长期稳定健康发展的实践意义

习近平总书记关于国企改革发展的重要论述，为新时代、新阶段、新征程我国产权交易资本市场的改革发展与创新，提供了“智慧源泉，理论依据，方向指引”。

党的十九大报告明确提出“经济体制改革必须以完善产权制度和要素市场化配置为重点”的重要论断，这为产权交易资本市场在新时代、新阶段、新征程的发展指明了方向。

2021 年 3 月 12 日正式发布的《中华人民共和国国民经济和社会发展第十四个五年规划和 2035 年远景目标纲要》第二十章第一节“全面完善产权制度”提出，“健全归属清晰、权责明确、保护严格、流转顺畅的现代产权制度。实施民法典，制修订物权、债权、股权等产权法律法规，明晰产权归属、完善产权权能。健全以公平为原则的产权保护制度，依法平等保护国有、民营、外资等各种所有制企业产权。……加强数据、知识、环境等领域产权制度建设，健全自然资源资产产权制度和法律法规”。这为产权交易资本市场在新时代、新阶段、新征程的业务拓展和改革创新描绘了新的蓝图。

一、发挥基础性资本市场作用，助力国有资本和国资国企做强做优做大

产权交易资本市场是植根于中国本土、“坚持中国道路”的新生事物，应当充分发

① 习近平在省部级主要领导干部学习贯彻党的十九届五中全会精神专题研讨班开班式上发表重要讲话［EB/OL］.（2021 - 01 - 11）. https：//www.ccps.gov.cn/xxsxk/xldxgz/202203/t20220327_153437.shtml.

挥其“基础性资本市场”的作用，助力国资国企在改革发展中做强做优做大。

回望一路走来的风雨历程，“服务国资国企改革发展”天然地成为产权交易资本市场的初心使命、责任担当。可以说，产权交易资本市场从“问世之日，甫一开始”，便是“为中国的产权制度改革而生，为中国的国企改革而立，为中国的要素市场化配置改革而兴”。追根溯源，“产权制度改革，国有企业改革，要素市场化配置改革”是产权交易资本市场赖以产生、存在、发展、创新、壮大的“内在逻辑，根本所在”。

作为“非上市、非标准化和非连续交易”的资本市场，产权交易资本市场在服务国有资本布局优化和结构调整、发展混合所有制经济、提高国有资产配置效率、推动国有经济高质量发展等方面发挥了重要作用。

目前，我国产权交易资本市场的交易品种已基本覆盖除上市公司流通股以外的大多数资本要素资源。从这个角度来看，产权交易资本市场作为基础性资本市场，将更多、更好、更优地承担多层次资本市场体系的基础承载功能。

——更好推动国有资本合理流动、优化配置。

通过打造“平台+投行”的产权交易资本市场服务体系，更多、更优地促进国资国企改革过程中资产、资本、资源之间的“形态有机转换”（资源资产化—资产资本化—资本证券化），将变现的国有资本用于更加迫切需要的领域和行业，从而更好地推动国有资本合理流动，更有效地提高其市场化配置效率，实现国有资本优化配置。

——更加助力国有资本和国有企业做强做优做大。

《中华人民共和国国民经济和社会发展第十四个五年规划和2035年远景目标纲要》提出，做强做优做大国有资本和国有企业，加快国有经济布局优化、结构调整和战略性重组，发挥国有经济的战略支撑作用。

从做强做优做大国有企业，到做强做优做大国有资本，再到做强做优做大国有资本和国有企业，是国资国企改革发展理念和方式的重大变革，表明我们更加遵循国有资本运行规律，更加注重国有企业价值管理，更加突出国有企业独立市场主体地位，更加重视国有经济高质量发展，更好发挥政府作用和市场在资源配置中的决定性作用，从而在“促进国有资本增值，优化国有资本布局，规范国有资本运作”等方面持续发力，取得突破。这对于从根本上深化国资国企改革具有重大而深远的意义。

综上所述，产权交易资本市场要在深化国资国企改革中担当重任：一方面，通过发挥融资功能、资本配置功能，进一步推动国资国企高质量发展；另一方面，建立科学合理、高效完备的国有资产交易竞价、增值评估体系，通过发挥平台整合功能，为国有产权阳光流转和企业增资提供保值增值的市场化运作平台，开展并购重组、产业整合、混合所有制改革，促进国有资本和社会资本优势互补、相互融合、相互促进、共同发展，进而优化机制，提高国企的“竞争力、创新力、控制力、影响力和抗风险能力”，不断增强产权交易行业市场化配置要素资源的能力和水平，加快提升企业生产经营效率，提高资本效率、劳动效率和全要素生产率，助力国有资本和国有企业做强做优做大。

二、加快转型升级步伐，服务国有企业加快建设世界一流企业

产权交易资本市场在当前和今后一个时期，需要尽快布局人工智能、大数据、区块链等科技新领域，加快实现以业务创新驱动为核心的“创新化数字化投行化国际化”转型升级，加快推动“平台+金融+科技+国际”的融合进程。

在推动国企培育、打造具有全球竞争力的世界一流企业方面，产权交易机构应当发挥行业优势、集中行业力量，深入研究“一带一路”沿线国家法律规范制度框架，发挥产权交易资本市场信息辐射和“投行+平台”的市场化服务功能，对接全球要素资源，服务企业跨境并购，提升我国在国际上的定价权及话语权，为国有企业更好地“走出去”和“引进来”提供高效、便捷的投融资咨询服务；加快培育、打造具有全球竞争力的世界一流企业，探索搭建国际合作交流平台，以国际化的视野加快产权交易方式和业务品种创新，推动产权交易业务国际化，为跨境资本参与产权交易提供高效且便捷的市场化、国际化服务。

三、提升要素市场化配置动能，推动国有经济高质量发展

（一）要素市场化配置改革对产权交易资本市场提出更高要求

“资源资产化—资产资本化—资本证券化”的形态有机转化，是“公共资源—国有资产—国有资本—国有经济”逻辑链条的延伸。

要素市场化配置改革的顶层设计，明确了进一步破除阻碍市场要素自由流动的体制机制障碍，为区域性股权市场、公共资源、金融资产、知识产权、数据要素、环境权益、农村产权等专业要素市场建设提供了巨大发展动力。

要素市场化配置改革对产权交易资本市场的发展与创新提出了更高要求，也带来了新的契机，有助于推动全国市场一体化建设，逐步消除影响要素自由流动的各类制度性障碍，通过深化和创新区域合作，引导区域性产权交易机构实现有序竞争、互利合作、协同发展，构筑共建、共治、共享、共赢的产权交易生态系统。

随着产权交易资本市场的不断发展，股权、物权、债权、知识产权、金融资产、公共资源等越来越多的交易品种被导入，资金流、客户流、项目流、信息流、数据流在统一的市场体系中产生协同效应，不断循环、叠加、集聚，市场的活跃度以及配置资源的效率、市场能级将得到进一步提升，规模效应的形成将推动各个要素市场的高质量发展。要素平台业务综合性不断提升，产权交易资本市场逐步由单一的市场向全要素、全产业链、多元化转变，有助于补齐单一市场的功能性短板，产生正的外部效

应，形成叠加优势，进一步推动要素交易平台做强做优做大。

（二）贯彻新发展理念，推动国有经济高质量发展

1. 发展技术和数据要素市场，促进国企数字化转型和“原创技术策源地”的形成

创新，是实现高质量发展的第一动力。作为我国自主创新能力提升的重要力量，包括中央企业在内的国有企业全面提升、着力打造核心竞争力，必须提高自主创新能力，大力实施创新驱动发展战略。

当今世界，数字经济发展速度之快、辐射范围之广、影响程度之深前所未有，正日益推动生产方式、生活方式和治理方式发生深刻变革，成为重组全球要素资源、重塑全球经济结构、改变全球竞争格局的关键力量。与此同时，我国提出了“数据要素市场体系初步建立”的规划发展目标，即“十四五”期间“数据资源体系基本建成，利用数据资源推动研发、生产、流通、服务、消费全价值链协同。数据要素市场化建设成效显现，数据确权、定价、交易有序开展，探索建立与数据要素价值和贡献相适应的收入分配机制，激发市场主体创新活力”①。这就要求产权交易行业尽快建设数字基础设施及大数据交易的资源配置中心，通过探索跨境数据交易规则和流通模式，挖掘数据作为市场要素的价值，并逐步将其发展为全球性数据产权定价、交易和配置中心，代表国家参与全球数据交易的国际合作与竞争；通过发展技术和数据要素市场，大力开展知识产权交易、数据交易，加快国有企业数字化转型步伐，推动国有企业在产业链、供应链的关键环节和中高端领域进行布局，促进更多国有资本向5G、工业互联网、人工智能、集成电路、生物医药等战略性新兴产业集中，为国有企业提供全产业链的衍生服务、增值服务，促进产融结合，助力国有企业成为“原创技术策源地”、产业链供应链价值链“链长”。

2. 构建集中、统一的产权交易资本市场，推动区域协调发展，突出国有资本主体优势，优化国有经济布局

协调是实现高质量发展的内在要求。国有企业作为国民经济的重要基础，必须充分发挥自身作用，积极融入新发展格局。

对产权交易行业而言，不同区域市场的集中、统一、联合、协调显得尤为迫切。围绕落实国家重大战略，积极对接区域战略规划，依托产权交易资本市场平台体系加快各类要素全方位流动、高效率聚集，有力推动区域协调发展；在国有经济布局优化上，发挥产权交易资本市场的配置、整合作用，使国有资本主体优势更加突出、有效供给更加充足，不断提升国有资本的配置效率和整体功能；在供给侧结构性改

---

① 国务院关于印发“十四五”数字经济发展规划的通知［EB/OL］.（2021-12-12）. http://www.gov.cn/zhengce/zhengceku/2022-01/12/content-5667817.htm.

革中，助力国有企业实现“三去一降一补”的目标，有效化解企业运营中面临的系统性风险，利用产权交易资本市场高效灵活的市场化手段、方式，加大对低效无效资产的处置力度，剥离企业办社会职能，解决历史遗留问题，聚焦主责主业，健全市场化经营机制，促使国有企业运营效率、经营业绩等指标水平达到一流，进一步提高核心竞争力。

3. 大力开展碳市场建设、碳排放权等交易，推动国有企业实现碳达峰碳中和目标

绿色，是实现高质量发展的普遍形态。国有企业必须坚定不移走绿色、低碳、循环发展之路，努力为实现碳达峰、碳中和目标作出更大贡献。

习近平总书记在2022年1月24日下午主持中共中央政治局第三十六次集体学习时强调，“实现碳达峰碳中和，是贯彻新发展理念、构建新发展格局、推动高质量发展的内在要求，是党中央统筹国内国际两个大局作出的重大战略决策”。

在下大力气推动钢铁、有色、石化、化工、建材等传统产业优化升级，加快工业领域低碳工艺革新和数字化转型方面，产权交易资本市场要充分发挥要素市场化配置体制机制作用，大力推进碳市场建设，完善碳定价机制，加强碳排放权交易、用能权交易、电力交易的衔接与协调。

4. 创新、完善、规范境外国有资产交易制度

开放，是实现高质量发展的必由之路。国有企业作为参与共建“一带一路”的主力军，在深化实施“走出去”战略、努力推动构建人类命运共同体进程中，做出了卓有成效的实践与探索，也积累了较大规模、体量的境外国有资产。

基于此，产权交易行业应当积极推动境外国有资产依托产权交易资本市场公开交易，以国际化视野加快创新交易方式、业务品种和服务模式，完善境外国有资产交易制度，规范交易行为，提高交易效率，降低交易成本，防范交易风险，实现境外国有资产保值增值。

5. 搭建共享平台，助力国有企业承载更多担当、展现更大作为

共享，是实现高质量发展的根本目的。国有企业的角色定位、使命责任决定了它们必须坚持“以人民为中心”的发展理念，履行经济责任、政治责任、社会责任，在实现共同富裕的道路上承载更多担当、展现更大作为。

产权交易行业应当结合“国企改革三年行动方案”的目标任务，通过搭建“国企混合所有制改革操作平台”等共享平台，激发各类市场主体活力，促使各类所有制企业共同发展，着力推动国有企业扎实履行社会责任，关心关爱员工，积极参与社会公益、慈善事业，支持乡村振兴，助力共同富裕，让人民群众共享国有企业改革发展带来的成果。

参考文献

［1］习近平. 共同为改革想招 一起为改革发力［EB/OL］.（2014-08-18）. http：//www. xinhuanet. com/politics/2014-08/18/c_1112126269. htm.

［2］习近平在全国国有企业党的建设工作会议上强调：坚持党对国有企业的领导不动摇［EB/OL］.（2016-10-11）. http：//www. xinhuanet. com/politics/2016-10/11/c_1119697415. htm.

［3］习近平长春考察聚焦国有企业［EB/OL］.（2015-07-17）. http：//www. xinhuanet. com/politics/2015-07/17/c_1115963593. htm.

［4］习近平在吉林调研时强调 保持战略定力增强发展自信［EB/OL］.（2015-07-18）. http：//www. xinhuanet. com/politics/2015-07/18/c_1115967338. htm.

［5］以改革为动力做强做优做大国有企业：写在习近平总书记对国有企业改革作出重要指示两周年［EB/OL］.（2018-07-04）. https：//baijiahao. baidu. com/s？id=1605021344638870689&wfr=spider&for=pc.

［6］习近平. 决胜全面建成小康社会 夺取新时代中国特色社会主义伟大胜利：在中国共产党第十九次全国代表大会上的报告（2017 年 10 月 18 日）［R/OL］.（2017-10-27）. http：//www. xinhuanet. com/politics/2017-10/27/c_1121867529. htm.

［7］中共中央关于党的百年奋斗重大成就和历史经验的决议（2021 年 11 月 11 日中国共产党第十九届中央委员会第六次会议通过）［EB/OL］.（2021-11-16）. http：//www. gov. cn/zhengce/2021-11/16/content_5651269. htm.

［8］习近平：在庆祝中国共产党成立 100 周年大会上的讲话［EB/OL］.（2021-07-15）. http：//www. gov. cn/xinwen/2021-07/15/content_5625254. htm.

［9］中华人民共和国国民经济和社会发展第十四个五年规划和 2035 年远景目标纲要［EB/OL］.（2021-03-12）. http：//www. gov. cn/xinwen/2021-03/13/content_5592681. htm.

［10］中共中央 国务院关于深化国有企业改革的指导意见（2015 年 8 月 24 日）［EB/OL］.（2015-9-13）. http：//www. sasac. gov. cn/n2588025/n2588119/c2670904/content. html.

［11］中共中央 国务院关于构建更加完善的要素市场化配置体制机制的意见（2020 年 3 月 30 日）［EB/OL］.（2020-04-09）. http：//www. gov. cn/zhengce/2020-04/09/content_5500622. htm.

［12］中共中央办公厅 国务院办公厅印发《建设高标准市场体系行动方案》［EB/OL］.（2021-01-31）. http：//www. gov. cn/zhengce/2021-01/31/content_5583936. htm.

［13］国务院关于印发“十四五”数字经济发展规划的通知［EB/OL］.（2021-12-

12). http://www.gov.cn/zhengce/zhengceku/2022-01/12/content_5667817.htm.

[14] 习近平主持召开中央全面深化改革委员会第十四次会议强调 依靠改革应对变局开拓新局 扭住关键鼓励探索突出实效 [EB/OL]. (2020-06-30). http://www.gov.cn/xinwen/2020-06/30/content_5522984.htm.

[15] 习近平在中共中央政治局第三十六次集体学习时强调 深入分析推进碳达峰碳中和工作面临的形势任务 扎扎实实把党中央决策部署落到实处 [N]. 人民日报, 2022-01-26 (3).

[16] 习近平在省部级主要领导干部学习贯彻党的十九届五中全会精神专题研讨班开班式上发表重要讲话 [EB/OL]. (2021-01-11). https://www.ccps.gov.cn/xxsxk/xldxgz/202203/t20220327_153437.shtml.

第六章 习近平总书记关于“着力引导民营企业利用产权市场组合民间资本”的重要论述对产权交易资本市场的指导意义

“着力引导民营企业利用产权市场组合民间资本”是2016年3月4日习近平总书记在参加全国政协十二届四次会议民建、工商联界委员联组会时的讲话《毫不动摇坚持我国基本经济制度，推动各种所有制经济健康发展》中的重要论述①。改革开放以来，产权交易资本市场不仅服务公有制经济取得了伟大的发展成就，也服务非公有制经济获得了跨越式发展，通过产权交易融资的方式，为非上市民营企业匹配优质投资，培育形成了一批跨区域、跨行业，特色突出、竞争力强的大型企业集团。中国正处于新时代发展的历史机遇期，产权交易资本市场承担历史重任，为民营企业提供更高效、更精准的产权、资本配置、重组服务，助力民营企业优化资源要素配置，不断提升核心竞争力，在全球产业格局中向高附加值价值链环节延伸，实现更高质量发展。习近平总书记的重要论述对产权交易资本市场具有重要指导意义，有助于我们正确认识民营经济在社会主义市场经济体系中的作用和地位——民营企业利用产权交易资本市场获得优质资本，产权交易资本市场通过接受民营企业的科技创新和市场化服务提高效率。产权市场与民营经济相辅相成，与公有制经济协同，共同构建新时代产权市场生态体系。

第一节 习近平新时代中国特色社会主义思想对中国特色社会主义产权市场理论做了深化和发展

习近平新时代中国特色社会主义思想创造性地发展了马列主义、毛泽东思想，在坚持“实行公有制为主体、多种所有制经济共同发展的基本经济制度”基础上，对中国特色社会主义产权市场理论做了深化和发展。

---

① 习近平．习近平谈治国理政：第2卷［M］．北京：外文出版社，2017：257.

一、社会主义基本经济制度毫不动摇支持民营经济

实行公有制为主体、多种所有制经济共同发展的基本经济制度，是中国共产党确立的一项大方针，是中国特色社会主义制度的重要组成部分，也是完善社会主义市场经济体制的必然要求。① 中共十五大把“公有制为主体、多种所有制经济共同发展”确立为我国的基本经济制度，明确提出“非公有制经济是我国社会主义市场经济的重要组成部分”。此后，党的各项重要政策和重要会议反复强调民营企业的重要地位与作用。中共十八届五中全会强调，要“鼓励民营企业依法进入更多领域，引入非国有资本参与国有企业改革，更好激发公有制经济活力和创造力”。② 这些重要决议体现了中央对民营经济创新能力、市场化效率的充分肯定。

习近平总书记强调，我们党在坚持基本经济制度上的观点是明确的、一贯的，而且是不断深化的，从来没有动摇，不会变，也不能变。必须坚持三个不变：一是非公有制经济在我国经济社会发展中的地位和作用没有变；二是我们毫不动摇鼓励、支持、引导非公有制经济发展的方针政策没有变；三是我们致力于为非公有制经济发展营造良好环境和提供更多机会的方针政策没有变。③ 把公有制经济巩固好、发展好，同鼓励、支持、引导非公有制经济发展不是对立的，而是有机统一的。非公有制经济是稳定经济的重要基础，是国家税收的重要来源，是技术创新的重要主体，是金融发展的重要依托，是经济持续健康发展的重要力量。任何想把公有制经济否定掉或者想把非公有制经济否定掉的观点，都是不符合最广大人民根本利益的，都是不符合我国改革发展要求的，因此也都是错误的。④

对民营企业市场地位的重视，要求产权交易资本市场充分接纳民营企业，并赋予民营企业各种参与角色，包括产权出让方、产权投资方、经纪服务、数字化等技术服务、竞价服务等。2018 年 11 月 1 日，习近平总书记在促进民营经济发展座谈会上讲话指示，“坚持权利平等、机会平等、规则平等，废除对非公有制经济各种形式的不合理规定，消除各种隐性壁垒，激发非公有制经济活力和创造力”。

二、产权交易资本市场必须毫不动摇服务民营经济发展

产权交易资本市场是资源要素配置的主体，是服务产权、资产交易、流通的重要载体和平台，发挥了促进资源要素聚合、离散、调配的重要作用，有力保障了产权的

① 习近平．习近平谈治国理政：第 2 卷［M］．北京：外文出版社，2017：258.
② 习近平．习近平谈治国理政：第 2 卷［M］．北京：外文出版社，2017：259.
③ 习近平．习近平谈治国理政：第 2 卷［M］．北京：外文出版社，2017：259.
④ 习近平．习近平谈治国理政：第 2 卷［M］．北京：外文出版社，2017：260.

国内国外双循环和国内大循环，支撑统一大市场建设。当前产权交易资本市场的整体规模正在不断扩大，在支持民营经济持续健康发展方面发挥了保障器的作用。理论界对产权市场服务民营经济的显著促进作用做了深入研究。应焕红（2001）分析了民营企业产权制度失衡现象及其对企业发展的影响，从变革产权制度、完善治理结构、建立公众公司等方面对民营经济的制度创新提出了对策建议，指出要开展资本运营、加速产权流动，让企业获得超常规发展，培育完善的区域性资本市场。① 郭彤华（2011）鉴于我国民营企业个人财产权和法人财产权分离不彻底，法人财产权仍深受家族所有权的干扰和控制，阻碍产权流动，影响现代企业制度建立的实际，从企业产权清晰、产权结构合理化和实现产权流动三个角度，研究个人财产权和法人财产权彻底分离，企业吸收新股东的具体方式，以及外部产权交易市场和资本市场的健全等具体的产权制度创新措施，以引导民营企业建立真正意义上的公司产权制度，提高企业信用，优化资源配置，促进民营企业持续健康发展。②

在长期的实践中，以产权交易所为主体的产权交易资本市场不仅为中央企业、国有企业的产权交易提供了高效的服务，也为民营企业通过股权交易进行融资提供了高效的市场。北京产权交易所、上海联合产权交易所等产交所在服务非公经济发展方面做了积极的探索、开拓和尝试，取得了显著成效。随着数字化技术的发展，产权交易所采用创新技术，更高效服务产权交易。中国产权协会会长吴汝川指出，新改革时代，产权交易资本市场正在从四个方面实践使命：一是服务好新一轮国企改革和国资监管模式的转变；二是服务好政府职能转变，用市场化手段为政府部门提供更多公共服务；三是完善要素市场平台功能，提升要素资源配置和市场化价格形成的能力；四是提升金融服务各类市场主体水平。其中，第四点特别强调服务民营企业融资。③ 党的十八届三中全会通过的《中共中央关于全面深化改革若干重大问题的决定》提出“完善金融市场体系”“鼓励金融创新、丰富金融市场层次和产品”等内容。从 2010 年出台的《国务院关于鼓励和引导民间投资健康发展的若干意见》（“新 36 条”），到国务院国资委出台的《关于国有企业改制重组中积极引入民间投资的指导意见》，再到中央企业产权管理会议，均提出“引导和鼓励民营企业利用产权市场组合民间资本，促进产权合理流动，开展跨地区、跨行业兼并重组”。吴汝川认为，产权市场应当加强与相关金融机构的合作，同时充分利用互联网金融带来的机遇，创新金融产品和服务模式，利用金融手段提升产权市场的资源配置能力。④ 中国产权市场已进入资本市场发展的新时

---

① 应焕红．民营企业产权制度及其创新［J］．中共杭州市委党校学报，2001（4）：26-29.

② 郭彤华．公司制民营企业实现产权制度创新的途径［J］．山西财经大学学报，2011，33（2）：1，9.

③ 吴汝川．新改革时代的产权市场使命［J］．产权导刊，2014（2）：9-11.

④ 吴汝川．新改革时代的产权市场使命［J］．产权导刊，2014（2）：9-11.

代，机遇与挑战并存。当前，加强信用体系建设、制度体系建设、理论体系建设、信息体系建设、服务体系建设、风控体系建设，建立健全全国统一开放、竞争有序的产权交易资本市场，已经成为全国产权交易机构的新使命。新时代中国产权交易资本市场在中国产权协会的指导下已经取得了积极成效：一是诚信自律建设初见成效；二是制度体系建设逐步完善；三是理论体系建设成果显现；四是信息体系建设迈出实质性步伐；五是市场服务体系建设全面推进；六是风险防控体系建设进一步加强。

对于民营企业深度参与产权市场提供服务，享受产权市场融资服务的路径问题，不少专家也给予了关注，并进行了深入剖析。产权交易资本市场在服务公有制经济方面已趋于成熟，民营企业参与产权市场享受服务尚不成熟，进入产权市场提供相关技术、市场化服务也不成熟。应当摒弃僵化、老化的以行政命令指定、管理、约束、监督市场的思维定式，发挥市场的自动调节功能，消除阻碍国有资产交易市场公平竞争的壁垒，为市场各个竞争主体营造平等参与、公平竞争的市场环境，为依法设立的民营中介交易机构平等参与国有产权交易探索正当且可行的路径。

产权交易资本市场能够有效助力民营企业通过股权转让获得融资，从根本上缓解民营企业特别是中小企业“融资难”的痛点。习近平总书记指示，要重点处理好以下问题：一是通过产权市场解决中小企业“融资难”的问题，健全完善金融体系，为中小企业股权融资提供可靠、高效、便捷的服务；二是要着力加快公共服务体系建设，支持建立面向民营企业的共性技术服务平台，积极发展技术市场，为民营企业自主创新提供技术支持和专业化服务；三是要着力引导民营企业利用产权市场组合民间资本，开展跨地区、跨行业兼并重组，培育一批特色突出、市场竞争力强的大企业集团；四是要进一步清理、精简涉及民间投资管理的行政审批事项和涉企收费，规范中间环节、中介组织的行为，减轻企业负担，降低企业成本。① 产权市场不仅应当服务于民营企业，还要服务好民营企业，要充分发挥产权、资源的市场化配置能力，服务民营企业做大做强，为中国特色社会主义市场经济体系健康发展作出重要贡献。

第二节　民营经济是产权市场生态体系不可分割的组成部分

完善的产权市场生态体系离不开公有制经济与民营经济的共同努力和协同发展。

公有制经济与民营经济相辅相成，互为补充。公有制经济发挥引导和维护产权市场秩序的基础性作用，民营经济注入市场化效率、新生产要素，创新发展范式，重构

① 习近平．习近平谈治国理政：第 2 卷［M］. 北京：外文出版社，2017：262.

产业链，提升产权市场发展质量。两者有机结合，推动产权交易资本市场转型升级，迈向现代化新征程。

一、支持公有制主体与非公有制主体共建产权交易资本市场

民营经济有利于促进产权交易资本市场结构优化，形成健康完善的生态。习近平总书记指示，要着力放开市场准入，凡是法律法规未明确禁入的行业和领域都应鼓励民间资本进入，凡是我国政府已向外资开放或承诺开放的领域都应该向国内民间资本开放。中共中央、国务院于2020年3月30日颁布《关于构建更加完善的要素市场化配置体制机制的意见》，第二十六条强调，“健全要素市场化交易平台。拓展公共资源交易平台功能。健全科技成果交易平台，完善技术成果转化公开交易与监管体系。引导培育大数据交易市场，依法合规开展数据交易。支持各类所有制企业参与要素交易平台建设，规范要素交易平台治理，健全要素交易信息披露制度”。第二十七条强调，“完善要素交易规则和服务。研究制定土地、技术市场交易管理制度。建立健全数据产权交易和行业自律机制。推进全流程电子化交易。推进实物资产证券化。鼓励要素交易平台与各类金融机构、中介机构合作，形成涵盖产权界定、价格评估、流转交易、担保、保险等业务的综合服务体系”。

理论界也提出，应当将产权交易资本市场的民营服务者作为国有产权交易机构的有机补充。这样做的优势在于：一方面，能够有效弥补传统产权交易机构市场化效率的不足，形成共建合力；另一方面，能够让公有制主体和非公有制主体发挥各自的专业化优势，创造最优的价值。按照中纪委的初衷，建立产权交易所的目的重在加强对国有资产交易的监管，防止国有资产流失，让国有产权交易所聚焦交易过程的监管，让民营服务者充分发挥市场化、数字化竞价技术和效率优势，就能相得益彰，形成良性的产权交易生态。在国有资产交易领域，针对国有企业资产交易市场公平竞争的问题，2022年福建省政协委员提交相关提案，认为目前我国已全面实施市场准入负面清单制度，有关部门和地方政府不宜随意出台对市场准入环节的审批措施。

二、民营经济有利于引入创新技术和市场化机制，提高产权市场效率

2018年11月1日，习近平总书记在民营企业座谈会上讲话指示，民营经济具有“五六七八九”的特征，即贡献了50%以上的税收，60%以上的国内生产总值，70%以上的技术创新成果，80%以上的城镇劳动就业，90%以上的企业数量。在世界500强企业中，我国民营企业由2010年的1家增加到2018年的28家。我国民营经济已经成为推动我国发展不可或缺的力量，为我国社会主义市场经济发展、政府职能转变、农村

富余劳动力转移、国际市场开拓等发挥了重要作用。①

民营经济是科技创新的尖兵。民营企业是改革开放和市场化的中坚力量，为国有企业混改、市场化转型作出了重要贡献。民营企业有助于产权市场引入技术、提高市场化能力和整体效率。民营企业研发的资产评估技术、数字化竞价技术、大数据撮合技术极大地丰富了产权交易资本市场的创新工具，为产权市场的发展升级创造了巨大的价值。

三、民营经济有利于构建阳光透明的环境，让监管落到实处

习近平总书记强调：要营造公平竞争环境；要打破各种各样的“卷帘门”“玻璃门”“旋转门”，在市场准入、审批许可、经营运行、招投标、军民融合等方面，为民营企业打造公平竞争环境，给民营企业发展创造充足市场空间；要鼓励民营企业参与国有企业改革；要推进产业政策由差异化、选择性向普惠化、功能性转变，清理违反公平、开放、透明市场规则的政策文件，推进反垄断、反不正当竞争执法。② 民营经济有利于构建阳光透明的环境，让监管落到实处。民营经济的市场化机制、数字化科技创新从效率优先到效率公平兼顾，服务助力国民经济社会发展，探索解决效率与公平兼顾的发展问题。1992 年党的十四大提出效率优先、兼顾公平；2003 年《企业国有产权转让管理暂行办法》（简称“3 号令”）提出，防止腐败和国有资产流失，让权力在制度下运行；2012 年党的十八大提出兼顾效率和公平，在坚持效率的前提下，更好地兼顾公平。2012 年以来，随着产权交易领域的数字化服务创新逐步走向成熟，资产价值充分发现，交易阳光透明，参与机会均等，效率与公平的有机结合得以通过技术创新实现。这些先进技术的研发和应用，离不开民营企业的创新活力。

第三节 新时代要充分发挥民营经济对优化资源要素配置的重要作用

2020 年 5 月，习近平总书记在全国政协经济界联组会上指示，党的十八届三中全会一锤定音：让市场在资源配置中起决定性作用，同时要更好发挥政府作用。

---

① 习近平．在民营企业座谈会上的讲话［EB/OL］.（2018－11－01）. http：//www. gov. cn/xinwen/2018-11/01/content_5336616. htm

② 习近平．在民营企业座谈会上的讲话［EB/OL］.（2018－11－01）. http：//www. gov. cn/xinwen/2018-11/01/content_5336616. htm

一、民营企业在用好产权市场股权融资的同时，也要回馈产权市场

在改革开放以来中国的“增长奇迹”中，民营经济发挥了至关重要的作用。刘瑞明（2020）研究认为，从实际情况来看，民营经济发展得好，宏观经济就趋暖向好，民营经济发展得差，宏观经济就趋冷下行。可以说，民营经济既是宏观经济的“晴雨表”，又是宏观经济的“稳定器”。因此，改革还需要进一步“啃硬骨头”“攻坚克难”，稳步推进深层次的改革，激发民营经济活力。① 民营企业在产权市场参与越深入，通过产权市场进行股权融资规模越大，就越能激发民营企业发展活力和产权市场活力，在民营企业中形成更多的股权转让需求、投资需求，以及对国有企业股权的投资需求。高频次的产权交易缔造产权交易资本市场的繁荣，必须依托民营企业对产权市场的广泛参与来实现。

民营企业是贡献市场化活力、创新能力的重要力量，是市场化机制下自然形成的经济单元。市场化改革越向纵深推进，开放程度越高，民营经济就越焕发活力，越蓬勃发展，成为市场化的窗口、坚定分子、中坚力量，又以其市场化反哺产权资本市场的发展。在资源要素优化配置的过程中，要让市场发挥决定性作用，而体现市场化的参与主体绝大多数是民营企业。改革开放以来，民营经济已经在商品和服务领域充分实践了市场化机制，当前正向资源要素领域延伸。

要素市场化配置改革势在必行。建设统一开放、竞争有序、运行高效的产权交易资本市场体系，是使市场在资源配置中发挥决定性作用的重要前提。市场体系是由商品及服务、土地、劳动力、资本、技术、数据等要素构成的市场整体。不管哪一类要素市场发展滞后，都会直接或间接阻碍其他市场发挥作用，从而影响市场整体效率和功能的有效发挥。王一鸣（2020）指出，“改革开放 40 多年来，我国商品和服务市场发展迅速，目前 97%的商品和服务已由市场定价，但要素市场发育明显滞后，要素市场化配置范围相对有限，要素流动存在体制机制障碍，要素价格形成机制不健全”。他还指出，加快完善社会主义市场经济体制，充分发挥市场配置资源的功能，提高资源配置效率和全要素生产率，推动经济高质量发展，必须深化要素市场化配置改革，推进要素市场制度建设，清除要素自由流动的体制机制障碍，实现要素价格市场决定、流动自主有序、配置高效公平。② 民营经济走在改革创新的最前沿，要素市场制度建设需要让民营企业发挥更大能动作用，甚至在某些方面发挥决定性作用。以科技创新推动业务实践，优化配置各类要素资源，可以激发更大经济活力，促进国民经济高质量

① 刘瑞明．民营经济是宏观经济的晴雨表和稳定器［EB/OL］.（2020－12－10）. https：//m. thepaper. cn/newsDetail_forward_10344882.

② 王一鸣．深化要素市场化配置改革推动经济高质量发展［N］. 经济日报，2020-04-10.

发展。在这一进程中，民营企业的科技创新价值已经凸显。

一方面，民营企业的技术创新优势已在实践中充分发挥。2010—2021 年，数字化技术的创新促进了商品和服务的高效配置，民营互联网企业实现新消费领域的充分市场化发展，极大地降低了信息不对称，充分匹配了买卖双方：卖家从 10 万家增长到 3146 万家，买家从 3.7 亿人增长到 8.0 亿人；包裹数量从 0.2 亿件增长到 22.5 亿件，相当于 2010 年广东省全年包裹数量总和。在消费领域充分市场化发展的情况下，数字化竞价技术等创新催生消费互联网向产业互联网延伸，采用技术创新对各行业的资源要素交易进行万级高并发竞价，对产业链上的各种资源进行纵深优化配置。2012—2021 年，民营互联网企业服务产权、资产交易，买家从 0.3 亿家增长到 2.0 亿家，平均成交率从 20%增长到 90%，平均溢价率从 10%增长到 50%。这一增长的背后，是民营企业对产权交易资本市场和资源要素配置的巨大贡献。

另一方面，民营企业能够以各种角色全面参与产权交易资本市场，保障市场整体的运行效率。我们将产权交易全产业链分解可以发现，产权交易资本市场从端到端，服务全品类非标品。从资产聚合到竞价交易再到买家发现，提供上下游、线上线下服务，从上游委托部门、经纪公司到中游交易机构、政府协会，再到下游消费者、投资人，提供端到端垂直服务、贴身服务。在这一产业链上，各环节均有民营企业参与，发挥关键作用，创造巨大价值。在上游，民营企业、民营拍卖行，民营资产评估公司、民营经纪公司作为委托部门和服务部门，整合各类资产；在中游，专业的民营企业提供竞价服务、技术服务；在下游，民营企业作为投资人参与投资，以及交易后服务等。数字化创新深度服务行业全产业链，为其提升附加值。线上资产评估、线上竞价、线下仓储、线下服务等共同构成全产业链。

二、有为政府和有效市场共同保障资源要素实现最优配置

习近平总书记指出，经过改革实践，我们认识到，决不能不克服市场的盲目性，也不能回到计划经济的老路上去。要努力将市场的作用和政府的作用结合得更好一些，这是一个止于至善的过程。① 民营企业将成为支撑有效市场的主力军，与有为政府充分配合，做好服务，将资源要素配置推动到最优的匹配状态。

只有在党的领导下、在有为政府的领导下，民营企业才能将技术创新能力、市场化创新能力充分赋予产权交易资本市场，推动产权市场的改革和市场化升级。同时，产权交易资本市场的健康高效发展离不开民营企业的贡献，民营企业在产权交易资本市场的发展中发挥着重要作用，与国有资产交易监管部门、产权交易机构、国有企业

① 习近平．让市场在资源配置中起决定性作用，不能回到计划经济的老路上去［N］. 人民日报，2020-05-23.

一起，共建高效的产权交易资本市场生态。民营企业也将助力产权交易所的非公业务获得巨大发展，成为各大产权交易所非公业务大发展的基石，共建全业务类型生态，服务整个国民经济运行。

第四节　构建统一产权大市场和实现帕累托最优离不开民营经济的巨擘

一、构建统一产权大市场是产权交易资本市场生态的最高阶段

2021 年 12 月 17 日，习近平总书记主持召开中央全面深化改革委员会第二十三次会议，审议通过了《关于加快建设全国统一大市场的意见》。习近平总书记强调，发展社会主义市场经济是我们党的一个伟大创造，关键是处理好政府和市场的关系，使市场在资源配置中起决定性作用，更好发挥政府作用。构建新发展格局，迫切需要加快建设高效规范、公平竞争、充分开放的全国统一大市场，建立全国统一的市场制度规则，促进商品要素资源在更大范围内畅通流动。

产权统一大市场是产权交易资本市场的最高阶段，将实现资源要素在全国广阔的空间内聚合、集散、交易、调配，将每一项资源要素引导到最合适、最需要的地方去，发挥最大价值。这一过程的实现必须依托健全的市场化机制。目前，统一产权大市场在具体建设路径上，有若干种选择。第一条路径是"自下而上"，将各地已经建立的产权交易市场通过技术手段进行整合，形成统一平台，如浙江省国资委牵头建立统一的国有资产交易数字化平台"浙交汇"，浙江省各地级市的平台均接入该平台，后续以省级平台为主体，联结形成全国统一大平台。第二条路径是"自上而下"，由国务院国资委新建一个全国统一的产权交易平台，将一类权益类交易的产交所合并，服务全国央企资产交易和非公资产交易，再逐步向各地产交所延伸融合，服务全国国企。无论采取"自下而上"还是"自上而下"的路径，都需要采用支持构建统一市场的科技创新技术，目前最合适的技术是产业链数字化标准流程服务技术、全域互联网竞价服务技术、大数据资产评估技术、精准投资人匹配技术等。互联网企业的技术创新极大地提升了数字生产力，决定了数字经济发展阶段新的产权交易范式和产权交易产业链各参与方的生产关系的重构升级。清华大学互联网治理研究中心于 2022 年 2 月发布了《中国城市资源数字化配置指数研究报告（2022）》。该报告显示，2021 年资源数字化配置溢价率排名前 30 的城市平均溢价率超过 35%，实现溢价约 430 亿元，平均每个城市现实增收约 14.4 亿元，按照全国产权交易和公共资源交易年成交总额 45 万亿元计算，在资源数字化配置保持一定水平的情况下，可实现增值溢价达到 15.75 万亿元。在新

的生产关系下，各传统参与方与数字技术创新者、互联网企业一起，共建新的产权交易市场生态体系，带动整个产权交易资本市场效率极大提升，形成高效健康发展的闭环，将产权市场推向统一产权市场的新阶段。

二、民营经济深度参与是实现统一产权大市场的重要支撑

民营经济已成为统一产权大市场建设的重要基石。统一产权大市场如果离开民营经济的参与，就会丧失生命力和活力，不能达到支持大循环、双循环，资源要素优化配置的实际效果。根据国务院、国家统计局、农业农村部、国务院国资委、国家发展改革委中国招标投标公共服务平台、中国工商联、招商银行的统计数据测算，中国现有已确权可交易资产 848.5 万亿元，其中非公资产 719.2 万亿元，集体资产 6.5 万亿元（账面资产，不含土地），国有资产 122.8 万亿元（国有权益部分）。根据国务院国资委和国家发展改革委数据，目前中国每年在全国重点产权交易所实现交易的资产大约为 14.56 万亿元，在全国各地公共资源交易中心实现交易的资产约为 30 万亿元，合计 44.56 亿元。与可交易量相比，目前进入循环交易的资产占比仅为 5%。实际上，在全国范围内，大量产权未发挥资本融通价值，大量资产是闲置的，导致企业不能通过产权的出让有效融资，闲置资产不能高效循环利用，价值受到压抑。2020—2021 年，一系列中央领导人讲话、政策文件都强调，要加强资源要素的循环利用。2021 年，中央经济工作会议强调，要推进资源全面节约、集约、循环利用，加快构建废弃物循环利用体系。民营企业发挥资源盘活作用，通过科技创新，将极大促进闲置资产、低效资产及企业股权的流转配置，让各类资源要素实现价值、激发活力，让产权“活”起来，让产权市场“火”起来，构建健康、有序、强大的新时代产权交易资本统一大市场生态体系。

参考文献

[1] 习近平. 习近平谈治国理政：第 2 卷 [M]. 北京：外文出版社，2017：257-262.

[2] 习近平. 在民营企业座谈会上的讲话 [EB/OL]. (2018-11-01). http://www.gov.cn/xinwen/2018-11/01/content_5336616.htm.

[3] 应焕红. 民营企业产权制度及其创新 [J]. 中共杭州市委党校学报，2001 (4)：26-29.

[4] 郭彤华. 公司制民营企业实现产权制度创新的途径 [J]. 山西财经大学学报，2011，33 (2)：1，9.

[5] 吴汝川. 新改革时代的产权市场使命 [J]. 产权导刊，2014 (2)：9-11.

[6] 中共中央 国务院关于构建更加完善的要素市场化配置体制机制的意见（2020

年 3 月 30 日）［EB/OL］.（2020-04-09）. http：//www.gov.cn/zhengce/2020-04/09/content_5500622.htm.

［7］卢金福．福建多名政协委员呼吁规范国有企业资产交易行为［EB/OL］. 2022-01-21. http：//fjnews.fjsen.com/2022-01/21/content_30944486.htm.

［8］刘瑞明．民营经济是宏观经济的晴雨表和稳定器［EB/OL］.（2020-12-10）. https：//m.thepaper.cn/newsDetail_forward_10344882.

［9］王一鸣．深化要素市场化配置改革推动经济高质量发展［N］. 经济日报，2020-04-10.

［10］习近平．让市场在资源配置中起决定性作用，不能回到计划经济的老路上去［N］. 人民日报，2020-05-23.

［11］习近平主持召开中央全面深化改革委员会第二十三次会议强调：加快建设全国统一大市场 提高政府监管效能 深入推进世界一流大学和一流学科建设［EB/OL］.（2021-12-17）. http：//www.gov.cn/xinwen/2021-12/17/content_5661684.htm.

第七章　新时代我国产权交易资本市场的政治经济学探讨

第一节　西方新制度经济学和科斯定理对产权市场的影响及科斯定理的局限性

新制度经济学派是当代西方经济学的主要流派之一，该学派主要有两种：一种是以加尔布雷思为代表的新制度经济学派，另一种是以科斯等为代表的新制度经济学派。以诺贝尔经济学奖得主罗纳德·科斯为代表的新制度经济学，是由奥利弗·威廉姆森最先提出来的。它既有别于旧的制度经济学，又有别于以加尔布雷思为代表的新制度经济学。科斯定理通俗的表述是：只要财产权是明确的，并且交易成本为零或者很小，那么无论将财产权赋予谁，市场均衡的最终结果都是有效率的，可实现资源配置的帕累托最优。

关于人的行为假设。新古典经济学认为，经济人的行为是完全理性的、经济人是追求自身利益最大化的。以科斯为代表的新制度经济学派则主张经济学应该研究现实中的人，应该从现实的组织体制出发，从人的实际出发来研究人。科斯从两个方面修正了新古典经济学：一是提出人的行为是有限理性的，二是提出人都具有为自己谋最大利益的机会主义行为倾向。但是，科斯没有跳出“经济人”假设的框框，并未从根本上突破“经济人”的假设而提出“社会人”的属性，忽略了人的“社会价值”。

一、新制度经济学和科斯定理对产权市场的影响

新制度经济学及科斯定理对产权市场的发展产生了积极的促进作用，推动了产权市场向高效的方向发展。第一，科斯明确提出产权的存在，并对产权的概念与边界进行了界定。资源和要素的产权权力可明确、可测度、可转让，这就具备了交易的基本条件。第二，科斯指出交易成本在资源要素配置中具有重要作用，并非一项资产明确

了产权，产权就一定要进行交易，只有在产权交易为交易双方带来的所得大于交易成本时，交易才可能真实形成，资源要素的流转配置才有意义，才会推动全社会财富配置更加优化。第三，即使交易所得大于交易成本，如果没有通过交易实现收益的动力，交易也是无法完成的。科斯定理的理论基础仍然是“经济人假设”，但又不同于新古典经济学的“完全理性经济人假设”，具有显著的进步性，体现为科斯将“现实”作为新的变量引入理论模型，使研究结论更加贴近现实。在肯定人具有“经济人”特征的基础上，科斯更强调人的行为具有“有限理性”，在现实社会中，人无法完全自由、随意地根据自身经济利益最大化来选择行为，而是在一个国家或者组织当中，根据当地的法律、规定、纪律、要求、文化、习俗要求谋取自身最大利益，最终形成个人在产权获取与交易方面的选择行为，这一结论明显更加符合人性的特点及社会实际，是对新古典经济学理论的补充和完善。胡攀（2019）认为，遵循科斯定理建立的产权交易有形市场可以有效降低交易的信息成本，同时产权制度规范和交易模式可对交易双方起到增信作用。①

科斯定理的重要贡献在于，建立了基于产权理论的经济学，即产权经济学。清晰的权利界定有效解决了经济外部性问题。在产权界定的基础上引入市场化机制，形成产权制度，资源要素就能通过产权交易资本市场按照市场化规律自发地流转配置，从而实现帕累托最优。科斯定理直接应用于多种经济实践研究并获得显著验证，包括外部效应问题的分析、产权结构与企业经济行为关系分析、企业组织管理体制比较研究、跨国公司的国际投资实践研究、交易成本分析、社会化分工与交易成本关系分析。科斯定理的成功应用论证了制度是市场经济发展的决定性因素之一。

二、科斯定理的局限性

科斯定理基于有限经济人假设，分析经济参与者的微观行为，其结论必然只能指导私有产权的流转以及基于私有产权形成的经济体，与老牌资本主义国家的经济发展具有较高的拟合度，能够较好地解释其经济运行。对于社会主义国家，社会主义市场经济理论下的经济发展实践已显现出局限性，显得指导性不足，解释能力不充分。吴玲和刘志国（2015）研究发现，科斯定理忽略了权利配置的收入效应，也未论述在交易成本为正时，国家对产权的配置有何影响。②

在人类社会发展进程中，社会制度总是不断进步完善，经济理论总是推陈出新，

① 胡攀．从科斯定理看产权市场在优化资源配置方面发挥的作用［J］．产权导刊，2019（11）：75.

② 吴玲，刘志国．产权配置过程中的公正与效率：来自科斯定理缺陷的启示［J］．中国社会科学院研究生院学报，2005（3）：35-37.

当代中国正在进行伟大的中国特色社会主义市场经济实践。科斯定理在纯私有产权领域、经济人假设下展示其对市场经济发展的最优制度安排，对产权清晰的界定本质上是私有产权的清晰。但在社会主义国家，经济人假设不适配，科斯产权理论也不能完全适配，仅能够局部解释社会主义市场经济的运行。

科斯定理忽略了国家对产权配置的影响，特别是当社会存在道德风险、社会分化的时候，产权交易可能丧失其公允性和效率。历史上，在各转型国家发展过程中，产权私有化、市场化的发展经历了一个长期的过程，面临着十分复杂的形势，仅仅以科斯定理无法解释、指导经济运行。当国家发展到高级阶段时，社会主义市场经济理论实现了国有产权和民营产权的融合发展，科斯定理存在部分失灵，需要全局性、层次更高的产权理论来指导经济的发展，从而在国家的正确引导下，从国家利益出发，实现资源要素的最优配置，服务于人民群众。应杜绝只注意私有产权明确而导致的国有资产流失、贱卖等一系列腐败问题，保障国家和人民的最大利益。

第二节 马克思产权理论推动产权交易资本理论重构

一、马克思产权理论为社会主义产权制度指明了方向

与新制度经济学对产权的理论阐述不同，马克思从公有制出发，不将产权视作单一的私有权利，而是将产权置于特定的社会制度和环境下来审视，认为产权是在各发展阶段的生产力水平下形成的与当时生产力水平相适应的一种产权集合体。这种产权集合体是当时条件下生产关系的部分呈现。中国人民大学吴易风教授认为："产权是所有制的法律形态。马克思着重研究了资本主义的财产关系，即在揭示经济领域资本和雇佣劳动之间对立关系的基础上，将价值增值过程表述为法学和产权理论中的所有权关系及其占有过程，涉及所有权、占有权、使用权、支配权、经营权、索取权、继承权等一系列权利的统一与分离。"马克思产权理论基于对建立公有制社会的思考，以历史的眼光区分了所有与占有，认为人类历史经历了从占有到所有的发展，在这个过程中产权得以产生。用历史唯物主义的观点分析产权的演变，马克思认为，在资本主义社会以前，产权发展的结果就是明确了社会所有制，是当时社会所有制这一"生产关系"的核心体现。马克思产权理论对前人理论进行了微观领域的重要创新，提出产权统一与分离的理论。在产权这一由多种权利构成的集合体中，多种权利之间的关系是既能统一，又能分离。当权利统一时，同一主体拥有某项资产的全部权利。当权利分离时，会形成多种表现形态：首先是土地所有权、使用权、经营权的分离，不同主体

可分别拥有以上权利；其次是劳动力所有权、使用权的分离；最后是资本所有权、使用权的分离。

马克思产权理论的贡献体现在以下四个方面：第一，充分代表了无产阶级利益，是无产阶级产权学说的全面构建；第二，是辩证唯物主义和历史唯物主义的结合；第三，表明了公有化取向；第四，主张以开放的心态借鉴西方产权理论的有益经验。马克思不将产权作为一个孤立的生产要素，而是从宏观到微观，在社会制度和生产关系发展的大背景下分析产权，挖掘产权的本质。在资本主义社会，产权形成的初衷是更好服务资本家的利益，将资本主义经济推向更高阶段，使利益既得者的利益更加固化，赋予其合法性。在社会主义国家，产权的目的完全不同，产权制度的建立是为了服务国民经济高质量发展，让国有企业、民营企业都能通过产权交易资本市场获得所需的发展资源，最终通过社会财富的增长，提升人民群众的生活水平和生活品质。从本质上讲，产权是社会制度的产物，在不同的意识形态下，产权服务的对象、达到的效果各不相同。在新时代，我们必须让产权交易资本市场更好地服务于国家发展，夺取中华民族伟大复兴的全面胜利。

二、重新理解人、生产力与生产关系

马克思产权理论与新制度经济学对人的假设存在本质差别。美国著名心理学家梅奥提出的社会人理念完善了这一理论。梅奥认为，追求金钱并不是人的行为的唯一、单纯、全部动机，人还存在社会、心理方面的需求，这些需求会对人的行为产生影响，对友情、亲情、安全感、归属感等的追求会作用于人的行为选择，而后者比前者更重要，所占权重更大。因此，作为组织管理者，不能简单地从技术、物质条件着眼提高组织成员的工作效率，而必须首先从社会心理方面构建合理的组织与管理机制。梅奥同时认为，企业中除了存在着古典管理理论所研究的为了实现企业目标而明确规定各成员相互关系和职责范围的正式组织之外，还存在着非正式组织。这种非正式组织的作用在于维护其成员的共同利益，使之免受内部个别成员的疏忽或外部人员的干涉所造成的损失。在非正式组织中，往往有组织成员所信赖的核心人物和领袖，有大家共同遵循的文化观念、价值标准、行为准则和道德规范。梅奥指出，非正式组织与正式组织之间存在着重大差别。正式组织以效率逻辑为行为规范，而非正式组织则以感情逻辑为行为规范。如果管理人员只是根据效率逻辑来管理，而忽略工人的感情逻辑，则必然会引起冲突，影响企业生产率的提高和目标的实现。因此，梅奥认为，作为组织的管理者，必须重视非正式组织的作用，在正式组织的效率机理与非正式组织的感情机理之间保持平衡，以便在管理人员与工作人员之间建立和谐关系，充分协作。梅奥的理论通过其在工厂进行的“霍桑实验”得到了实证检验。

马克思对“经济人假说”也采取了批判和否定的态度，将人置于社会经济形式的产生、发展和变化中，探讨人自身的发展规律性。关于“孤立个人”，马克思在《资本论》中说：“人即使不是像亚里士多德所说的那样，天生是政治动物，无论如何也天生是社会动物。”① 在《政治经济学批判》导言中，马克思更详尽地说：“被斯密和李嘉图当作出发点的单个的孤立的猎人和渔夫，属于缺乏想象力的虚构。”“我们越往前追溯历史，个人，从而也是进行生产的个人，就越表现为不独立，从属于一个较大的整体；最初还是十分自然地在家庭和扩大成为氏族的家庭中；后来是在由氏族间的冲突和融合而产生的各种形式的公社中。”② 到了资本主义社会，“在这个自由竞争的社会里，单个的人表现为摆脱了自然联系”③，好像人是孤立存在的。但“产生这种孤立个人的观点的时代，正是具有迄今为止最发达的社会关系（从这种观点来看是一般关系）的时代。人是最名副其实的政治动物，不仅是一种合群的动物，而且是只有在社会中才能独立的动物。孤立的个人在社会之外进行生产——这是罕见的事，在已经内在地具有社会力量的文明人偶然落到荒野时，可能会发生这种事情——就像许多个人不在一起生活和彼此交谈而竟有语言发展一样，是不可思议的”④。

武建奇（2008）认为，人的一般本质具体化在社会经济过程中，在经济学假设前提意义上，人只是“经济范畴的人格化”。也就是说，作为经济学上的人，肉体只是他的身，经济关系才是他的魂。他不是孤立的猎人和渔夫，也不是孤岛上的鲁滨孙，而是处在社会经济关系网中的人——经济关系这种客观的但看不见、摸不着的东西，要附着在有具体生命形式的人身上：经济关系发展的客观要求要由它的有生命的承担体即人的活动来体现，而人的行为动机和行为方式处处受到他所处其中的社会客观经济关系的决定和制约。⑤

综上所述，在社会主义市场经济环境下，人必然是社会主义生产关系塑造下的人，这种“人”不是“经济人”，而更多是“社会人”，其行为符合国家和社会的整体利益，通过资源要素配置带动生产力极大发展，从而推动生产关系不断向新的阶段升级，最终实现共产主义社会。

① 马克思，恩格斯．马克思恩格斯全集：第 44 卷［M］．北京：人民出版社，2001：379.
② 马克思，恩格斯．马克思恩格斯选集：第 2 卷［M］．北京：人民出版社，1995：2.
③ 马克思，恩格斯．马克思恩格斯选集：第 46 卷上［M］．北京：人民出版社，1979：18.
④ 马克思，恩格斯．马克思恩格斯选集：第 46 卷上［M］．北京：人民出版社，1979：21.
⑤ 武建奇．论马克思关于人性假设的三个维度［J］．经济学家，2008（3）：5-13.

第三节 以习近平新时代中国特色社会主义思想为指引的产权交易市场的基本属性与功能定位

一、产权市场的目的是服务于国民经济资源要素优化配置

中国的经济体制改革，主是改革旧的、僵化的、低效的“生产的制度结构”，服务于整个国家的资源要素配置效率提升，防止公有资产流失、低效，而非服务于私人。由此可见，我们在产权方面的改革，决不是要把作为社会主义生产关系的法律表现的财产关系任意改变成其他性质的财产关系，而是要在不改变社会主义性质的前提下对财产关系进行有利于发展生产力的改革和调整，运用马克思产权理论指导国有企业产权改革，在坚持公有制的前提下，通过权利分离、混改等产权制度安排解决国有企业的发展痛点。

产权市场的根本目的是服务于国家、社会和人民，要为人民创造财富，提高人民群众的生活水平，这必然与西方经济学的产权市场需求存在本质差别。在我国产权市场尚不完善之时，我国国有企业产权退出的过程中出现了“卖方缺位”的“看守者交易”，某些利益集团的权力不受制约，理性的利益协调机制无法建立，很多改革方案被引向符合有权势者利益的方向。在这种环境下，“效率优先、兼顾公平”被曲解。在国有产权交易领域，一段时间内，“效率优先”被理解为所谓“顾全大局”下不公正的特殊利益优先；“兼顾公平”被理解为公平交易是置后考虑因素，优先级排在效率之后。转型时期，国企改革中的产权交易缺乏公正性，从而造成了社会普遍不满。平均主义会损害效率，但起点平等的公正转型是效率的保证。产权权利配置的不公平带来了社会的两极分化，“仇富”与“欺贫”共存。富豪之所以遭人痛恨，并不是因为财富本身，而是因为他们通过不合法和不合理的方式，将已经形成的国有资产集中到自己手中。清华大学的相关研究显示，1987 年国有资产流失 2000 亿元以上，1988 年国有资产流失 3569 亿元以上。在 20 世纪 90 年代初期的“新圈地运动”中，通过地价差流入个人手中的财富有几千亿元。

面对这种乱象，中国产权交易资本市场身负两大重任：一是要确保国有资产交易在阳光监管之下，这也是建立产权交易所的初衷；二是要促进资源要素高效流转配置，包括采用各种先进技术手段，引入第三方科技创新服务者等。新制度经济学派的产权理论和制度在现实应用中的局限性在于，它们仅能服务资本主义国家的阶段性发展，从长期来看，难以按照马克思所论述的，指导资本主义社会不断发展进步并向社会主义社会过渡。习近平新时代中国特色社会主义思想指导下的产权制度从人类命运共同

体出发，充分尊重“社会人”的需求，能高效服务社会主义国家乃至世界所有国家，推动人类社会迈向更加高级、更加富裕、更加文明、更加和谐的发展阶段。

二、社会主义市场经济下产权理论的构建

社会主义市场经济下的产权理论可从四个方面进行构建：一是交易。按照“应进必进，能进则进，进则规范，阳光透明”的原则，建立健全企业资产交易制度，完善交易规则，更好服务国资国企改革和国资监管。二是资本。为国有企业、民营企业、集体经济组织和外资企业提供资产交易和投融资服务。三是要素。让土地、技术等要素得到充分配置，到它们最需要的地方去，发挥最大价值。四是流通。充分发挥要素资源市场化配置机制的作用，助力构建全国统一大市场和“双循环”新发展格局。

第四节 新时代数字生产力大力发展，全域互联网服务创新为产权市场注入活力

一、资产交易的全域互联网服务创新是数字化创新的必然成果

“产权”是提高资产要素配置效率的基石，是现代市场化机制的核心。科斯提出的产权理论认为，产权边界能够清晰界定，并实现帕累托最优的配置结果。现代产权制度的建立，促使资产要素充分流动，配置效率越高，则释放的市场活力越强、价值越大。根据国务院国资委、国家发展改革委中国招标投标公共服务平台测算的数据，中国主要交易机构 2019 年的资产交易规模达到 45.00 万亿元，其中产权交易实现交易额 14.56 万亿元，公共资源交易实现交易额 30.00 万亿元。如此大规模的产权交易，正在从传统线下方式转型为市场化、数字化服务方式。

在政策研究方面，习近平总书记高度重视双循环战略下资源要素的配置效率，多次明确指示，要充分发挥市场化在资源要素配置中的决定性作用。2020 年 4 月发布的《中共中央 国务院关于构建更加完善的要素市场化配置体制机制的意见》指出，要“健全要素市场化交易平台，支持各类所有制企业参与要素交易平台建设”。资产作为重要的生产要素，其配置是否合理、交易是否高效、信息是否透明、监管是否有力，直接关系到国家治理能力和国家治理体系的现代化进程。

顺应行业发展趋势，数字化创新的显著价值也从消费领域向产业领域延展，从新消费的互联网到投资品的互联网。比如，在司法拍卖领域，最高人民法院从 2016 年

起就发文全面支持通过互联网服务者来服务司法资产拍卖。通过网络拍卖，实现了全国投资人的广泛参与、更充分的竞价、价值最大化，保障了阳光透明处置维护债权人的权益。

二、产权交易垂直纵深数字化服务创新拥有巨大发展潜力

（一）产权交易数字化创新处于初级阶段

全域互联网服务创新带动资产交易变革，大数据、区块链、毫秒级延时、万级并发等多项自主创新实现产权、资产交易效率的极大提升。由于资产标的具有较强的非标性，对数字化服务的通用技术和结合各行业特点的纵深服务场景要求极高，产权、资产交易数字化的发展不能一蹴而就，需要经历一个持续而完整的周期，当前仍处于初期，后续发展空间极大。按照引入全域互联网服务创新模式后溢价率由 20%提高至 50%，成交率由 40%提高至 80%，交易成本由 1.5%降至 1.0%测算，能实现溢价增值 11.25 万亿元，节省成本 2812 亿元。以一个城市年 500 亿元国有资产交易总量为例，全域互联网服务可为当地政府直接增加 125 亿元财政收入，并间接带动产业投资、就业、碳减排，新增综合经济效益。

（二）资产交易的生产关系重构释放高附加值空间

随着数字经济的不断发展，互联网 1.0 阶段的流量红利正在逐步衰减，数字化服务向行业垂直纵深方向持续延伸成为必然规律，带动形成高附加值的服务环节，构建起生态闭环。在这一闭环中，产业链上下游的各参与方协同，享受从线上到线下完整价值链服务产生的互联网 2.0 阶段的新红利。

资产交易各参与方之间的协同关系在数字生产力发展的新阶段下重构，高附加值的实现路径表现为从创新到服务，再到价值创造。一方面是端到端服务。从乡村到整个城市，数字化创新精细化服务贯穿资产交易产业链的两端，提升各环节附加值。同时，服务全品类要素资源、非标品，拉通上下游、线上下，提供垂直服务、贴身服务，实现资产聚合、竞价交易、买家发现，为上下游各参与方（委托部门、交易机构、消费者、经纪公司、政府协会、投资人）提供数字化协同服务生态。另一方面是精细化服务各领域。根据各行业的特点，通过差异化的数字化服务内容，为各垂直行业打造独特的产业链数字生态闭环，实现更高质量发展。服务法官减负、阳光高效；服务金融机构，降低不良资产风险；服务高端消费，打造产业集聚、行业名片；服务商业机构，服务现金流高质量增长；服务地方政府及机构，服务财政增收，跨区引资；服务国企央企，促进混改盘活、数字化转型；服务广大房企商办资产，去库存，保障资金链。

三、资产交易数字化服务创新的三大优势和六大价值

（一）资产交易数字化服务创新的三大优势

资产交易数字化服务创新具有三大优势：一是技术。能实现毫秒级延时、万级并发的竞价系统；实现5分钟自动延时，100%竞价加密，100%数据留底记录。二是全球流量。依托10亿以上用户，形成全域互联网海量流量的充分竞价。这两大优势保障产权的充分匹配投资人和充分竞价，实现价值最大化。三是科技服务。构建7×24小时全天候智能解答服务、一对一精准撮合、增值配套服务等完整生态。人工智能服务与服务全链条各环节对应的第三方服务相结合，实现各环节高效专业化服务，确保围绕产权、资产相关的鉴定、贷款等服务全面衔接。

（二）资产交易数字化服务创新的六大价值

资产交易数字化服务创新具有六大价值：一是服务地方政府增收。为地方政府行政事业性资产和国有企业的产权提供交易服务，直接带动财政收入增长。二是服务国企闲置资产盘活及增值。大量低效资产、无效资产、闲置资产得到重新利用，实现价值的数字化激活和发现，同时服务传统交易机构提升效率，探索标杆样板服务模式，面向全国引导和示范。三是服务变废为宝。服务政府和企业的废旧资产循环利用，减少新增物品的生产，从而有效减少碳排放，促进碳中和、碳达峰，助力地方城市按照国务院和生态环境部的要求创建“无废城市”，同时提高双循环、内循环效率。四是服务政府招商引资。帮助地方政府对接全球产业投资人，推动产业转型升级，促进产业链延伸和产业集群发展，打造城市产业名片。五是服务乡村振兴，推动高附加值农产品流通和特色产业导入。以竞价方式发现优质农产品的高附加值，服务农民增收。跨区域招引适合本地的农旅、科技、文创、绿色等产业和人才，实现乡村产业振兴。六是服务公益慈善与共同富裕。通过公益拍卖，为众多企业、个人提供便捷的捐赠渠道，采取新型公益慈善方式，助力第三次分配和公共产品均等化。

第五节　构建马克思主义中国化的产权理论和产权交易学说

伟大的中国人民在伟大的中国共产党的带领下，将马克思主义与中国具体实践相结合，进行了艰苦卓绝的斗争，成功构建了有中国特色的社会主义市场经济理论体系。其中的产权市场理论对马克思的产权思想进行了中国化，形成了有中国特色的产权理论和产权交易学说。中国在产权交易资本市场的创建过程中，始终以服务国民经济持续健康发展为目标，以服务广大人民群众生活水平不断提升为宗旨，坚持中国特色社

会主义道路自信、理论自信、制度自信、文化自信。

中国对马克思产权思想进行了发展，使其更适合中国国情，创造了有中国特色的产权理论。中国的产权思想对西方思想不是排斥或全盘否定，而是对新制度经济学理论和科斯理论的精华部分进行了创造性的吸取。科斯定理给中国产权改革带来了巨大的启发，科斯本人也曾预测在中国会发生经济奇迹。习近平新时代中国特色社会主义思想是马列主义、毛泽东思想的最高峰，创造性地发展了马列主义、毛泽东思想，中国特色产权理论体系是其重要组成部分，在构建全国统一的产权交易大市场过程中发挥着重要作用。

综上所述，从政治经济学范畴，我们可以总结出中国特色产权理论和产权交易学说包含四个方面的内容：第一，从理论上说，中国特色产权理论和产权交易学说是最符合中国国情和中国发展道路的产权理论，是社会主义国家产权理论的典范和样板，对全球社会主义国家的经济资源交易市场构建具有积极的示范、指导和借鉴价值，对资本主义国家的经济市场完善、向更高级文明社会形态发展也具有积极的意义。第二，中国特色产权理论是对马克思主义、毛泽东思想的发展与升华。将马克思主义、毛泽东思想与新时代中国发展实践相结合，能够指导国民经济体系中产权、物资、资源的大循环、大发展，实现中华民族伟大复兴。第三，在中国特色产权交易学说指引下，中国已经建立了规模宏大、组织有序、充分竞争的市场化产权交易资本市场，各大产交所在股权转让、扩股增资、资产交易方面进行了充分实践，为国民经济各个部门、央企、国企、民企提供融资、招商引资、生产资料组装服务，取得了举世瞩目的成就。第四，在中国特色社会主义发展阶段，中国特色产权理论以社会财富的高质量增长和合理均等分配于社会各部门为最高目标，通过产权市场优化配置各种资源，最终推动共同富裕的实现。

我们坚信，中国的产权交易资本市场将成为助力国民经济发展的重要动力，为国企、民企、中小企业的股权融资提供场所，也助力各类资产、资源、要素在社会各部门间流转配置，推动社会财富的健康增长，提升国家竞争力和全体人民群众的生活质量，为中华民族伟大复兴和共同富裕作出更大贡献。

参考文献

［1］胡攀．从科斯定理看产权市场在优化资源配置方面发挥的作用［J］．产权导刊，2019（11）：75.

［2］吴玲，刘志国．产权配置过程中的公正与效率：来自科斯定理缺陷的启示［J］．中国社会科学院研究生院学报，2005（3）：35-37.

［3］马克思，恩格斯．马克思恩格斯全集：第 44 卷［M］．北京：人民出版社，2001.

［4］马克思，恩格斯．马克思恩格斯选集：第 2 卷［M］. 北京：人民出版社，1995.

［5］马克思，恩格斯．马克思恩格斯选集：第 46 卷上［M］. 北京：人民出版社，1979.

［6］武建奇. 论马克思关于人性假设的三个维度［J］. 经济学家，2008（3）：5-13.

02

第二编

新时代产权交易资本市场体制变革

本编核心观点和内容提要

■ 产权交易资本市场是中国共产党领导全体人民，在建设中国特色社会主义市场经济过程中不懈探索和奋斗的产物，完善产权交易资本市场体制是建设社会主义现代化国家的内在要求。我国产权交易资本市场的孕育、建立、形成和完善伴随着我国社会主义市场经济体制的建立、建设和改革。

■ 加快完善社会主义市场经济体制必然要求加快完善产权交易资本市场体系，要素市场化配置体制机制为产权交易资本市场的新阶段、新时代发展提供了广阔空间。

■ 产权交易资本市场体制建设的六条基本经验：一是必须坚持马克思主义中国化的产权理论指导；二是必须围绕中国特色社会主义经济体制运行；三是必须完善以产权交易场所为中心的基础设施功能；四是必须严格实行多元一体的监督管理；五是必须以社会组织为依托深入开展自律建设；六是必须建设公开、公平、公正、阳光透明的市场机制。

■ 深入探讨有关产权交易资本市场体制建设的四个重要问题：一是广义市场引领狭义市场的理论问题；二是全国产权交易资本市场统一区域产权交易资本市场的路径问题；三是各地产权交易机构与各级公共资源交易中心之间的关系问题；四是我国产权交易资本市场“走出去”（国际化）的战略问题。

第一章　产权交易资本市场的历史渊源

我国现今蓬勃发展的产权交易资本市场有别于西方发达国家市场经济模式的发展态势，独创了有形产权交易资本市场的制度体系和产权交易机构①，可谓“产权市场，中国创造”。事实上，产权交易资本市场植根于中国特色社会主义市场经济体制的土壤，要想全面深入了解其发源背景，应当追溯至我国社会主义建设早期。

以下是我国社会主义经济建设进程中体现产权变革的十个重大史实②。

史实一：没收官僚资本、驱逐外国资本强权特权——产权革命赢取新中国经济社会发展需要的“第一桶金”

伴随着新民主主义革命的推进以及人民解放战争的胜利，发生了中国近代史上深度空前的产权关系变革。旧中国与外国签订的不平等条约均被废除，官僚资本家和官僚地主的生产资料所有权和支配权悉数被剥夺。

1950 年初，全国接管官僚资本的工矿企业有 2800 余家、金融企业有 2400 余家。③从此，这些资产的所有权属于全体人民，经营管理权集中于人民政府，这相当于通过产权革命，为新中国经济社会发展赢得了“第一桶金”。以此为主要基础，我国国营经济的原始资本形成规模。

史实二：给土地的所有权、使用权、经营权立法——优先从法律上规制农村产权变革

中国共产党从领导新民主主义革命到领导社会主义革命和建设，一直将解决“地权”问题放在极其重要、相对优先、久久为功的战略位置。

早在土地革命战争时期，就产生了《井冈山土地法》（1928 年 12 月）、《兴国土地法》（1929 年 4 月）、《中华苏维埃共和国土地法》（1931 年 11 月）。抗日战争时期，

---

① 本书编委会．产权市场 中国创造［M］．上海：统计大学出版社，2014：6.

② 王双林．试谈中国特色社会主义产权交易之“源”（一）［J］．产权导刊，2018（1）：41-48.

③ 中共中央党史研究室．中国共产党简史［M］．北京：中共党史出版社，2010：74.

中国共产党领导根据地实行了以减租减息为主线的土地改革，开展了以开荒种地、自给自足为标志的军民大生产运动。全国解放前夕，中国共产党制定了据以规制解放区土地改革的《中国土地法大纲》(1947 年 9 月)。

1950 年 6 月，中央人民政府主席毛泽东发布命令，颁布实施《中华人民共和国土地改革法》。截至 1952 年，3 亿多无地或少地的农民获得 7 亿亩土地的所有权，免除了过去每年向原土地所有者交纳的 3000 万吨粮食的地租，同时分得了包括上亿件（个）大型农具与牲畜在内的生产生活资料或资产。

史实三："和平赎买"——在世界社会主义运动史上创造了私营工商业产权整体转移的成功先例

20 世纪 50 年代前期，我国对私营工商业进行社会主义改造的过程中，成功地使用了和平赎买方式。和平赎买的实质是：国家采取非强力剥夺、非强制没收的方式改变资产阶级的生产资料所有权，有偿地将私营工商业资本改变为国有资本，将生产资料私人占有制改造为社会主义公有制。

公私合营企业属于股份制或混合所有制，而其经营权已经具备了社会主义公有制性质。和平赎买方式中的"四马分肥"分配原则，蕴含了产权当家、股权分成、成本核算、利润均摊的经营管理思路，对于后来实行农村家庭联产承包责任制、建立公司制现代企业制度均有不可忽略的影响。

史实四："三自一包"——农村集体土地使用经营权与所有权分开的先行探索

就人民公社化经济体制暴露出的政社不分、产权悬浮、"吃大锅饭"等一系列弊端，党中央围绕国民经济整体调整和恢复农业生产，改善农民的生存条件，一度提出放权改革政策，统称为"三自一包"，即自由市场、自留地、自负盈亏和包产到户。"三自一包"政策的总体精神是：放还给农民一些与当时农村生产力水平相适应的农业生产经营权，或者叫作"农户自主经营权"。

"三自一包"没有得到持续和完全实行。但是，"三自一包"特别是"包产到户"所体现的农村生产资料管理权、使用权、收益权的改革调整思路，经过十几年的坎坷与搁置之后，终于在当代改革开放中得以落地并得到完善。

史实五："三个主体、三个补充"——以毛泽东主席为核心的党的第一代领导集体在我国社会主义基本经济制度前半程对未来产权大市场的初步设想

"三自一包、四大自由"是党和国家领导人共同探索的重要成果，主要体现在农业

农村建设上。体现在工业和城市建设上的，是“三个主体、三个补充”思想：国家经营和集体经营是主体，一定数量的个体经营为补充；计划生产是主体，一定范围的自由生产为补充；国家市场是主体，一定范围的自由市场为补充。这一思想为中共八大所提出和确定，并写入决议，成为突破传统观念、探索适合中国特点的市场经济体制包括产权大市场的早期设想。

1956 年 9 月 20 日，陈云在中国共产党第八次全国代表大会上作了《社会主义改造基本完成以后的新问题》的发言，明确提出“三个主体、三个补充”思想。陈云同志指出：为了改变过去为限制资本主义工商业所采取的办法，并有效地纠正在社会主义改造过程中由于缺乏经验而发生的一些错误，应从以下五个方面采取措施：第一，“我们应该改变工商企业之间的购销关系”。第二，“工业、手工业、农业副产品和商业的很大一部分必须分散生产、分散经营，纠正从片面观点出发的盲目的集中生产、集中经营的现象”。第三，“必须取消市场管理中那些原来为了限制资本主义工商业投机活动而规定的办法”。第四，“必须使我们的价格政策有利于生产”。第五，“对某些产品的国家计划管理的方法，应该有适当的变更”。

9 月 27 日，大会通过了《中国共产党第八次全国代表大会关于政治报告的决议》。这个决议指出：“在商业方面，由于私营工商业的社会主义改造已经基本完成，在我国已经形成了社会主义的统一市场。为了适合于新的经济情况和人民的需要，这种社会主义的统一市场应当以国家市场为主体，同时附有在一定范围内的国家领导下的自由市场，作为国家市场的补充。为此，必须采取相应的措施，改进购销关系和市场管理办法，并且合理地调整物价，以利于商品流通的扩大和工农业生产的发展。”显然，这个决议明确肯定了陈云关于“国家市场是主体、自由市场是补充”的思想。

由于历史的局限性，“三个主体、三个补充”的思想并没有贯彻下去。但是，中共八大确定的“三个主体、三个补充”经济思想并没有就此沉寂。1978 年底，中共十一届三中全会重新确立了实事求是的思想路线，使得中共八大提出的“三个主体、三个补充”经济思想有机会发挥应有的活力。

史实六：“双包”责任制——让改革首先从农村产权关系上取得突破的伟大创举

1978 年 11 月，安徽省凤阳县小岗村 18 户农民搞起了“包干到户”：生产队与每户农民约定，先把该缴给国家的、该留给集体的都固定下来，收获以后剩多剩少都是农民自己的。

这种被称为“大包干”的做法，在随后向全省、全国推广的过程中，逐步完善为“双包”（包产到户+包干到户）责任制，提升为农村家庭联产承包责任制的主要实施形式。实行“双包”责任制带来的经济社会效益是十分显著的。从 1978 年到 1984 年，中国农产品产值以不变价格计算增长了 42%，其中 46.89%归功于实行家庭联产承包责任制。

史实七："松绑"——企业产权转让兴起的先决条件

"松绑"是 20 世纪 80 年代经济体制改革主战场——城市改革过程中引进的概念，它所对应的实际工作是企业自主经营、政府让利放权。党的十一届三中全会开启改革开放的大门之后，在农村改革的推动下，以增强国营企业活力为中心环节的城市改革向广度和深度拓展。

1984 年 3 月，人民日报、经济日报、新华社、福建日报等媒体在显著位置，登（转）载了福建省 55 位厂长、经理以《请给我们"松绑"》为题致省委书记和省长的公开信。信中呼吁："给予企业必要的人事权、财权、自主经营权。"这封信对于产权改革、企业所有权与经营权分离、国营企业拥有更多的自主权和经营权，都表达了极大的渴望和需求。"松绑"放权的影响很快从八闽遍及全国，成为国营企业改革乃至城市改革中具有里程碑意义的标志性事件。对于这封"松绑"信及其影响，曾经在闽连续工作 17 年之久的习近平同志有着深度的了解和关注。2014 年，在 55 位厂长、经理呼吁为企业"松绑"放权 30 周年前夕，福建 30 位企业家以《敢于担当 勇于作为》为题联名致信习近平总书记。习近平总书记收到信后随即回信。

习近平总书记回顾："三十年前，福建五十五位企业负责人大胆发出给企业'松绑'放权的呼吁，很快在全国上下形成共识，成就了经济体制改革的一段佳话，我对此印象犹深。"

习近平总书记深刻地指出："如今你们作为多种所有制、多种类型的企业负责人，就贯彻党的十八届三中全会决定、加快企业改革发展提出建言倡议，很有意义。当前，各级政府正在加快转变职能、大力简政放权，目的之一就是让市场更好发力，让企业创新创造源泉更加充分涌流，这是又一次重要的'松绑'放权，也是企业家更好发挥智慧力量的历史新机遇。"

习近平总书记希望广大企业家："继续发扬'敢为天下先、爱拼才会赢'的闯劲，进一步解放思想，改革创新，敢于担当，勇于作为，不断做大做强，促进联合发展，实现互利共赢，为国家经济社会持续健康发展发挥更大作用。"

史实八：党的十二届三中全会《关于经济体制改革的决定》——确定全国范围的企业产权转让活动起步、从经济体制上决定中国特色社会主义产权交易资本市场孕育和诞生的"最高号令"

企业有所呼，党和政府必有所应。1984 年 10 月，党的十二届三中全会《关于经济体制改革的决定》指出："所有权同经营权是可以适当分开的。""在服从国家计划和管理的前提下，企业有权选择灵活多样的经营方式，有权安排自己的产供销活动，有权拥有和支配自留资金，有权依照规定自行任免、聘用和选举本企业的工作人员，有权自行决定用工办法和工资奖励方式，有权在国家允许的范围内确定本企业产品的价格，等等。"上述"两权分开""六个有权"，突破了把全民所有同国家机构直接经营企业混为一谈的传统观念和政府对企业实行集中统筹、包揽一切的做法。今天，可以并且应当把党的十二届三中全会决定视为确定全国范围的企业产权转让活动起步、决定中国特色社会主义产权交易市场孕育和诞生的"最高号令"。

据此，完全能够对国有产权转让的起源问题进行回归本源、聚焦史实、还原客观、精准无偏的认知，完全能够就中国特色社会主义产权交易的本源问题进行放眼全球、通观全局、立足现实、面向未来的解读。中国共产党独立领导武装斗争打响第一枪的南昌市，于20世纪80年代——1986年，领先产生了企业产权转让"最高号令"落地的完整案例。当年，曾任全国政协常委、经济委员会副主任、陕西省政府省长，时任江西省南昌市市长的程安东同志，率先通过中央媒体，系统推介南昌市探索国营企业产权转让的五条经验：一是产权转让有利于在保持社会安定的条件下，实现对一批劣势企业的调整，又为搞活现存固定资产的流动资金找到了一种新办法；二是产权转让启动了南昌市生产要素市场的发育，投资体制的改革；三是产权转让开辟了企业家成长之路；四是产权转让重构了南昌市微观经济组织结构，形成拳头产品高度集中化、一般产品高度分散化的生产格局；五是产权转让开辟了南昌市筹措建设资金、发展新技术产业、建设现代化新企业的高投资效益的新途径。①

史实九："土地的使用权可以转让"首次载入我国宪法——国家根本大法为产权交易资本市场提供了最高法律依据

1988年4月12日，我国第四部社会主义宪法，即施行至今的1982年宪法，将"土地的使用权可以依照法律的规定转让"导入，从而使公有土地的使用权付诸流转交易的合宪性得以确立、认定和宣示。

此次修宪内容的正式生效，始于1988年4月12日第七届全国人民代表大会第一次会议就宪法首个修正案进行的审议、表决和通过。宪法首个修正案共列了两条内容：第一条阐述允许私营经济在法律规定的范围内存在和发展，第二条阐述土地的使用权依照法律的规定转让。

国家宪法载入"土地使用权可以转让"，为产权交易资本市场提供了法律依据，具有很大的强制力和广泛的影响力。在此前后，调解产权关系方面的法律法规陆续出台。

---

① 程安东．产权转让给南昌经济带来新希望［J］．瞭望周刊，1988（44）：12-13.

1988 年，全国人大通过了《中华人民共和国全民所有制工业企业法》，对国有企业的法律地位、所有权与经营权分离的原则、企业拥有的权利和义务等做了法律规范。

史实十：国有资产进场交易的系列法律法规出台——稳固确立企业国有产权进场交易制度

2003 年 12 月 31 日，3 号令的颁布，被认为是中国产权交易资本市场发展历史的新起点。3 号令以规范企业国有产权转让为纲领，促进了区域性产权交易市场体系的初步形成。

3 号令的出台，得益于中央纪委推动建立的企业国有资产进场交易制度。为防止国有资产流失和从源头上遏制国有资产经营管理中的腐败问题，在中央纪委指导下，在国务院国资委纪委参与下，2004 年初，国务院国资委就实施 3 号令提出具体安排，即按诚信、守法的要求，选择合格的企业国有产权转让机构。

为做好企业国有产权交易机构选择工作，2004 年 7 月 14 日，国务院国资委颁发《关于做好产权交易机构选择确定工作的指导意见》（国资发产权〔2004〕252 号），规定国务院国资委负责制定选择从事企业国有产权交易活动的产权交易机构的基本条件，提出组织工作要求，选择从事中央企业国有产权交易活动的产权交易机构。各省、自治区、直辖市国资监管机构在国务院国资委的指导下，负责从事本地区企业国有产权交易活动的产权交易机构的选择工作。从 2004 年开始，国务院国资委选择了京、津、沪、渝 4 家央企国有产权交易机构，各省份国资委选定了 61 家产权交易机构，全国只有 65 家具有企业国有产权交易资质的机构。至此，国资监管机构通过选择机制，迈出了企业国有产权进场交易的关键一步。

2008 年 10 月 28 日，十一届全国人大常委会第五次会议高票通过了《中华人民共和国企业国有资产法》，并于 2009 年 5 月 1 日开始正式实施。这部法律以立法形式规定国有产权必须进场交易。该法的出台是产权交易资本市场争取法律地位的重大突破，为产权交易资本市场的继续发展提供了法律保障，这对我国产权交易资本市场有着重大的支撑作用和指导意义，必将推进产权交易资本市场向更高水平、更健康、更快速的方向发展。《中华人民共和国企业国有资产法》的出台，第一次以立法形式确立了产权交易市场的法律地位，规定国有资产转让应当在依法设立的产权交易场所公开进行。该法把金融企业国有资产纳入调整范围，并赋予产权交易机构更大的自主选择交易方式的空间。它强调国有资产转让的原则，指导具体市场化操作的程序，但并非专门针对产权交易的立法。产权交易资本市场亟待建立统一的交易规则和配套的规程，产权交易领域的法规建设亟待完善。

2016 年，国务院国资委和财政部联合发布 32 号令，在以下几方面进行了修改和完善：一是拓展了企业国有资产交易流转的概念；二是拓展了规范对象，涵盖国有实际控制企业；三是进一步明确了审批权限；四是改进了信息披露的渠道和方式。这些做法对我国产权交易资本市场未来发展及国企国资深化改革都具有里程碑式的重要意义。

综上所述，我国产权交易起源于我国社会主义基本经济制度的建立与发展的过程中，经历了中华人民共和国成立后一系列波澜壮阔的改革发展历程，服务于我国国民经济和社会建设的方方面面。“不忘初心，方得始终。”回顾产权交易资本市场的发展历程，我们应当意识到产权交易的初衷和使命是服务社会经济有序发展，服务国家建设大局，服务社会主义建设事业，今后必须继续坚持习近平新时代中国特色社会主义思想，以正确的历史观看待产权交易的发展，不断开创产权交易资本市场更加辉煌的未来。

参考文献

[1] 本书编委会. 产权市场 中国创造 [M]. 上海：统计大学出版社，2014.

[2] 王双林. 试谈中国特色社会主义产权交易之“源”（一）[J]. 产权导刊，2018（1）：41-48.

[3] 中共中央党史研究室. 中国共产党简史 [M]. 北京：中共党史出版社，2010.

[4] 程安东. 产权转让给南昌经济带来新希望 [J]. 瞭望周刊，1988（44）：12-13.

第二章　产权交易资本市场体制的形成过程

我国产权交易资本市场是伴随着国有企业改革的深入，为实现国有经济布局优化和结构调整、社会资源的优化配置，促进企业国有产权的有序流转而产生的。经过30多年的建设和发展，产权交易资本市场已经成为国有产权流转和各类产权交易的重要平台，以及中国资本市场的重要组成部分。回顾过去，我国产权交易资本市场的发展历程大致可以划分为四个阶段，即萌芽起步阶段、艰难探索阶段、规范发展阶段、和跨越式发展阶段。

第一节　萌芽起步阶段（1978—1994年）

1978年12月，党的十一届三中全会开启了改革开放和社会主义现代化建设的伟大征程，也为产权交易资本市场的萌芽奠定了基础。

1984年，党的十二届三中全会审议通过《中共中央关于经济体制改革的决定》，全面开启了以城市为重点的经济体制改革。① 国营企业作为城市经济改革的重点，先后经历了“放权让利”“利润包干”“利改税”“拨改贷”等改革举措，取得了一定成效，但国有资产经营效率低下的问题并未得到很好的解决。一些企业由于扩张需要，自发尝试兼并其他企业，企业间的产权交易活动萌芽。产权重组、产权交易等实践活动就是在这样的背景下出现的。

1987年10月，党的十三大报告提出：“一些中小型全民所有制企业的产权，可以有偿转让给集体或个人。”

1988年3月，七届全国人大一次会议《政府工作报告》提出：“实行企业产权有条件的有偿转让，使闲置或利用率不高的资产得到充分利用。”企业产权的有偿转让得到中央政府的认可，各地政府纷纷开始筹备建立产权交易机构。

1989年2月，国家体改委、国家计委、财政部、国家国有资产管理局联合发布《关于企业兼并的暂行办法》（体改经〔1989〕38号）；同月，国家体改委等三部委又

---

① 本书编写组．改革开放简史［M］．北京：人民出版社，中国社会科学出版社，2021：49.

联合发布《关于出售国有小型企业产权的暂行办法》（体改经〔1989〕39 号），两项部门规章分别指导企业兼并和产权出售行为，支持各地成立产权交易机构，为产权交易资本市场的发展打开了新局面。

之后，河南郑州、山西、广东深圳、北京、山东青岛、四川等地纷纷成立产权交易机构，企业国有产权交易不断发展，企业兼并活动快速增多，兼并业务规模逐步扩大，兼并领域也不断拓宽。截至 1989 年底，全国共有 25 家产权交易机构正式挂牌，其中大多数采用国有事业法人的组织形式，由地方人民政府直接出资，相应的财政部门、国资管理部门成为交易机构的主管部门。①

1992 年春，邓小平发表南方谈话，开启了改革开放新局面，全社会各领域发展的积极性再度高涨起来。

1993 年 11 月，党的十四届三中全会审议通过《中共中央关于建立社会主义市场经济体制若干问题的决定》，提出建立“产权清晰、权责明确、政企分开、管理科学”的现代企业制度，首次提出实行“产权流动和重组”。企业改制重组和并购活动在当时日益活跃，产权交易市场在全国范围蓬勃兴起。截至 1994 年 6 月，全国共设有 174 家产权交易机构，其中省级 14 家，地市级 104 家，县级 56 家。②

第一批产权交易机构的设立，主要是为当时国有企业之间的兼并重组活动提供相应服务，服务内容主要包括企业改制咨询、寻找意向投资方、资产评估、转让登记业务等。这一阶段，各地产权交易资本市场的交易规模较小，交易方式也比较单一，业务内容以承担债务、资产置换和资产出让为主，交易的市场化程度较低。

第二节　艰难探索阶段（1994—2002 年）

新兴的产权交易市场没有健全的法规制度和监管体系，没有明确的市场定位和发展方向，也没有统一的主管部门，部分产权交易机构在实践过程中出现了不规范操作，未能实现持续健康发展。部分产权交易机构为迎合市场扩张需要而偏离了主营业务，尝试将非上市公司的股权拆细，实施连续交易，引发扰乱金融秩序的不良后果，严重损害了产权交易市场的形象。1994 年 4 月，国务院办公厅发布《关于加强国有企业产权交易管理的通知》（国办发明电〔1994〕12 号），宣布暂停产权交易市场活动，部分产权交易机构关闭停业。1998 年 3 月，《国务院办公厅转发证监会关于〈清理整顿场外非法股票交易方案〉的通知》（国办发〔1998〕10 号）明确把“拆细交易”和“非上市公司权证交易”作为“场外非法股票交易”明令禁止。国家大力清理整顿各地产权

① 中国产权协会．中国产权交易资本市场研究报告［M］．北京：中国经济出版社，2018：28.

② 中国产权协会．中国产权交易资本市场研究报告［M］．北京：中国经济出版社，2018：183.

交易市场的"场外交易"业务，一大批产权交易机构被关停。1999年底，全国仅有北京、上海、天津、深圳等地约30家产权交易机构可有效开展业务，其他产权交易机构基本处于停业或半停业状态，产权交易市场陷入低迷。

经过清理整顿，产权交易机构在交易品种、业务边界、主要功能、发展定位等方面的问题开始引起相关各方的深刻反思，各级政府有关部门认识到建立和完善产权交易市场有关法规制度和监管体系的重要性。国务院及地方政府对于规范企业国有产权交易及产权交易机构运行进行了制度探索，推行产权交易进场制度，各地产权交易机构也逐步建立了国有产权市场化交易的相关制度与流程，各地产权交易市场得到规范和调整。

第三节　规范发展阶段（2002—2015年）

2002年1月，十五届中央纪委七次全会明确提出："各地区、各部门都要实行经营性土地使用权出让招标拍卖、建设工程项目公开招标投标、政府采购、产权交易进入市场等四项制度。"11月，党的十六大报告指出"发展产权、土地、劳动力和技术等市场"，为产权市场的发展指明了方向。① 在当地政府部门的推动下，各产权交易机构陆续开始了新的探索和实践，初步建立起符合国有产权交易市场化处置的交易制度和业务流程，积累了相当丰富的实践经验。

2003年，党的十六届三中全会通过《中共中央关于完善社会主义市场经济体制若干问题的决定》，提出"产权是所有制的核心和主要内容，包括物权、债权、股权和知识产权等各类财产权"，要求"建立归属清晰、权责明确、保护严格、流转顺畅的现代产权制度"，以上论断明确了建立健全现代产权制度的必要性，指导产权交易市场的下一步发展。

2003年3月24日，国务院国资委成立，代表国家履行出资人职责监管国有资产，确保国有资产保值增值。国务院国资委开创了管资产与管人、管事相结合的国资监管模式，指导并推动我国产权交易资本市场规范有序健康发展。11月30日，《国务院办公厅转发国务院国有资产监督管理委员会关于规范国有企业改制工作意见的通知》（国办发〔2003〕96号）对外发布，明确提出"促进国有产权有序流转和加快国有资产战略性调整的工作目标"。之后，各省级和地市级国有资产监督管理机构相继成立，中国的国有资产管理体系进入一个全新的发展阶段。

2003年12月31日，国务院国资委联合财政部颁发了3号令，规定企业国有产权转让必须在国资监管部门选定的产权交易机构公开进行。此后，各地国资监管机构选

---

① 华志毅．在新的起点上发展产权市场［J］．上海国资，2002（12）：39-41.

定的产权交易机构获得政策支持，成为企业国有产权交易的法定场所。3 号令颁布以后，产权交易市场的交易规模保持持续增长发展势头，成交宗数和成交金额都保持快速增长态势，我国产权交易市场逐渐成为国资有序流转、民资外资自由进入、促进各类要素资源优化配置、助推国家产业结构优化调整的重要平台，在国民经济发展中扮演着越来越重要的角色。3 号令对于产权交易市场发展具有里程碑式的重要意义，标志着产权交易市场进入规范发展的新阶段。

国务院国资委履行自身监管职能，建立了国有产权交易信息监测系统，逐步对企业国有产权交易进行实时动态监管，督促企业国有产权交易相关方严格按照制度执行落实。国务院国资委还联合财政部、国家发展改革委、监察部、证监会、原工商总局等部委建立了企业国有产权转让监督检查制度，组织全国联合监督检查，监督企业进场交易制度落实情况，并对产权交易机构开展工作评审。与此同时，地方各级国资监管部门联合开展工作，启动了针对产权交易资本市场的专项检查评审和综合监督检查，现已形成分类监督、共同监管的工作机制。

随着国家经济结构调整力度的不断加大、国有企业改革的持续深化，产权交易市场通过不断完善自身服务功能、拓展交易品种、引入招投标及拍卖等竞价方式吸引交易进场，形成了一定的市场规模。《中国统计年鉴》（2004）数据显示，2003 年我国产权交易成交项目数为 21571 宗，成交金额达到 939.9 亿元。截至 2003 年底，我国产权交易机构数量已经达到 230 多家，覆盖了除港澳台以外的全部省、自治区、直辖市。产权交易市场在企业国有产权转让领域的良好实践，得到了各类市场主体、各级政府部门的广泛认可，企业国有产权进场交易制度逐渐被复制到其他公有产权和社会公共资源配置领域。

2008 年以后，各地产权交易机构的交易业务领域快速拓展，服务功能不断增强。一方面，业务类型由传统的企业产股权交易流转扩展为各类国有资产处置；另一方面，产权交易市场逐渐将视野拓展到各类要素资源的配置领域，实现了各要素资源的市场化配置和价格发现。

2009 年 5 月 1 日，《中华人民共和国企业国有资产法》正式施行，明确规定：“除按照国家规定可以直接协议转让的以外，国有资产转让应当在依法设立的产权交易场所公开进行。”《中华人民共和国企业国有资产法》规范了企业国有产权交易各项行为，为产权交易市场健康发展提供了法律支撑。

2009 年 6 月，国务院国资委发布《企业国有产权交易操作规则》（国资发产权〔2009〕120 号），对企业国有产权交易操作中的受理转让申请、发布转让信息、登记受让意向、组织交易签约、结算交易资金、出具交易凭证做出具体规定。该规则逐步健全了我国国有企业产权交易制度和监管制度，使我国产权交易市场成为制度健全的基础性资本市场。

2011 年 2 月 15 日，由中央纪委推动、国务院同意，经民政部登记、国务院国资委组建并主管，中国企业国有产权交易机构协会在北京成立，产权交易行业从此有了全国性自律组织。

以《国务院关于清理整顿各类交易场所 切实防范金融风险的决定》（国发〔2011〕38号）和《国务院办公厅关于清理整顿各类交易场所的实施意见》（国办发〔2012〕37号）等文件出台为标志，国家划清了产权市场与证券市场两大资本市场的业务边界，这些文件也成为规范产权交易场所交易活动的根本准则。此外，经国务院同意，由证监会牵头的清理整顿各类交易场所部际联席会议制度建立，再次对全国各类交易场所进行清理整顿，规范产权交易资本市场秩序。

2013年，党的十八届三中全会审议通过《中共中央关于全面深化改革若干重大问题的决定》，做出全面深化改革的重大决定，提出“经济体制改革是全面深化改革的重点，核心问题是处理好政府和市场的关系，使市场在资源配置中起决定性作用和更好发挥政府作用”的重大论断。决定中至少有20处与产权交易资本市场密切相关，为产权交易资本市场注入了新的活力和动力，带来了新的发展机遇。

2013年以来，《国务院办公厅关于实施〈国务院机构改革和职能转变方案〉任务分工的通知》（国办发〔2013〕22号）、《2013年国务院办公厅关于贯彻落实国务院第一次廉政工作会议精神任务分工的通知》（国办函〔2013〕63号）、《关于国资委贯彻落实2013年反腐倡廉工作任务分工的意见》（国资党委纪检〔2013〕97号）等文件先后出台，集中提出国有产权交易平台的建设方向，即改革和完善国有产权交易制度，推进市场化改革，实行统一信息披露、统一交易规则、统一交易系统、统一过程监测“四统一”工作要求，给予产权交易行业重大政策支持。

在这一时期，产权交易资本市场按照国务院国资委关于企业国有资产“应进必进、能进则进、进则规范、操作透明”的原则，积极推动国有产权进场交易制度落地落实，业务领域快速拓展，服务模式不断创新。

第四节 跨越式发展阶段（2015年至今）

中共中央 国务院《关于深化国有企业改革的指导意见》（中发〔2015〕22号）作为我国新时期指导和推进国企改革的纲领性文件，提出“支持企业依法合规通过证券交易、产权交易等资本市场，以市场公允价格处置企业资产，实现国有资本形态转换，变现的国有资本用于更需要的领域和行业”。该意见首次将产权市场与证券市场平行纳入“资本市场”范畴，产权市场是资本市场的重要组成部分这一重要定位在国家顶层设计中得到明确，产权市场和证券市场一起构成了中国特色的复合资本市场。① 此后，国务院国资委、国家发展改革委相继出台了一系列专项改革意见或方案，"1+N" 政策体系基本建立，确立了产权交易资本市场在新一轮国资国企改革中的作用和地位。

与此同时，国家正式启动公共资源交易平台整合工作。由于前期各地对政策理解不同，整合模式各异，有的产权交易机构主体资格被取消，机构被并入。随着《国务院办公厅关于印发整合建立统一的公共资源交易平台工作方案的通知》（国办发〔2015〕63 号）、国务院国资委《关于贯彻落实整合建立统一公共资源交易平台加强国有产权交易监管有关事项的通知》（国资厅产权〔2015〕629 号）、《国务院办公厅转发国家发展改革委关于深化公共资源交易平台整合共享指导意见的通知》（国办函〔2019〕41 号）等文件的印发，产权交易市场通过国有产权交易数据对接公共资源交易平台，有序参与整合建立公共资源交易平台工作，并积极为公共资源交易做好服务，产权交易机构市场主体地位和独立法人地位得到维护与巩固。

2015 年 9 月，《国务院关于国有企业发展混合所有制经济的意见》（国发〔2015〕54 号）明确提出，"加快建立规则统一、交易规范的场外市场"，以具备条件的产权交易资本市场为载体，推进国有企业混合所有制改革。产权交易资本市场通过非标准化的交易方式、市场化的服务，帮助企业实现融资和并购，成为产权交易市场中国创造的特色，并且凭借交易制度的适应性、规范性和经济性，在发展混合所有制经济中发挥助力作用。②

2016 年 6 月 24 日，报经国务院同意，国务院国资委和财政部联合公布并正式施行 32 号令。32 号令明确规定，国有企业资产转让和企业增资行为应当在产权交易机构中公开进行，扩大了产权交易资本市场的业务覆盖范围和影响力。32 号令也是继 3 号令之后，又一项对产权交易资本市场影响深远的部门规章，大力推动了产权交易资本市场蓬勃发展。

2016 年，《国务院关于印发"十三五"控制温室气体排放工作方案的通知》（国发〔2016〕61 号），强调建设和运行全国碳排放权交易市场。2021 年，习近平总书记在第七十六届联合国大会一般性辩论上提出"双碳"目标，"力争 2030 年前实现碳达峰、2060 年前实现碳中和"。《中共中央 国务院关于完整准确全面贯彻新发展理念做好碳达峰碳中和工作的意见》要求，"加快建设完善全国碳排放权交易市场，逐步扩大市场覆盖范围，丰富交易品种和交易方式，完善配额分配管理"。全国碳市场建设以试点为基础，自 2017 年底筹备，经过基础建设期、模拟运行期和深化完善期，2021 年进入真正

---

① 国务院发展研究中心市场经济研究所．改革开放 40 年市场体系建立、发展与展望［M］．北京：中国发展出版社，2019：220.

② 常修泽，等．混合所有制经济新论［M］．合肥：安徽人民出版社，2017：346-347.

的配额现货交易阶段。① 产权交易机构参与全国碳市场建设试点工作，助力全国碳市场正式建成，发挥了产权交易资本市场的功能。

2016 年 12 月 21 日，财政部印发《关于进一步加强国有金融企业股权管理工作有关问题的通知》（财金〔2016〕122 号），指出要加强国有金融资产监管，健全和完善基础管理制度，规范国有产权流转，切实防范国有资产流失，促进国有金融资本保值增值。各级财政部门应按照规范透明、公平公正的原则，进一步加大国有金融企业产权进场公开交易力度，实现全链条全过程管理。国有金融企业开展增资扩股业务，可通过公司治理程序确定意向投资方，意向投资方可通过省级以上产权交易所挂牌选择。

2017 年 10 月，党的十九大提出习近平新时代中国特色社会主义思想，作出贯彻新发展理念、建设现代化经济体系的战略部署，强调“经济体制改革必须以完善产权制度和要素市场化配置为重点，实现产权有效激励、要素自由流动、价格反应灵活、竞争公平有序、企业优胜劣汰”。这一战略部署赋予产权交易资本市场新的使命，对产权交易平台建设、服务能力与质量、模式创新提出更高要求，同时也为产权交易资本市场发展带来历史性机遇。

2020 年以来，《中共中央 国务院关于构建更加完善的要素市场化配置体制机制的意见》《中共中央 国务院关于新时代加快完善社会主义市场经济体制的意见》强调，要进一步推动市场化改革，完善产权制度和要素市场化配置，健全要素市场制度，建设高标准市场体系。2021 年 1 月 31 日，中共中央办公厅、国务院办公厅印发了《建设高标准市场体系行动方案》，提出了建设“统一开放、竞争有序、制度完备、治理完善”的高标准市场体系的具体行动方案。行动方案全要素覆盖了产权交易行业业态，全领域涵括了产权交易资本市场体系，全方位规范了市场主体的行为秩序，为产权交易行业融入我国经济高质量发展、加速建设高标准市场体系提供了行动指南。同年 7 月 19 日，财政部办公厅印发《关于公示具有承办中央管理金融企业国有产权交易能力的产权交易机构名单的通知》（财办金〔2021〕69 号，简称“69 号文”），确定北京产权交易所等 12 家机构为第一批具有承办中央管理金融企业国有产权交易能力的产权交易机构，并要求各中央管理金融企业在开展国有产权交易业务时，在名单中择优选择产权交易机构。69 号文的印发实施，是财政部对产权交易行业建设、产权交易资本市场阶段性成果的肯定，也是对产权交易行业建设高标准市场体系、服务新一轮国资国企改革和金融要素市场化配置改革赋予的新使命和新要求。同年 12 月 21 日，《国务院办公厅关于印发要素市场化配置综合改革试点总体方案的通知》（国办发〔2021〕51 号）提出八个方面的试点任务，即产权交易资本市场需要在进一步提高土地要素配置效率，推动劳动力要素合理畅通有序流动，推动资本要素服务实体经济发展，大力促

① 上海联合产权交易所，上海环境能源交易所．全国碳排放权交易市场建设探索和实践研究［M］．上海：上海财经大学出版社，2021：87.

进技术要素向现实生产力转化，探索建立数据要素流通规则，加强资源环境市场制度建设，健全要素市场治理，进一步发挥要素协同配置效应等方面发挥积极作用。

2022 年 4 月，中共中央、国务院发布《关于加快建设全国统一大市场的意见》，从全局和战略高度明确了加快推进全国统一大市场建设的总体要求、主要目标和重点任务，为今后一个时期建设全国统一大市场提供了行动纲领。该意见在要素市场建设、公共资源交易平台整合共享等方面进行了部署，为推动以产权交易市场为代表的非标资本市场进一步助力要素资源市场化配置、全面深化公共资源交易平台整合共享指明了行动方向，对推进要素资源市场化配置、建设高标准市场体系、构建高水平社会主义市场经济体制和国内国际双循环相互促进的新发展格局具有重要意义。

党的十八大以来，产权交易资本市场实现了与全国公共资源交易平台融合发展，在服务国家战略、各类要素资源市场化配置等方面取得了显著成效。据中国产权协会统计，2012—2021 年，我国产权交易资本市场年交易规模呈现跨越式增长：2012—2015 年，年交易额徘徊在 2 万亿~3 万亿元；2016—2017 年，年交易额跃升至 7. 90 万亿元；2018—2020 年，年交易额连续 3 年突破 10 万亿元；2021 年交易额达到 22. 11 万亿元，再创历史新高（见图 2-4-1）。

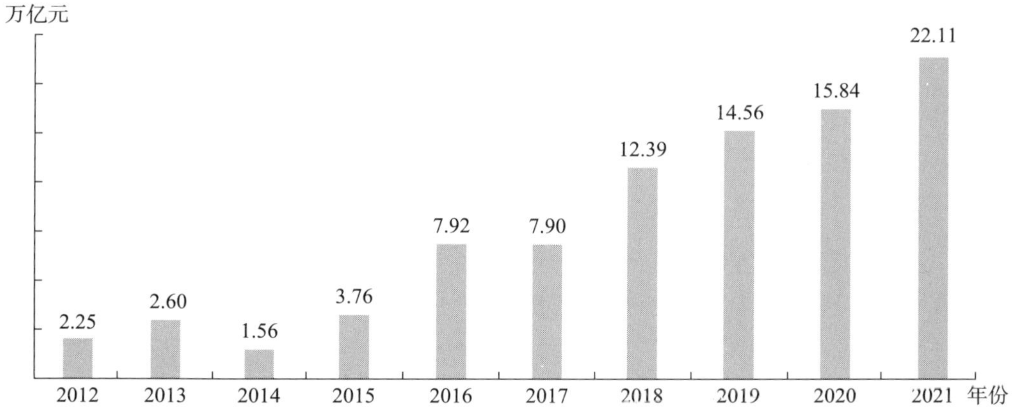

图 2-4-1 2012—2021 年我国产权市场交易额

在这一阶段，产权交易资本市场牢牢把握住了难得的历史性机遇，市场影响力进一步增强，交易体系更加完善，交易程序更加规范高效，产权交易资本市场整体业务规模也得到快速增长。新时代对产权交易资本市场平台建设、服务能力、服务质量和服务效率提出了更新、更高的要求。很多产权交易机构着手转型升级，通过实行公司化改制，转变体制机制，加大市场化改革力度，通过资源整合，重塑业务体系，完善服务体系，加大创新力度，不断巩固国有产权交易业务，不断完善创新要素市场平台商业模式，全面推进资本市场建设。北京、广东、广西、黑龙江、山东等地的产权交易机构在集团化上迈出了实际步伐，成为区域要素市场体系的建设者和推动者。全行业更加重视金融化服务和投行化提升，打造“平台+投行”服务模式，着力拓展券商、基金、投行、咨询等机构合作，与标准资本市场对接，建立投资人库，如“北交汇投”；更加重视信息化水平升级，广泛应用大数据、云计算、区块链、人工智能等新技术，着力建设产权交易系统全流程电子化，信息披露实现互联网化；更加重视业务交流、业务协同和市场宣传，强化人才队伍建设、内控治理和风险防控。

综上所述，产权交易资本市场是伴随我国社会主义经济体系的建立完善而产生的，也是伴随我国经济体制改革持续深入推进而发展壮大的，还伴随着我国各类非上市企业并购融资业务的蓬勃发展而逐步完善，成为我国资本市场的重要组成部分。随着市场化程度的不断加深和国有企业现代产权制度的深入推广，产权交易资本市场的交易品种、交易方式、制度规则也在逐步完善。

参考文献

[1] 本书编写组. 改革开放简史 [M]. 北京：人民出版社，中国社会科学出版社，2021.

[2] 国务院发展研究中心市场经济研究所. 改革开放40年市场体系建立、发展与展望 [M]. 北京：中国发展出版社，2019.

[3] 中国产权协会. 中国产权交易资本市场研究报告 [M]. 北京：中国经济出版社，2018.

[4] 华志毅. 在新的起点上发展产权市场 [J]. 上海国资，2002 (12)：39-41.

[5] 常修泽，等. 混合所有制经济新论 [M]. 合肥：安徽人民出版社，2017.

[6] 上海联合产权交易所，上海环境能源交易所. 全国碳排放权交易市场建设探索和实践研究 [M]. 上海：上海财经大学出版社，2021.

第三章　产权交易资本市场体制建设的基本经验

第一节　必须坚持马克思主义中国化的产权理论指导

西方产权理论以科斯定理为基础，始终围绕交易成本、产权及其制度进行论述。交易成本或交易费用是科斯定理的核心，《企业的性质》和《社会成本问题》两本书中都对此进行了精彩的论述。科斯认为，“在完全竞争条件下，私人成本等于社会成本”。他从产权制度的视角审视资源配置效率，提出外部性问题可以通过调整产权制度、市场自主调节解决，而无须依赖政府干预。

西方产权理论始终关注产权与资源配置效率之间的关系，力图揭示制度尤其是产权制度安排、交易费用安排与资源配置效率的关系。该理论主要研究私有产权，把产权制度明晰视为解决一切经济问题的方法，普遍存在着产权客体的实物化偏向。该理论不重视生产资料归属权对企业的重要意义，甚至认为“决定企业性质的是财产权如何被支配和使用的问题”，并把一切交易当作契约关系，用契约关系代替阶级关系，却不对资本所有者与雇佣劳动者之间的契约关系进行必要的系统分析。总的来看，西方产权理论崇尚私有制、自由经营和自由市场，维护资产阶级利益。从我国社会发展实践和现实情况来看，西方产权理论存在着一定的局限性。

马克思专著里的广义所有权，实质就是产权。马克思专著通过对广义所有权的研究，实质形成了马克思主义产权理论。马克思认为，生产资料的所有权，即生产资料归谁所有是最重要的、最具有决定意义的因素，支配权、使用权、处置权和受益权等都是由所有权决定或派生出来的。在财产当中分离出生产资料，可以发现生产资料的占有具有决定性，即企业或社会的性质主要是由生产资料归谁所有决定的。马克思阐明了财产关系和生产关系之间存在本质联系，发现了产权是生产关系的法律表现，这正是西方产权理论所回避的，或者说语焉不详的。

马克思主义中国化是将马克思主义基本原理同中国具体实际相结合，不断形成具有中国特色的马克思主义理论成果的过程。习近平总书记深刻指出：“马克思主义的命运早已同中国共产党的命运、中国人民的命运、中华民族的命运紧紧连在一起，它的科学性和真理性在中国得到了充分检验，它的人民性和实践性在中国得到了充分贯彻，它的开放性和时代性在中国得到了充分彰显。”马克思的产权理论在中国的实践中得到了丰富和发展，形成了适应我国经济社会发展实际和企业主体运行情况的马克思主义中国化产权理论，具有强大的生命力。建设产权交易资本市场必须坚持马克思主义中国化产权理论的指导，主要原因如下：

一是由所有制形式决定的。马克思在研究产权起源时，区分了产权的所有与占有，区分了公有产权与私有产权。马克思提出，要建立以生产资料公有制为基础的社会主义生产关系，就是要社会占有一切生产资料，要消灭私有制。马克思并不是要否定其他产权制度，而是认为在坚持主体所有制性质和社会基本经济制度不变的条件下，应该适时改变公有制的具体实现形式，以适应经济发展的不同情况。马克思的产权本质理论、所有制与所有权关系理论、产权权能结构理论，都是经过历史验证的科学原理，为我们解决公有制社会产权问题指引了方向。

我国实行以公有制为主体、多种所有制经济共同发展的所有制形式。“以公有制为主体”是坚持社会主义制度，坚持社会的绝大多数人掌握着社会和国家生产资料这个基本原则。提高各种生产要素拥有者的积极性，解放和发展生产力，客观要求实行“除公有制之外的其他所有制形式”。这就把社会主义制度和中国的实际国情完整地结合起来了，而这正是社会主义市场经济体制最大的优势所在。

二是由分配方式决定的。西方的经济学和管理学都是建立在私有产权基础上的。按照科斯的产权理论，我们不难得出一个结论：国有企业是不行的，国有资本份额占比越高的公司，效益越差。在我国的实践中，在解决激励与约束的问题后，国有企业得到了极大的发展，成为国民经济的主导力量、社会主义经济的重要支柱。根据马克思产权理论，激励与约束必须建立在有效的产权制度基础上。产权制度有效了，不同的管理方式都有可能达到预期的目标。

党的十九届四中全会强调，要坚持“按劳分配为主体、多种分配方式并存”。这一论述集中体现了社会主义市场经济体制在分配领域的基本要求和制度优势，这也是将马克思主义的普遍原理同我国实际发展情况相结合的理论创新典范。按劳分配是指把劳动量作为个人消费品分配的主要标准和形式，按照劳动者的劳动数量和质量分配个人消费品，多劳多得，少劳少得，不劳不得。其他分配方式主要包括：按经营成果分配；按劳动、资本、技术、土地等其他生产要素分配。以按劳分配为主体、多种分配方式并存的分配制度实质上反映出劳动、管理、资本、技术、土地等各种生产要素都按贡献参与了收益分配。可以说，“按劳分配为主体、多种分配方式并存”的分配制度，以及自此而产生的良好社会效应和运用成果，很好地回答了科斯产权理论认为的公有企业不能得到较好发展的问题。

第二节　必须围绕中国特色社会主义经济体制运行

建立和完善社会主义市场经济体制是中国进一步深化经济体制改革的一项重要内容。2017 年 10 月 18 日，习近平总书记在十九大报告中指出，要“加快完善社会主义市场经济体制。经济体制改革必须以完善产权制度和要素市场化配置为重点，实现产权有效激励、要素自由流动、价格反应灵活、竞争公平有序、企业优胜劣汰”。

我国的产权交易市场起步于 1988 年。在此之前，国有产权交易在政府领导下由国有企业自行寻找买主并完成产权流转和资产处置，近十年均处在无交易市场状态。1988 年 5 月，湖北成立我国第一家企业产权交易机构——武汉市企业兼并市场事务所。国有产权交易自此结束了无交易市场的状态。接着，全国大部分省份建立了产权交易机构，为国有企业产权流转和资产配置提供了交易场所与市场服务。

2015 年 8 月，中共中央 国务院印发《关于深化国有企业改革的指导意见》，提出“支持企业依法合规通过证券交易、产权交易等资本市场，以市场公允价格处置企业资产，实现国有资本形态转换，变现的国有资本用于更需要的领域和行业”，首次从国家政策层面将产权交易列为资本市场组成部分。

必须围绕中国特色社会主义经济体制运行，是产权交易资本市场的政治任务，也是顺应社会经济改革发展潮流的使命担当，具体体现在以下三个方面：

一是必须围绕中国特色社会主义经济体制运行，为国有产权有序流转提供服务。2017 年 12 月，习近平总书记在视察徐工集团时强调：“国有企业是中国特色社会主义的重要物质基础和政治基础，是中国特色社会主义经济的‘顶梁柱’。要按照党的十九大部署推动国有企业深化改革、提高经营管理水平，使国有企业成为贯彻新发展理念、全面深化改革的骨干力量，成为我们党执政兴国的重要支柱和依靠力量。”为国有产权流转提供阳光通道和服务平台，是设立产权交易市场的初心使命，也是产权交易市场的安身立命之本。从 2003 年的 3 号令，到 2016 年的 32 号令，随着经济社会的不断发展、国资国企改革的不断深化，对交易行为的监督管理不断完善，文件名中“国有产权”变成了“国有资产”，适用范围更加广泛，也更加明确，具有更强的实操指导意义。从监管法规变化可以看出，产权交易市场的发展与国家经济体制改革方向保持一致，始终坚持企业国有产权和国有资产应当在市场中配置和流转，始终牢牢把握习近平新时代中国特色社会主义经济思想的脉络，坚定不移地推进市场制度完善和要素资源市场化。

二是必须围绕中国特色社会主义经济体制运行，为市场化配置资源提供服务。对于资源配置的手段，现代市场经济形象地论述为“无形的手”和“有形的手”。“无形的手”也称作“看不见的手”，指的是市场调节；“有形的手”也称作“看得见的手”，指的是政府宏观调控。党的十八届三中全会明确提出，要“使市场在资源配置中起决定性作用和更好发挥政府作用”。产权交易市场以规范国资国企交易与监管国有资本为根本出发点，集聚了多渠道、优质化的市场资源，能较为公允地实现信息发布、交易规则、审核鉴证、收费标准等的统一，引入市场化手段，能够有效提高资源的配置效率。产权交易资本市场属于非标准化的资本市场，服务范围更加广泛。除在证券市场、债券市场交易的可以份额化的标准化产品外，产权交易资本市场服务了更多的资产、要素和资源交易项目，包括各类产股权、各类资产、大宗商品、排污权、排放权、知识产权、技术成果、金融不良资产等。目前，据不完全统计，上海、重庆、广东、山东、黑龙江、天津等地的公共资源交易、政府采购、工程建设项目招标投标等业务已整合或者正在整合进产权交易资本市场体系。产权交易资本市场的市场化服务能力得到进一步加强，协同效应得到充分发挥。就广东省产权交易控股集团而言，从 2016 年开始，其交易量已连续 6 年超过万亿元，成为市场化配置资源的重要场所。

三是必须围绕中国特色社会主义经济体制运行，为国资国企改革发展提供服务。自 1988 年成立以来，随着社会经济改革发展的深入，产权交易市场充分发挥交易平台信息汇聚、资金汇聚的优势，不断延伸服务链条，开拓服务渠道，优化服务品种，创新服务模式，丰富服务功能，为国资国企出清“僵尸企业”，清理退出“两非”（非主业、非优势）、“两资”（低效资产、无效资产）企业，为混合所有制改革提供服务，助推国资国企高质量发展。党的十九大以来，随着国资国企改革和供给侧结构性改革的不断深化，产权交易机构纷纷布局专项服务平台，产权资本市场的作用进一步凸显。2019 年，广东省交易控股集团创新构建“僵尸企业”出清专业服务平台，通过以股权转让、工商注销、兼并重组、司法处置等市场化为主的方式，协助广东省国有企业处置“僵尸企业”超过 1200 户。这是全国首个该类别的专业平台，为国有企业去无效低效产权起到了重要作用，也收到了非常好的社会效果，形成了具有示范效应的司法出清“广东模式”，获得广东省人民政府以及广东省国资委的一致认可，同时得到最高人民法院、国务院国资委及社会各界的广泛关注。此外，广东省交易控股集团还搭建了国企混改平台，“十三五”期间完成混合所有制改革项目 1191 个。

第三节 必须完善以产权交易场所为中心的基础设施建设

罗伯特 · C. 默顿是现代金融期权理论之父，也是金融工程学的奠基人。默顿认为：“金融体系是包含股票市场、债券市场和其他金融工具市场，金融中介，以及所有对这些机构进行监管的监管主体。”

金融市场主要包括证券等标准化资本市场及柜台交易市场等场外交易市场和非标资本市场。金融中介是指以提供金融服务和金融产品等为主要业务的企业，包括银行、投资公司和保险公司，其产品包括支票账户、商业贷款、抵押、共同基金以及一系列各种各样的保险合同。金融基础设施包括法律程序和会计程序、交易和清算设施的组织架构，以及监管金融体系参与者之间关系的管制结构。

金融要素市场是指金融产品的供需双方对（按时间或交易标的分类）某一大类金融产品或金融要素进行交易、融通、风险管理而形成的市场，可分为货币市场、资本市场、外汇市场、金融衍生品市场以及黄金与大宗商品市场五类。

现代金融体系由间接融资的金融中介（银行、保险、信托、投资公司和金融资产管理公司）和直接融资的资本市场两大部分组成。资本市场由直接融资的证券、债券、基金等标准化市场和间接融资的生产要素（产权、资源等）市场等非标准化市场共同组成。

国内外文献基本上没有非标资本市场的定义。但是，中国有以产权交易资本市场为代表的非标资本市场，并且该市场已经运行了 30 多年。产权交易资本市场是以国有产权交易为基础，为各类市场主体提供投融资服务的，以非连续、非拆细、非集中交易方式从事非标准化产品交易的资本市场。《中共中央 国务院关于深化国有企业改革的指导意见》中指出："支持企业依法合规通过证券交易、产权交易等资本市场，以市场公允价格处置企业资产，实现国有资本形态转换，变现的国有资本用于更需要的领域和行业。"该文件更加确认了产权交易市场是资本市场的重要组成部分。

中国改革开放催生了产权交易资本市场。1978 年，中国的许多城市和相关地区出现了多个以非标准交易方式存在的新型市场——产权交易资本市场。产权交易资本市场的发展始终是在党中央、国务院及各级政府的大力支持下取得的。2003 年，国务院国资委和财政部出台了 3 号令。2009 年，国家出台了《中华人民共和国企业国有资产法》，从法律层面对企业国有资产进场交易做出了相关规定。2013 年，中共十八届三中全会通过的《中共中央关于全面深化改革若干重大问题的决定》提出，"建设统一开放、竞争有序的市场体系，是使市场在资源配置中起决定性作用的基础"。2016 年，国务院国资委与财政部联合颁布实施的 32 号令将国有企业的增资扩股业务纳入产权交易市场。作为中国非标资本市场的产权交易资本市场，已经进入新时代中国特色社会主义市场经济高质量发展的新阶段。2020 年 3 月，中共中央、国务院发布了《关于构建更加完善的要素市场化配置体制机制的意见》，体现出以习近平同志为核心的党中央在当前国际、国内错综复杂的形势面前，在当前全国乃至全世界抗击新冠肺炎疫情的关键时刻，坚定不移深化改革开放的战略定力，坚定不移推进制度创新的战略部署，明确了要素市场制度建设和制度创新的方向。

在社会主义经济体制下，特别是在金融要素市场体系尚不健全、市场发育尚不完善的情况下，政府在金融要素市场化配置中的主导作用更加明显。目前，政府在金融要素市场体制建设中起关键作用，依旧是推动金融要素市场体系建设的主导力量。习近平总书记在全国金融工作会议上着重强调，“防范化解金融风险特别是防止系统性金融风险，是金融工作的根本性任务”。鉴于金融在国家经济中的枢纽性作用，政府提出了“健全制度，创新监管”的总体要求，并且具体提出了“更好发挥政府作用，健全要素市场运行机制，完善政府调节与监管，做到放活与管好有机结合，提升监管和服务能力，引导各类要素协同向先进生产力集聚”。产权交易场所以确保交易的公开、公平、公正为生命线，以恪守交易规则并保护各类市场主体为基本职责。推动建立高标准市场体系，应遵循规范化、法治化、市场化原则，实现公平、高效、有序的要素配置流转，增强产权交易场所的社会公信力和阳光属性。

以市场为导向，以客户为中心，为各类市场主体提供全生命周期、全产业链、全要素的交易服务，助力提升资源要素市场配置价值，打造服务国有企业改革、非公经济发展、非标准化资产交易的新型资本市场，助力培育“链主”企业。坚持“两个毫不动摇”，做好国有资产进场交易的同时，积极响应中央支持民营经济发展的政策，服务非公企业资产进场交易，打造中小企业投融资服务平台，助力非公企业发展。满足各类市场主体的四大需求：一是坚持产权交易资本市场“三公”原则，持续畅通防腐保廉的阳光通道，更好地满足国有企业、政府、事业单位等体制内市场交易主体的规范安全需求；二是利用庞大的投资人数据库、高水平的投行撮合能力、便利的供应链金融，推动进场交易的各类资源要素以市场化手段高效配置到更有使用效率的市场主体手中，满足高效配置需求；三是通过公开充分的信息披露、公平议价、多轮竞价等方式，让标的物价值得到更合理的挖掘和创造，实现转让方资产保值增值、受让方降本增效，满足客户的价值发现需求；四是通过产权转让回笼资金、增资扩股引入资金、提供供应链金融服务等方式，满足各类市场交易主体的资金融通需求，促进企业转换机制、产业升级，充分发挥产权交易资本市场的功能。

经过 30 多年的发展，产权交易资本市场的发展规模和社会影响力不断扩大，原因在于它具有处置国有资产的独特制度模式，即政府主导并制定市场规则、通过有形交易场所以市场化手段配置国有产权和资产。必须充分发挥产权交易场所的配置、流转、融资、交易等功能，促进各类要素和产权品种在产权交易场所实现交易，充分发现其内在价值，实现产权的优化配置和价格发现。

第四节 必须严格实行多元一体的监督管理

20 世纪 90 年代以前，我国实行的是高度集中、垂直管理的金融体制，金融机构由国家直接管理。90年代以后设立的证券市场作为资本市场也被纳入金融体系，并由证监会直接监管。目前，由国家直接管理的金融机构在全国金融体系中占的比重较大。

伴随着改革开放，地方政府经中央政府批准设立了少量金融机构，这些金融机构逐步发展为地方政府监管的金融机构。产权交易市场就是在地方政府主导下产生并发展起来的。1988—1999年，产权交易市场的主要推动者是地方政府及体制改革（或国资管理）等部门。地方政府作为产权交易市场推动者的初衷是对经营困难的国有企业进行改制重组，特别是对“小微亏”国有企业进行转让，实现“抓大放小”，减少国有企业亏损面。1993年，中共十四届三中全会通过的《中共中央关于建立社会主义市场经济体制若干问题的决定》中明确了“发展生产要素市场、出售小企业等”深化改革的指导意见。于是，建立产权交易市场、通过市场转让国有产权成为深化改革的新举措。

地方政府监管的产权交易资本市场存在以下薄弱环节：一是产权等要素市场的设立不规范。地方政府分级管理国有资产造成多级政府批准设立多个交易市场。在产权交易市场建立之初，国家并未规定国有产权进场交易，也未对建立国有产权交易市场做出明确规定，其结果是，省、市、县三级政府为了让国有企业进场交易，纷纷建立分级管理的产权交易机构，这也是造成产权交易市场“机构数量众多、市场规则不统一”的主要原因。二是产权等要素市场自身存在制度樊篱。在现行市场体制机制影响下，市场中出现众多的交易机构且交易规则不统一，这些给产权、要素、资源等市场化配置设置了制度樊篱，直接导致非标准产权及要素等不能实现跨区域、跨属地的优化配置。三是产权等要素市场监管不规范。比如，各级地方政府将自身监管的国有资产放到自身设立的交易机构进行交易，国有产权和国有资产从表面上看是做到了公平公正的市场化交易，但实际上地方政府扮演了市场开办者、市场主体及市场监管者“三位一体”的角色。综上所述，市场交易的公开透明和规范运行目前难以得到制度性保障。可见，地方政府在监管非标资本市场时存在职能划分不清的问题，亟待在国家政策指导下进行制度改革。

多年来，国家对产权、要素市场发展高度重视和大力支持，促使地方政府对属地非标资本市场进行规范监管。在党中央、国务院的支持下，以及政府相关部门及各级国资监管部门的高度重视下，产权交易市场的交易规则和监管制度逐步实现全国统一。从2003年国务院国资委和财政部颁布的3号令到2009年的《中华人民共和国企业国有资产法》，再到2016年国务院国资委和财政部出台的32号令，形成了国家法律立法、国家相关部门（国务院国资委、财政部等）制定交易规则、地方政府监管市场的体制。总之，在中央政府大力支持和地方政府直接管理下，产权交易资本市场通过深化体制机制改革，不断克服制度弊端，提升融资功能，为国有企业增资扩股等做好配置和融资等各项服务。

产权交易资本市场始终接受政府监管。市场化运营的产权交易市场不断提高接受监督的自觉性。与场外无形交易市场等不同的是，产权交易资本市场是政府批准设立并具备社会公信力的市场。为了确保市场规范运行，政府相关部门对选定的交易机构进行有效监管。例如，国务院国资委在各产权交易机构的交易系统上附加实时交易监控系统，可以对国有产权交易的关键节点进行监控。行业协会作为行业自律组织，对入会的产权交易机构进行自律监管。产权交易资本市场公开透明的交易规则和交易程序，使社会各界的市场监督成为可能。产权市场承担了国有企业改制和国有产权转让等重大任务，这些都是在政府监督下进行的，较好地回应了社会对国有产权转让行为的质询。

产权交易市场始终履行着市场一线的监管职责，在实行市场化运营的同时，做到两个“坚持不动摇”，即坚持接受监督不动摇和坚持一线监管不动摇。产权交易资本市场不但建立了一线监管制度规范自身行为，而且通过各种制度规范会员等市场中介组织和市场从业人员的行为，通过专业培训、大数据和互联网等新技术，不断强化市场风险防范功能，将市场监管落在实处。目前，产权交易资本市场产生重大市场风险的概率较小，说明产权交易市场的一线监管是有效的。

综上所述，产权交易资本市场只有严格实行多元一体的监督管理，才能促进产权依法合规、有序流动，实现产权有效的市场化配置。

第五节　必须以社会组织为依托深入开展自律建设

资本市场的监管一般包括两个层次：政府监管和自律监管。前者是指政府通过行政手段实现对整个资本市场参与者的监管，而后者则是在整个市场构建起监管者自我进行监督管理的机制。与西方英、美等以自律监管或自我监管为主要监管模式的发达国家相比，我国目前的资本市场监管主体依然是政府。受政府部门职能定位的特殊性、履行监管职能人员的道德和职业素养参差不齐等诸多因素的影响，单纯由政府履行对市场的监管职能问题频出，引起了市场动荡。为了进一步规范市场秩序，近年来我国陆续出台了一系列政策和举措，力求通过多重监管方式，减少官僚主义、抑制监管腐败、提高监管效率、引导市场向好发展。

党的十八大以来，以习近平同志为核心的党中央高度重视社会组织工作，推动社会组织改革发展迈入新时代。截至 2021 年 2 月，全国依法登记社会组织已超 90 万个，各类社会组织广泛活跃在我国经济社会发展的各个领域，它们在促进经济发展、管理社会事务、提供公共服务、维护市场稳定等方面发挥着巨大的作用。中共中央办公厅、国务院办公厅 2016 年印发的《关于改革社会组织管理制度促进社会组织健康有序发展的意见》提出："支持社会组织尤其是行业协会商会在服务企业发展、规范市场秩序、开展行业自律、制定团体标准、维护会员权益、调解贸易纠纷等方面发挥作用，使之成为推动经济发展的重要力量。"

作为多层次资本市场的重要组成部分，产权交易资本市场的自律监管以社会组织，尤其是行业协会商会为依托，既是市场认真贯彻落实国家相关政策要求和文件精神，严格遵守国家关于社会信用体系建设和产权交易的相关法规的具体体现，也是市场自身健康规范持续发展的内在要求。行业协会商会诚信自律建设，对于加强和改进行业协会商会管理，提高行业协会商会公信力，推进行业自律体系和社会信用体系建设，促进社会主义市场经济健康发展具有重要意义。

中国产权协会于2020年10月对外发布了《产权交易行业信用（文化）体系建设指引（试行）》，明确提出，通过坚持"协会引领，行业共建；统筹规划，分步实施；健全制度，规范发展；重点突破，强化应用"的原则，最终形成适用于全行业的信用体系建设工作制度、评价体系和结果运用机制，以及产权交易行业整体的诚信文化，使该行业成为监管机构放心、市场主体信赖的资本市场平台。通过信用建设，推行守信文化，规范业务操作与服务水平，提升从业人员诚信意识和自我要求，杜绝人为非诚信操作，形成良好的市场口碑，增强客户黏度，大幅提高市场和社会满意度。

以中国产权协会为代表的行业协会商会，在梳理和总结国外资本市场行业自律组织的成功经验后，从切实履行社会组织职能、规范行业行为、引导行业自律等方面做出了许多具有前瞻性、科学性、可操作性的探索，具体可概括为以下六个方面：

一是建立健全行业诚信制度。具体包括：①修订协会章程，增加涉及信用建设基础、信用制度与信用承诺等内容的专章；②制定监督办法、自律公约等，同时做好协会自身信息公开和各会员单位信息公开的协调指导；③出台行业诚信标准，指导会员单位日常有意识地推进信用建设工作。

二是实现会员信用信息共享。具体包括：①建立会员诚信档案，实现与全国信用信息平台的共享；②通过优化官网模块、增加专栏等形式进一步加大行业信用建设的宣传力度和影响力；③完善上下游信用链管理体系，形成信用链管理机制。

三是推进信用承诺。①研究制定行业职业道德准则，规范从业人员的职业行为，营造诚信执业的良好氛围；②组织会员机构签订诚信承诺书，同时在网上进行公示，以开放的姿态和行动自觉接受政府部门和社会大众的监督。

四是开展信用评价与跟踪评价。根据产权交易资本市场的特点，中国产权协会以服务会员、促进行业自律和提高行业信用水平为宗旨，通过与第三方信用服务机构合作，依法组织开展行业内相关机构信用评价和复评工作，更好地服务于行业内机构的形象提升，促进行业规范发展。

五是制定激励与联合机制。通过开展奖励先进、处罚不良树典型活动的推优示劣，推动形成行业内的社会性约束和惩戒，营造守信光荣的舆论氛围。推行跨行业、跨地域的联合激励与惩戒机制，通过大数据手段，实现信息互通，积极推动政府部门通过制定相应的政策或工作制度，在增加对守信主体激励的同时，加大对失信主体的约束和惩戒力度。

六是建立信用修复工作机制。出台相关操作规则，做好失信主体信用情况跟进工作，鼓励失信主体自我纠错和提升，结合大数据应用，对确已纠正失信行为、消除不良影响的机构进行信用修复，支持其更好地发展。

第六节　必须建设公开、公平、公正、阳光透明的市场机制

资本市场可持续发展的基础是健康的市场机制。中共中央政治局常委、国务院总理李克强在 2015 年 8 月 28 日主持召开国务院专题会议，研究国际经济金融形势新变化对我国经济的影响和对策时指出："维护金融市场稳定运行。加快相关制度建设，培育公开透明、长期稳定健康发展的资本市场。"产权交易资本市场 30 多年的发展实践充分表明，加强市场体制机制建设必须牢牢把握服务实体经济和保护投资者合法权益这一主要宗旨，坚持法治化、市场化的主体方向，坚持整体设计、重点突出、问题导向的基本原则，聚焦加快构建更加成熟的市场机制体系，从而不断提升我国产权交易资本市场的吸引力和竞争力。

效率与公平是各种经济社会制度都要追求和平衡的两大目标，公开和透明是减少信息不确定性、确保市场公平的主要原则，产权交易资本市场作为要素资源市场化配置的重要平台，要吸引更多主体进场交易，就必须建立公开、公平、公正、阳光透明的市场机制，实现产权"市场定价"和"阳光交易"，其重要意义体现在三个方面：一是有利于增强产权交易资本市场的枢纽功能，正确引导各类要素资源协同聚集，从而促进创新资本形成，提高经济金融循环效率。二是防范化解金融风险的根本保障。产权交易资本市场在建设和成长的过程中，风险防控意识以及相关体制机制的建立得以不断健全。在制度的约束下，产权交易机构、中介机构、投资方等各类市场主体能够各尽其责，有效保障市场的稳定运行。三是科学处理政府监管与市场自律之间关系的要求。建立公开、公平、公正、阳光透明的资本市场制度规则体系，让产权交易资本市场对政府监管有明确的预期，有利于实现整个市场生态的良性循环。

对产权交易资本市场而言，信息是规范市场行为、实现产权交易工作有序健康发展的重要因素。产权交易信息的非充分性、非对称性不仅关系到产权交易定价的合理性，更关系到产权交易的社会公允性和公平性。产权交易带有很强的非直观性和偏差性，充分的信息披露是保证交易公开、公平、公正、阳光透明的重要环节，需要通过

机制的构架，充分展现交易客体的内在价值，从而使投资者能够充分了解相关信息，合理预期投资风险，做好投资决策，实现产权交易利益最大化。①

为了实现这一目标，2018 年，中国产权协会联合 4 家央企和全国主要交易机构，建立了服务国资监管、促进国有资产依法合规交易、促进行业自律监管、实现行业信息互通和资源共享的全国产权行业信息化综合服务平台（以下简称“平台”）。平台与全国产权交易机构进行数据对接，汇集了全行业项目数据，汇聚了交易数据库、项目案例库、政策法规库以及行业专家库等丰富的信息资源。

平台具有以下四大功能：

一是项目信息统一发布披露。平台是唯一覆盖全国所有区域和国民经济各行业的国有产权交易信息统一披露平台，可按业务类型、所属行业、所在地区、挂牌机构、转让金额、交易进度等进行分项、分类、实时查询。

二是行业数据权威发布。平台汇集了全面、实时、权威的国有资产交易大数据，可通过时时查、月月读、城市群等大数据产品按时段、类别、地域进行权威发布。

三是国资交易辅助监管。通过大数据监测系统，可实现国资交易可视化呈现、智能化分析，更加直观地了解全国范围的国资交易情况。同时，通过对全国范围成交的项目进行统一公示，可以加强社会监督，促进国资交易阳光公开。

四是为项目交易提供高效专业服务。平台充分利用海量的平台数据，对接工商以及市场机构等数据，智能化生成项目画像、分析报告等，为行业研究、项目预评估等提供支持，充分发掘项目价值，同时能根据不同投资人所浏览和关注的项目类型、区域、价格等对意向投资人进行画像，并通过线上、线下互动，全方位推荐项目，提高项目适配度和成交率。

线上路演平台可以通过图、文、视频及现场直播等多种方式，对项目进行包装推荐和“预热”，面向全国进行推广宣传，提高项目关注度和受众面，提升项目参与度、竞价率和成交率。在平台上会聚的专业化服务机构和各领域专家学者，也能够为企业和项目提供专业化的服务和咨询，为项目依法合规交易保驾护航。

经多年探索实践和不断优化，平台在保障国资交易依法合规、实现阳光公开透明、发掘提升资产价值、规避国资交易风险、提高资产管理效率等方面发挥着越来越重要的作用。

参考文献

[1] 邓志雄．中国产权市场的回顾与思考 [J]．产权导刊，2007 (7)：24-28.

[2] 科斯．企业、市场与法律 [M]．盛洪，陈郁，译．上海：格致出版社，2014.

① 李立新．产权交易信息披露机制的法律构架 [J]．金融经济（下半月），2010 (1)：87-90.

［3］常修泽．广义产权论：中国广领域多权能产权制度研究［M］．北京：中国经济出版社，2009.

［4］安静赜．以深化供给侧结构性改革推动经济高质量发展［N］．光明日报，2019-09-17（5）.

［5］萧诗美，陈昕．马克思论所有权的自由本质和自我异化［J］．中国社会科学，2019（2）：24-25.

［6］博迪，默顿，克利顿．金融学：第2版［M］．北京：中国人民大学出版社，2013.

［7］李立新．产权交易信息披露机制的法律构架［J］．金融经济（下半月），2010（1）：87-90.

第四章　加快完善产权交易资本市场体制若干重大问题

第一节　广义产权交易资本市场引领狭义产权交易资本市场的理论问题

一、产权交易资本市场的含义

从内涵来看，产权交易资本市场有狭义和广义之分。狭义产权交易资本市场是指为各类非上市企业提供产股权交易、并购及融资活动的场所、机构等（主要指有形、具体的）。广义产权交易资本市场是指在社会主义市场经济体制框架下，为各类非上市企业提供产股权交易、并购及融资活动的场所、机构和各类交易关系的总和（主要指无形、抽象的）。也就是说，广义产权交易资本市场不仅包括各产权交易机构，还包括区域股权市场运营机构、银行间市场部分运营机构，以及围绕上述交易机构建立起来的投资机构或市场投资人、经纪会员机构、其他中介服务机构、相关法律法规体系，以及与之相关的各类产权交易资本市场生态网络体系。狭义产权交易资本市场和广义产权交易资本市场从不同视角对产权交易资本市场做出了概念界定，形成了层次清晰且符合新时代产权交易资本市场发展的定位框架。

二、广义产权交易资本市场引领狭义产权交易资本市场的相关理论

（一）长尾（Long Tail）理论

长尾理论兴起于信息时代，这一理论是在 2004 年 10 月由美国《连线》杂志主编克里斯·安德森（Chris Anderson）提出来的，最早用于描述亚马逊等网站的商业模式。该理论的核心内容是“商业和文化的未来不在于热门产品，也不在于传统需求曲线的头部，而在于需求曲线中那条无穷长的尾巴”。也就是说，大多数需求集中在头部，而分布在尾部的需求是个性化、零散、小量的，后者会在需求曲线上形成一条长长的

"尾巴"，即长尾效应体现在数量上，这部分市场累加起来会形成比头部市场更大的市场。

产权交易资本市场的建设和发展，是中国在非标准化资产交易领域的重大制度创新，它与证券市场一起，构成了中国复合资本市场体系的基础框架①。其中，位于资本市场头部的是开展标准化交易的证券市场，服务目前约4700家②上市公司开展标准化股票的连续交易，以少数产品的反复交易形成市场规模；位于资本市场长尾部分的是产权交易资本市场，以众多交易标的的一次性交易形成市场规模③，可为我国广大非上市企业提供多种个性化资本服务，可以实现众多要素品类的有序流转和高效配置，其市场规模远远大于位于资本市场头部的证券市场。

按照长尾市场的定位，产权交易资本市场具有三个方面的特质属性："一是非标准化交易的属性。进场交易的产品是非标准化的，交易过程采用的是非连续的交易方式，能够为各类市场主体提供相关的资本市场服务，可以完成多个交易品种、多个业务领域的交易。二是具备完整的资本市场功能。既能以引发激烈竞价的二级市场功能为产权流转服务，也能以低门槛高效率的一级市场功能为产权形成服务。三是市场化服务平台特性。不同于一般资本市场的'银货两讫'的'一对一'交易互动机制，产权交易市场始终把对促进交易双方'多对多'互动服务贯穿于交易全过程：多个买方竞争一个交易标的，多个中介竞争一个交易主体，多个市场竞争一个交易项目，全面体现资本市场公开公平公正竞争要求。"④

从长尾理论角度来看，产权交易资本市场具有业务品种多、涉及领域广、服务方式多元等显著特点，按照长尾市场的性质，必须充分发挥产权交易链条上各类市场主体的作用，积极构建产权交易资本市场生态网络体系，才能确保产权交易资本市场在资本市场的长尾部分始终保持较强的市场运行效率和发展活力。因此，坚持广义产权交易资本市场引领狭义产权交易资本市场，是长尾市场定位的客观要求。

（二）企业生命周期理论

企业生命周期理论由美国当代著名管理学家伊查克·爱迪思（Ichak Adizes）提出，他在《企业生命周期》一书中把企业生命分为孕育期、青春期、稳定期等十个阶段，并准确概括出每个阶段的具体特征，揭示了企业运行的基本规律。企业生命周期理论认为，企业发展主要经历发展期、成长期、成熟期和衰退期四个阶段。在发展期，企

---

① 国务院发展研究中心市场经济研究所．改革开放40年：市场体系建立、发展与展望［M］．北京：中国发展出版社，2018：215.

② 资料来源于Wind数据库，截至2021年底，我国有证券市场上市公司4697家。

③ 邓志雄．从和积原理看复合资本市场发展［J］．产权导刊，2020（10）：27-33.

④ 国务院发展研究中心市场经济研究所．改革开放40年：市场体系建立、发展与展望［M］．北京：中国发展出版社，2018：231.

业亟待引入资金和资源，推动各类业务开展；在成长期，企业呈现快速发展态势，需大量资金满足高增长率和扩产计划；在成熟期，企业经营风险相对减少，盈利水平较高，融资渠道得以拓宽，兼并扩张需求增加；在衰退期，行业生产力过剩，产品缺乏竞争优势，将逐步退出市场。

在多层次资本市场体系中，证券市场只能在企业的成长期或成熟期为企业提供服务，主要有首发上市（IPO）、上市公司股份转让、再融资等方式。产权交易资本市场则“可以服务企业生命全周期”：在发展期，产权交易资本市场可为企业披露项目信息或融资信息，寻求资源或资本支持；在成长期，产权交易资本市场可以为企业提供增资扩股服务，及时募集企业发展所需资金；在成熟期，产权交易资本市场可以服务企业实施并购重组或产权转让，在确保企业资产保值增值的基础上，进一步促进企业资金、资源的优化配置；在衰退期，产权交易资本市场既可以通过产权转让等方式助力企业实现资产变现，又可以通过引入民营资本和员工持股等方式助力企业完善治理，打造发展新动能。①

从企业生命周期理论的角度来看，产权交易资本市场的服务链条越长，服务企业资本运作和资产处置的力度越大，则信息披露范围越广、宣传推介能力越强、机构协作越紧密，服务企业资本形成、运营、流转的效率就越高，市场功能就越强大。因此，坚持广义产权交易资本市场引领狭义产权交易资本市场，是产权交易资本市场服务企业生命全周期的题中应有之义。

第二节 全国产权交易资本市场统一区域产权交易资本市场的路径问题

多年来，产权交易资本市场按照“建设统一开放、竞争有序的市场体系”要求，积极推进全国统一的产权市场建设。② 例如，在国务院国资委推动下，在“统一信息披露、统一交易规则、统一交易系统、统一过程监测”的“四统一”建设方面取得了积极成效；又如，在中国产权协会的推动下，在理论体系、制度（法规）体系、信息（网络）体系、信用（文化）体系、自律与风险防控体系、市场服务体系、标准化体系和教育培训体系八大体系建设方面不断取得新进展；再如，建立京津冀产权市场发展联盟、长江流域产权交易共同市场、粤港澳大湾区产权交易资本市场等区域产权交

① 邓志雄．从和积原理看复合资本市场发展［J］．产权导刊，2020（10）：27-33.
② 郑凯平．为民族复兴伟业贡献产权力量［J］．产权导刊，2021（8）：22-24.

易资本市场，在促进跨区域协作与联合方面进行了有益探索。然而，目前“产权交易资本市场命运共同体”的理念尚未深入人心，产权交易资本市场发展不平衡不充分的问题仍然突出，不利于整个行业的高质量发展。下一步，产权交易资本市场应以完善产权制度和要素市场化配置为主线，以高标准市场体系建设为目标，高举合作共赢的旗帜，坚持大团结大联合，积极推动建成统一开放、竞争有序、制度完备、治理完善的产权交易资本市场体系。

一、全国产权交易资本市场统一区域产权交易资本市场的主要原则

全国产权交易资本市场统一区域产权交易资本市场主要坚持两个原则：一是坚持服务国家改革发展大局。全面提升政治站位，把建设“全国统一开放、竞争有序的产权交易资本市场体系”的总体目标置于以国内大循环为主体、国内国际双循环相互促进的新发展格局构建过程中，充分发挥阳光化、市场化平台作用，主动融入国家战略和区域发展大局，为全国经济社会高质量发展贡献更多“产权力量”。二是坚持全国产权交易资本市场发展“一盘棋”。摒弃“各自为政，各成一体”的非市场理念，以建设高标准市场体系为目标，按照产权交易资本市场是我国多层次资本市场重要组成部分、要素资源市场化配置重要平台、推动地方经济增长重要金融基础设施的功能定位，更好地凝聚行业共识，推动全国市场一体化建设，逐步消除影响要素自由流动的各类制度性障碍，通过深化和创新区域合作，引导区域性产权交易机构实现有序竞争、互利合作、协同发展，构筑共建、共治、共享、共赢的产权交易生态系统。

二、全国产权交易资本市场统一区域产权交易资本市场的实施路径

第一，强化顶层设计，构建完善统一的制度规则体系。凝聚行业力量，加强与国资监管机构的协作，推动“企业国有资产交易法”立法草案尽早进入国家立法程序，完善产权交易行业法律规范的顶层架构设计；以各类业务监管部门出台的政策制度为基础，力争建立统一的交易规则和操作指南，为产权交易资本市场统一、规范开展各类业务提供支撑。

第二，加强理论研究，提升市场整体的专业化水平。加强行业机构研究部门的互动合作，拓展与政府部门、研究机构和高等院校的合作，建立理论研究工作协同机制，持续围绕市场建设和行业发展的热点、难点问题开展研究，进一步丰富研究内容，定期推出行业研究成果和市场研究报告，为产权交易资本市场的统一发展提供理论指导。

第三，加快数字化转型，推动实现线上一体化。各产权交易机构应高度重视新一代信息技术的运用，高起点、高标准加强基础数字技术平台建设，促使产权交易资本

市场的信息化始终保持在较高水平，有力应对市场竞争；各产权交易机构应通过贡献智慧、资本、资源等多种方式共同参与建设全国产权交易资本市场统一的信息门户网站和“互联网+产权市场”网络生态体系，在信息披露、宣传推介、推动原有业务和服务的数字化改造等方面形成发展合力，实现行业信息化建设全国“一张网”。

第四，加大线下合作力度，提升整体服务效能。探索建立业务研讨机制，共同讨论并及时解决业务操作中出现的问题，分享业务操作经验，并在监管部门指导下统一规范作业；依托资源禀赋发挥比较优势，运用市场的力量突破行政区划下的利益樊篱，以资本或股权为纽带，以数据要素与新兴科技尤其是区块链的应用为支撑，创新合作模式与利益分享机制，深化产权交易机构横向联合的内涵，把统一开放、竞争有序的产权交易资本市场体系建设推向新高度。

第五，加强自律监管，确保行业行稳致远。依法依规加强产权交易行业的自律建设，研究制定行业自律惩戒制度和职业道德准则，持续推进产权交易资本市场法治化进程，推动行业规范健康发展；继续依托交易监测系统，积极配合监管部门对各类交易全流程、各环节的动态监测，构建涵盖事前、事中、事后完整的新时代产权交易资本市场监管链条。

第三节　各地产权交易机构与各级公共资源交易中心之间的关系问题

一、公共资源交易概况

“公共资源交易”概念产生于21世纪初，并且完全属于中国特色的话语体系。[①]《公共资源交易平台管理暂行办法》（国家发展改革委等14部委第39号令）、《公共资源交易平台服务标准（试行）》等国家层面现行规章和规范性文件，对公共资源交易、公共资源交易平台、公共资源交易中心等给出了权威定义。根据国家发展改革委发布的《全国公共资源交易目录指引》，公共资源交易主要包括工程建设项目招标投标、土地使用权和矿业权出让、国有产权交易、政府采购、机电产品国际招标、海洋资源交易、林权交易、农村集体产权交易、无形资产交易、排污权交易、碳排放权交易、用能权交易、司法机关和行政执法部门开展的涉诉、抵债或罚没资产处置等。

① 王丛虎，门理想．中国公共资源交易的创新逻辑及实现路径：基于公共资源交易平台整合的视角［J］．学海，2021（4）：142-150.

尽管公共资源交易相关概念在21世纪初才进入人们的视野，但工程招投标、政府采购、土地出让等交易市场与产权交易资本市场一样肇始于改革开放之初。比如，20世纪80年中期各地陆续成立了招标投标的相关机构①，1986年12月深圳市探索国有土地使用权作为特殊商品进入市场②，1997年上海、河北、广东深圳等地先后开展了政府采购试点活动③等，并随着我国社会主义市场经济体制改革不断深化。2015年8月《国务院办公厅关于印发整合建立统一的公共资源交易平台工作方案的通知》（国办发〔2015〕63号）发布后，公共资源交易平台整合共享改革进入新阶段，实现了交易从分散到集中、规则从分离到统一、信息从分割到共享、系统从分设到联通的重大转变，形成了“国家级—省级—市级”的全国公共资源交易平台“一张网”体系。

二、产权交易与公共资源交易的关系

产权交易与公共资源交易的关系并非对立或相互排斥，而是在不同规制范围、不同研究视角下对相关交易活动的概括性界定。从功能来看，产权交易与公共资源交易都是我国社会主义市场经济体制下实现资源要素优化配置的重要方式，强调交易的公平性与效率性。从交易客体的经济属性来看，公共资源交易侧重交易对象的公有性，产权交易则包含不同所有制形态的财产权交易，产权交易中的公有产权属于公共资源交易范畴。从交易行为来看，产权交易主要表现为所有者对外“卖”产权，而公共资源交易则既有“卖”，也有“买”（如工程招投标、政府采购等），还有“买卖”融合（如PPP项目交易等）。

由相关交易活动体系构成的产权交易资本市场与公共资源交易平台是我国社会主义市场经济制度不断发展完善的产物，在资源要素市场化公平高效配置、促进经济社会发展的过程中发挥了重要作用。产权交易资本市场交易国有资产、集体资产等公有产权，是公共资源交易平台体系的重要组成部分，而公共资源交易平台交易产权也就具有产权交易资本市场的特征。根据全国公共资源交易平台和中国产权协会的统计数据，2020年全国公共资源交易平台体系成交国有资产、环境权、林权等产权类项目约8万宗，而全国产权交易资本市场交易工程招投标、政府采购、药品器械采购等公共资源项目约1700万宗。

---

① 王丛虎．公共资源交易管理［M］．北京：经济科学出版社，2018：10.

② 国务院发展研究中心市场经济研究所．改革开放40年：市场体系建立、发展与展望［M］．北京：中国发展出版社，2018：274.

③ 王丛虎．公共资源交易管理［M］．北京：经济科学出版社，2018：9.

三、各地产权交易机构与各级公共资源交易中心的关系

（一）产权交易机构与公共资源交易中心均属行政许可管制对象

产权交易和公共资源交易具有公共服务、金融服务属性，因而为相关交易活动提供服务的产权交易机构与公共资源交易中心成为行政许可管制对象。在机构设立方面，由有批准权的人民政府批准建立或主导建立，特殊情况还须报国家相关部委批准或备案；在交易品种、交易方式、服务区域等方面，由政府相关主管部门或监督部门批准或审核备案，比如，中央企业国有资产交易机构由国务院国资委选定，中央金融企业国有产权交易机构由财政部选定，地方国有资产交易机构由省级国资监管部门选定，等等；在交易监管方面，接受行业主管部门和（或）地方金融监管部门等单位的监督。

（二）各地产权交易机构与各级公共资源交易中心的关系取决于行政许可范围

在实践中，经有权机关批准，由产权交易机构承担公共资源交易中心职能或由公共资源交易中心承担产权交易机构职能的案例均存在。基于许可交易品种的管理归类和监管要求，构成了目前各地产权交易机构与各级公共资源交易中心的三种基本关系。

一是机构一体型，即产权交易机构与公共资源交易中心以同一法人单位运行或同一法人单位内部所属机构运行，既服务于产权交易，又服务于公共资源交易。在36家中央企业国有资产交易机构中，上海、江西、广东、重庆的5家机构实现了与当地公共资源交易中心一体运行；在副省级城市的交易机构中，广州产权交易集团为公共资源交易集团子企业；在地市级及以下，南通、泰州、龙岩及众多无专门产权交易机构的地市县，多由公共资源交易中心承担产权交易服务职能。

二是信息共享型，即产权交易机构与公共资源交易中心为两个独立法人单位且无资本关联关系或隶属关系，产权交易机构交易的项目全部或部分属于公共资源交易目录范围，与公共资源交易中心并列属于公共资源交易平台运行服务机构，通过信息共享方式将公共资源交易信息纳入统一平台体系管理。在36家中央企业国有资产交易机构中，有31家与当地公共资源交易中心并列运行、共享信息，其中浙江、山东由当地政府加挂“公共资源（国有产权）交易中心”牌子；在地市级及以下，设有专门产权交易机构的地市也多采用这种方式。

三是互不相关型，即产权交易机构交易的品种不属于公共资源交易目录范围，与公共资源交易中心各自独立运行且互不关联，如依据专门政策成立的银行间债券交易机构、区域性股份转让中心（OTC）等。

从长远发展来看，我国市场经济持续发展、高标准市场体系建设和全国统一大市场建设的加快推进，客观上要求各地产权交易机构与各级公共资源交易中心进一步融

合发展，共同构建服务全社会资源要素高效流转、优化配置的综合性大市场。

第四节 我国产权交易资本市场的国际化战略问题

在当今世界处于百年未有之大变局、全球治理面临诸多困难和挑战、经济全球化遭遇逆流的新形势下，中国在众多领域为世界和平、发展、合作注入了强劲动力，提出了中国主张，提供了中国方案，奉献了中国智慧，得到国际舆论普遍赞扬。

自习近平主席在2013年提出“一带一路”合作倡议以来，中国企业国际化经营步伐加快，为沿线国家和地区的和平发展作出了重要贡献。随着“一带一路”倡议不断向纵深发展，我国还将基于国内大循环为主体、国内国际双循环相互促进的新发展格局，不断加大开放合作力度，境外投资及境外资产的规模还将持续增长。

中国产权交易资本市场作为在中国特色社会主义市场经济体制下产生的，兼顾服务中国国有资产监管、国资国企改革和服务各类资源配置的非标资本市场，应该通过自身的国际化为中国经济发展注入更强劲动力。

一、产权交易资本市场国际化发展的必要性

（一）中国经济发展“走出去”和“引进来”的需要

面对复杂的外部环境和新冠肺炎疫情冲击，中国经济依旧展现出强大韧性和发展潜力，对“走出去”和“引进来”依旧需求迫切。首先，培育和发展战略性新兴产业是我国现代产业体系的重要支柱，需以提升产业创新能力、坚持开放融合为发展方向，以筑牢产业安全体系、破解“卡脖子”技术为核心任务，以集中优势资源实施重大攻关、打造世界级产业集群为主导路径。此过程不仅需要坚持“走出去”和“引进来”，还需要建立与国际规则接轨的创新政策体系，充分激发市场活力，实现创新驱动发展。其次，推进“双碳”作为今后一段时间国家的重要发展战略，需在能源和工业等高能耗领域，持续开展供给侧结构性改革，进一步加大淘汰落后产能的力度，落实节能减排，并向外释放过剩产能。因此，对内引进国际上先进的节能技术和产品，对外输出产能是我国经济高质量发展的实际需求。再次，“一带一路”建设及《区域全面经济伙伴关系协定》（RCEP）合作对畅通国内国际双循环提供了有力支撑，需继续充分利用“一带一路”和RCEP的内外联通优势，坚持全球化发展战略，实现中国与相关各方的共同发展。最后，中国多层次资本市场格局的形成、演进和进一步完善需要持续推进双向开放，境内外资本市场交易渠道需进一步多元化，外资金融机构进入境内市场也需进一步提速。综上所述，中国产权交易资本市场作为多层次资本市场不可或缺的组

成部分，应主动作为，以促进“走出去”“引进来”为己任，充分发挥市场化资源优化配置功能、资本聚焦转换功能和产业带动发展效应，助推我国经济稳健发展。

（二）境外国有资产阳光交易、合规管理的需要

近年来，我国政府部门和国有企业对外投资总额不断提高，截至2021年的数据显示，中国的中央企业在海外的资产有大约8万亿元人民币，在全球180多个国家和地区拥有机构和项目超过8000个，年创利润1000多亿元人民币，海外员工达到125万人。近3年来，中央企业在境外的投资每年都超过3000亿元人民币。由于国际环境日趋复杂，全球范围内政治、经济、军事的不稳定性和不确定性明显增强，我国政府部门和国有企业在境外形成的资产面临的风险也在不断增加，同时，境外国有资产管理难度大、制度体系和监管手段仍不健全，国有资产流失现象时有发生。因此，中国产权交易资本市场应积极发挥“三公”交易平台的功能，推动境外国有资产阳光交易、合规管理，确保境外国有资产安全、保值、增值。

（三）服务RCEP和“一带一路”沿线国家的需要

中国的产权交易资本市场源于中国国有资产战略结构调整，是中国改革开放的重要产物，其设计初衷是通过“公开”与“竞争”，防止国有资产流失，促进资源的流动和优化配置，优化产业布局，推动产业升级，提高国民经济的总体水平。经过30多年的发展，中国产权交易资本市场已发展成为国内体系最完善、监管最健全、交易规模最大的非标并购市场。随着中国综合国力的增强和国际地位的提升，中国产权交易资本市场在国际市场上发挥着越来越重要的作用，其成功经验应随着RCEP成员国间合作及“一带一路”建设，推广至其他友邦国家，促进友邦国家经济发展。各友邦国家与我国产权交易资本市场建立国际市场联盟，让资本和产业在产权交易资本市场国际联盟体系中规范流转和高效配置，有助于整体促进RCEP成员国、“一带一路”沿线国家和地区经济的融合发展、高质量发展和可持续发展。

二、产权交易资本市场国际化的实现路径

中国产权交易资本市场的诞生和发展，是在实践中探索产权制度改革创新的成功典范，是推动多层次资本市场建设的中国方案。在经济发展日益全球化的今天，中国产权交易资本市场应在主管部门和行业协会的指导支持下，主动服务国家战略，利用自身已形成的平台优势、资源优势、制度优势，构建服务全球投融资和资源配置的非标并购市场和多层次资本市场体系，推动国内资本市场从规模到能级的实质提升。

（一）国内联动与境外联合并重

1. 国内联动

推动国内交易机构间的联动及各类交易品种和服务的整合是产权交易资本市场走

向国际化的前提和基础，需从四个方面发力：一是发挥国有产权、金融资产、知识产权、公共资源、数据资源、土地、区域股权交易等的要素集聚和功能覆盖优势，逐步将各类资源要素纳入产权交易资本市场进行统一规范的市场化交易流转，推进全要素市场化“一网交易”。二是在行业协会的主导下，逐步推动国内产权交易资本市场的整合，实现各产权交易机构间的业务协同联动，促进交易规则和相关标准的统一，强化信息披露和交易服务的跨区域合作。三是促进产权交易机构与各类金融机构、中介机构的紧密合作，形成涵盖产权界定、价值评估、流转交易、法律咨询等的综合服务体系。四是在有关监管部门的协调下，主动对标和对接证券市场：参照证券市场信息披露的制度设计；引导上市企业通过产权交易市场完成大宗并购重组；引导投资机构通过产权交易市场发现标的公允性价值；引导上市公司定增、私募基金募资等业务通过产权交易市场对接市场化服务机构；打造“平台+投行”的产权交易资本市场服务体系，为各类交易提供全流程服务。

2. 境外联合

实现与境外机构的联合是中国产权交易资本市场国际化的必由之路，需从三个方面推进：一是在行业协会的牵头和推动下与 RCEP 及“一带一路”沿线国家和其他友邦国家相对成熟的资本市场广泛建立业务合作，交换和共享各类项目及资源信息。从中方角度，帮助中国企业在境外资本市场融资和寻找优质的投资和并购标的；从外方角度，帮助外方投资人实现在华投资和吸引中国企业向外方进行投资，从而真正实现资源的跨国配置。二是积极主动与全球著名的金融资讯平台合作，采用国际通用的语言体系、信息化手段、规范惯例，实现项目信息的合规发布、广泛共享、精准推送、高效撮合，加速境内外资源的配置效率。三是通过中国驻外使馆、商会及各国中资企业协会等组织和机构向所在国的中资企业推介中国产权交易资本市场的服务功能，推动境外中资企业通过产权交易资本市场实现跨国投资、融资、资产交易、权益交易、寻求合作等目标，同时促进境外国有资产的公开阳光交易与依法合规管理。

（二）顶层设计与实践探索并行

中国的产权交易资本市场作为出自中国本土的经济探索成果，在走向国际化舞台的过程中，还需不断巩固提升高端资源的集聚能力，强化各国市场的互通联动，打通内外资源的有效连接，提升全球资源配置效率。由于各国在经济社会环境、法律体系、市场规则、产权清晰程度、信用体系、价值评估体系、中介服务体系等方面存在较大差异，要把中国的产权交易资本市场打造成国际化的市场平台，绝不能简单地将国内业务模式照搬至境外，而是需要在对各国进行调研的基础上做好顶层设计，使之既能发挥标杆市场的引领示范作用，又能与其他国家的市场体系形成差异性“兼容”，同时适应国际上投融资和并购的操作惯例。鉴于各国的实际情况存在差异，产权交易资本市场的海外拓展，可在开展顶层设计的同时，选择少数国家开展市场对接和业务合作试点，并在实践中不断优化和调整设计方案，使国际化发展蓝图更清晰明确、更具可操作性。

（三）制度建设与风险防控并立

市场的建立和延展需以制度规则为基础。中国产权交易资本市场的国际化拓展应坚持制度先行的原则，紧紧围绕促进中国国有资产阳光交易，集聚项目和投资人资源，发现投资者、发现价格、发现价值，投融资服务，交易服务，中介服务机构组织协调等市场功能，推进市场基础制度体系建设，持续优化受理审核、信息披露、投资人登记、成交签约、交易结算、经纪代理、市场服务七个方面的制度设计，形成统一的规则，为构建产权交易资本市场的国际化交易体系奠定坚实的制度基础。此外，境外投资环境通常存在较大复杂性、不确定性和不可控性，面临的风险很多，包括政治环境风险、社会环境风险、自然环境风险、汇率波动风险、财务运营风险、法律风险等。为规避未来跨国业务的潜在风险，产权交易资本市场需提高自身风险识别、风险管理和风险阻断的能力，进行风险预警监测，制定跨境交易风险管理预案；建立跨境交易风险测评体系；通过信息平台共享，加强与相关监管部门的协调联动，实现对各类风险的预判和管控。

（四）数字化提升与人工化服务并举

产权交易资本市场的国际化发展，需要充分利用新一代信息科技，搭建融合大数据、云计算、人工智能、区块链等先进技术的国际化交易平台，完善交易平台的建设和运营，夯实交易平台的数字底座，建设境内外全覆盖的交易数字化枢纽系统，让境内外所有参与者、交易者能共建共享，并形成高效有序的，兼顾“三公”原则的，国际化、标准化的交易体系。产权交易资本市场的交易品种均为非标准化的权益和资产，其性质决定了在该市场中进行的投资收购行为兼具“资合”与“人合”特征，因而其交易模式和服务方式也有别于标准化的证券市场，需以数字化和人工化相结合的方式提供服务。在国际化进程中，合作国别的多样性和地域的广泛性会对产权交易资本市场的人工化服务提出挑战。产权交易资本市场可根据各国合作及项目的具体情况，分别采用直接派员、劳务外包、机构合作、人员合作等方式在所在国提供属地化人工服务，整体提升产权交易资本市场的服务水平和服务效率。

（五）人才培养与人才引进并列

产权交易资本市场的国际化蓝图需要产权交易行业全体从业人员共同描绘。历经30多年的发展，中国产权交易行业不仅培养和集结了一批兼具理论基础和实操经验的从业人员，形成了颇具规模的人才队伍，更在建立健全产权交易行业人才队伍规范化、专业化、职业化培养工作机制方面进行了积极探索和有益实践，创建了产权交易行业的专属人才培训基地，形成了行业人才培训体系和测评体系，为中国产权交易资产市场的创新发展奠定了高素质人力资源基础。未来，产权交易资本市场的人才战略更应着眼国际化发展趋势，一方面，通过定向培养、交流培训等工作机制扩宽现有人才队伍国际化视野，提升国际业务操作水平；另一方面，需加快国际化人才引进的工作进程，加大对国际商法、国际金融、国际财税、国际贸易、国际审计等专业领域人才的引进力度，重点瞄准具有国际投资并购、投资银行、投资咨询、国际项目管理等经验的高端人才，为产权交易资本市场国际化水平提升赋能。

当今，经济与贸易的全球化已是历史发展的必然趋势，世界各国抓住新形势下更多竞争交流的新机遇，不断强化经济体间的联系，通过合作交流促进自身经济水平与利益的提升，以提高自身在全球经济合作中的话语权。我国作为世界第二大经济体，积极参与国际经济合作，综合国力和国际地位不断提升。在此背景下，"一带一路"建设的蓬勃发展和 RCEP 合作的生效，为中国产权交易资本市场的国际化发展创造了广阔的空间。中国产权交易资本市场站在更高的起点上，主动服务国家战略，立足国内，面向世界，乘着"一带一路"和 RCEP 的东风，以国际化发展战略为引领，加速向国际市场拓展，为国家经济建设作出了应有的贡献。

参考文献

[1] 国务院发展研究中心市场经济研究所. 改革开放 40 年：市场体系建立、发展与展望 [M]. 北京：中国发展出版社，2018.

[2] 邓志雄. 从和积原理看复合资本市场发展 [J]. 产权导刊，2020 (10)：27-33.

[3] 郑凯平. 为民族复兴伟业贡献产权力量 [J]. 产权导刊，2021 (8)：22-24.

[4] 王丛虎，门理想. 中国公共资源交易的创新逻辑及实现路径：基于公共资源交易平台整合的视角 [J]. 学海，2021 (4)：142-150.

[5] 王丛虎. 公共资源交易管理 [M]. 北京：经济科学出版社，2018.

03

第三编

新时代产权交易资本市场实践探索

本编核心观点和内容提要

■ 产权交易资本市场业务是在我国社会主义市场经济体制的建立、发展和完善过程中产生和发展起来的。产权交易资本市场的业务由单一的国有产权进场交易向多领域、多品类、多元化方向发展，涉及的领域逐步扩大，并将继续扩大。

■ 应科学合理定位国有产权交易进场业务在全部产权交易业务体系中的效用，以国有产权交易业务引领非公有、非国有产权交易业务进场。为防止业务垄断和业务歧视，需要研究并划清资本无序扩张与资本有序进场的界限。

■ 我国产权交易资本市场的业务范围不断扩大，具体包括资产股权类、金融资产类、自然资源类、环境权类和招标采购类共计5大类26项业务。

■ 近年来，数字经济不断发展，数据的价值日益凸显。我国产权交易资本市场逐步尝试开拓数据交易业务，本编将数据交易业务作为发展方向，开展前瞻性研究。

■ 交易辅助业务已经成为产权交易资本市场不可或缺的组成部分，主要包括资产评估业务、法律顾问业务、财务顾问业务、司法辅助业务、交易档案管理5项。这些交易辅助业务在增强市场流动性、有效性、开放性等方面发挥着重要的作用。

第一章　资产股权类业务

产权交易机构开展的资产股权类业务包括产权转让、企业增资、资产转让（含债权和知识产权转让）、资产租赁、特许经营权出让和其他融资服务。该类业务是产权交易行业自诞生以来所从事的最基础、最传统的一类业务。无论从交易规模、覆盖范围的角度来看，还是从服务效能的角度来看，资产股权类业务都是产权交易资本市场最重要的业务板块，它奠定了产权交易市场作为我国多层次资本市场体系重要组成部分的地位。从 1988 年出现产权交易资本市场雏形至今，产权交易机构在拓展资产股权类业务方面经历了起起伏伏，走过了一段从萌芽起步到繁荣发展的不平凡时期。2003 年 12 月，国务院国资委、财政部联合颁布 3 号令，开启了产权交易机构规范开展资产股权类业务的新时期。2016 年 6 月，国务院国资委和财政部联合颁布 32 号令，依法依规推动企业国有资产交易全面进入产权交易场所进行，产权交易机构执业行为进一步得到规范。根据 2017 年 1 月召开的国务院清理整顿各类交易场所部际联席会议第三次会议印发的《关于做好清理整顿各类交易场所“回头看”前期阶段有关工作的通知》，全国开展资产股权类业务的产权交易机构全部通过部级联席会议的综合评审，充分体现了政府部门对产权交易机构规范开展资产股权类业务的肯定和认可。据中国产权协会统计，2021 年产权交易资本市场的资产股权类业务成交 20.32 万宗，交易额达 3.02 万亿元。

第一节　产权转让

产权转让作为产权交易资本市场发展的内核，依托国有企业产权交易，在发展过程中不断扩大规模、完善功能、拓展领域。本节将以相关法律法规作为切入点，分析产权转让方面规范化体系的构建情况，并归纳实际业务操作中存在的问题，进而总结业务特点，探讨符合新时代产权交易资本市场发展趋势的创新工作思路。

一、相关法律法规

目前，关于产权转让的规范化体系建设已取得一定成效。从法律层面来看，除了《中华人民共和国企业国有资产法》为企业改制、资产评估、国有资产转让等提供了较明确的法律依据外，《中华人民共和国民法典》中相关分编以及其他经济法体系中的法律（如《中华人民共和国公司法》《中华人民共和国合伙企业法》《中华人民共和国外商投资法》）也规范着产权转让各环节。

从部门规章层面来看，国务院国资委、财政部发布了企业国有资产交易的纲领性文件32号令，明确了国有企业产权转让的程序性问题，进一步提升了实操规范性。各业务监管部门也对性质不同的国有企业细化业务进行了规范，如《中央企业境外国有产权管理暂行办法》（国资委令第27号）、《金融企业国有资产转让管理办法》（财政部令第54号）、《上市公司国有股权监督管理办法》（国资委、财政部、证监会令第36号）、《关于印发〈中央文化企业国有产权交易操作规则〉的通知》（财文资〔2013〕6号）等，涉及中央企业及中央文化企业、国有金融企业、国有上市公司、境外产权转让等多个方面。

从地方性法规层面来看，以交易额排名前三的北京、上海、广东三地为例，各地区财政部门或国资监管部门均以上述法律法规为基础，结合本地区国资国企经营情况不断出台相关规范性文件，为国有产权转让提供了更为细化的操作指引及业务规范。但是，各地业务主管部门多为国资监管部门，制度体系辐射效应仅能覆盖国有类业务，而其他经济类型的产权转让仅依赖部分关于加强要素市场化配置或建设高标准市场体系的指导意见，基本遵从市场化交易规则。目前，我国产权转让业务的规范化建设仍呈现出以国有经济为主、其他类型经济领域建设速度较缓的特征。

二、业务操作流程

我国的产权转让业务已形成一套标准的操作流程，具体如下：

一是可行性研究、方案论证及内部决策。转让方应结合企业发展战略做好产权转让的可行性研究和方案论证，并根据相关法律法规及公司章程履行审批决策程序。

二是审计评估。转让方委托专业机构进行审计评估，并以此作为价格确定基础。

三是信息预披露。产权转让信息在预披露阶段仅为公告用，不构成实际交易行为。

四是信息正式披露与接受登记。信息正式披露期间，产权交易机构可接受意向方的报名登记。

五是资格审查。产权交易机构根据公告要求对意向方进行形式审查，并向转让方提出意见，由转让方最终确认符合受让条件的意向方。产权交易机构与转让方意见不一致的，由转让行为批准单位决定意向方是否符合受让条件。

六是组织竞价。符合受让条件的意向方按照公告披露竞价方式参与竞价，最终产生成交方。

七是成交签约与资金监管。交易双方根据已达成的交易条件和交易价格签订交易合同，产权交易机构按照交易合同约定完成成交价款的监管与划转，因特殊情况不能通过产权交易机构结算价款的除外。

八是发布成交公告与出具交易凭证。交易合同生效后，产权交易机构将交易结果通过交易机构网站对外公告，并在成交方付清交易价款后为交易双方出具交易凭证。

此外，结合企业不同的个性化交易需求，为充分发挥集聚专业服务资源的功能，产权交易的常规操作流程也在逐步改进。目前，产权交易机构已逐渐从前期内部决策阶段介入，转变为从审计评估、合规风控等角度协助企业更好地完成转让工作，提供全流程服务。

三、业务特点

产权转让以企业国有产权交易为核心不断发展，主要呈现出以下两个特点：

一是风险防范力度较大，创新发展程度较低。这一特点主要是由于企业国有产权交易强监管的要求，整体业务运行机制及交易模式基本根据国有产权交易相关法律法规来确定，确保切实防范交易风险，在反腐倡廉和国有资产保值增值等方面取得显著成效。但是，对于其他经济类型的交易而言，更需要一种可兼顾规范与高效的交易方式来满足市场化的个性交易需求。目前，由于其他经济类型的交易进场不多，产权交易资本市场仍在结合现有经验不断加大创新探索力度，以更好地服务于要素市场化配置。

二是服务功能不断完善，功能定位不断升级。自产权转让业务诞生以来，经济形势的变化及资本市场的发展为其持续注入生机与活力。产权转让的功能从起始的保证国有资产保值增值、加强国资监管等逐渐发展为优化企业产权结构、助推国企高质量发展、促进国企改革推进、优化国有资本布局。“十四五”期间，随着要素市场化配置的不断推进，产权转让作为新时代产权交易资本市场发展的重要组成部分，也将继续升级功能定位、提升服务能力。

第二节　企业增资

产权交易市场作为多层次资本市场的重要组成部分，依托企业增资，为国企混改的规范操作、国有资产价值的充分发现提供保障，也为促进国有资源和非公资本的有机融合创造了有利条件。本节从发展沿革、业务操作流程等方面对企业增资业务实操进行分析，并总结业务特点。

一、发展沿革

（一）从探索到规范

从业务发展初期的不断探索，到企业增资首次被纳入进场交易范畴，业务发展进入规范运作阶段。

2005 年，《国务院办公厅转发国资委关于进一步规范国有企业改制工作实施意见的通知》（国办发〔2005〕60 号）（简称“60 号文”），提出“拟通过增资扩股实施改制的企业，应当通过产权交易市场、媒体或网络等公开企业改制有关情况、投资者条件等信息，择优选择投资者”。

2012 年，国务院国资委印发《关于国有企业改制重组中积极引入民间投资的指导意见》（国资发产权〔2012〕80 号）（简称“80 号文”），提出“国有企业在改制重组中引入民间投资时，应当通过产权市场、媒体和互联网广泛发布拟引入民间投资项目的相关信息”。

无论是 60 号文还是 80 号文，都未对产权交易市场开展企业增资业务做出具体规定，也导致产权交易市场服务国企改革的功能未能充分体现。2016 年，国务院国资委和财政部联合颁布了 32 号令，首次将增资业务纳入进场交易范围，并对业务流程做出详细规定。对企业增资业务而言，32 号令是目前最重要的纲领性文件，也标志着产权交易市场进入了政策支持、监管配套、体系健全的新发展阶段。①

（二）定位升级

随着新一轮国企改革的兴起，企业增资业务定位不断升级，产权交易市场服务国企改革创新水平不断提高。

2015 年，《中共中央 国务院关于深化国有企业改革的指导意见》（中发〔2015〕22 号）、《国务院关于国有企业发展混合所有制经济的意见》（国发〔2015〕54 号）的出台，意味着新一轮国企改革启动，产权交易市场成为国企改革的重要阵地，为产权交易市场服务国企改革、国有经济结构调整指明了方向。② 随后，国务院国资委陆续颁布了国企改革工作中各方面的相关政策。

2016 年，国资委《关于印发〈关于国有控股混合所有制企业开展员工持股试点的

---

① 李晓霁，江沨．产权交易机构在地方国企实现混合所有制改革进程中的作用分析［J］．产权导刊，2021（2）：61-65.

② 陈春雷，刘雪．增资扩股阳光操作 产权市场蓄势待发［J］．产权导刊，2015（10）：27-30.

意见〉的通知》（国资发改革〔2016〕133号）出台，对国企混改开展员工持股试点工作做出详细规定；财政部、科技部、国资委《关于印发〈国有科技型企业股权和分红激励暂行办法〉的通知》（财资〔2016〕4号）出台，对国有科技型企业的员工持股比例等做出特别要求，进一步规范国企改革工作。

2019年，《中央企业混合所有制改革操作指引》（国资产权〔2019〕653号）出台，规定非上市企业通过产权转让、增资扩股方式实施混改的，应在规定的可以从事相关业务的产权交易机构中公开进行，并明确了混改的具体操作流程。

二、业务操作流程

增资业务操作流程主要可以分为挂牌开始前、挂牌期间、挂牌结束后三个阶段，共十个重要步骤。

第一，方案制定。产权交易机构协助增资企业完成可行性研究和增资方案，明确募集资金金额、用途、投资方应具备的条件、选择标准和遴选方式等。

第二，事项报批。增资企业根据有关规定报上级主管部门批准，以及按照内部管理制度和公司章程完成有关事项的审议，形成书面决议。

第三，审计评估。增资企业委托具有相应资质的中介机构开展审计和资产评估工作。

第四，受理审核。产权交易机构受理增资企业的挂牌申请，并对提交的材料进行审核，审核通过后可对外披露信息公开征集投资方。

第五，市场发动。产权交易机构协同增资企业发动市场，广泛征集意向投资方。

第六，接受报名。产权交易机构接受意向投资方报名，收取项目保证金。

第七，资格审核。根据增资企业的要求，开展意向投资方资格审核工作。

第八，组织遴选。产权交易机构协同增资企业开展意向投资方遴选工作。

第九，内部决策。增资企业按照内部议事程序完成决策，确定投资方。

第十，组织签约。产权交易机构组织双方签署增资协议，出具交易凭证，通过交易机构网站对外公告结果。

三、业务特点

经过多年的发展，企业增资业务形成以下四个特点：

第一，对产权交易机构的服务能力提出了更高要求。由于增资流程的复杂性、增资结果的长期性和遴选方式的多样性，除了常规交易挂牌服务外，越来越多的增资企业要求产权交易机构提供政策咨询、方案设计、项目推介、尽职调查、协助遴选投资方等服务，对产权交易机构的服务能力提出了更高的要求。

第二，通常不以价格作为确定增资方的主要依据。不同于企业产权转让和企业资产转让的“一锤子买卖”，增资企业更看重投资方的行业地位、科研实力、市场资源等，并且会综合考虑投资方与增资企业发展的契合度。虽然更高的价格有利于增资企业提高注册资本或充实资本公积，但价格往往只是遴选标准中的部分内容。

第三，交易程序耗时较长。按照 32 号令的有关要求，企业增资项目对外披露信息时间不得少于 40 个工作日，挂牌最短时间限制远远长于企业产权转让和企业资产转让。另外，项目投资方需经由企业董事会或股东会审议通过后才能最终确认。更长的挂牌时间要求和更多的审核环节，导致增资项目完成全部交易程序的时间远超其他类型业务。

第四，结算方式更为灵活。增资项目的结算方式更为灵活：一是投资方可以非货币资产出资，但需经增资企业董事会或股东会审议同意，并委托具有相应资质的评估机构进行评估，确认投资方的出资金额；二是制度未强制要求场内结算，增资价款可以不通过产权交易机构进行结算，具体形式由交易双方协定。

第三节　资产转让

资产转让业务主要包括房产、交通工具、生产设备、存货、无形资产等的转让，已经发展成为产权交易市场中最活跃的业务品种，不仅为促进国有资产有序流转、实现国有资产保值增值提供了有力支撑，更为国有企业退出落后产能、实现经济结构转型升级提供了重要保障。本节从发展沿革、业务操作流程等方面对资产业务实操进行分析，并总结业务特点。

一、发展沿革

（一）发展初期

从产权有偿转让概念的提出到从法律层面正式确立产权交易市场的地位是资产转让业务发展初期阶段，在此阶段，资产转让业务经历了启动、试错、调整、基本规范的过程。

1988 年中华人民共和国第七届全国人民代表大会第一次会议上通过的《1988 国务院政府工作报告》提出，“实行企业产权有条件的有偿转让，使闲置或利用率不高的资产得到充分利用”。经过一段时间摸索发展后，在 20 世纪 90 年代，有关监管部门对产权交易市场进行了清理整顿，关闭了一批不合格的产权交易机构，还有部分机构处于停业状态，建立和完善产权交易市场监管体系迫在眉睫。

2003 年，国务院国资委成立后，联合财政部颁布了 3 号令，为产权交易市场成为企业国有资产转让的规范性场所提供了明确的政策依据。①

2008年10月28日，全国人大常委会第五次会议通过《中华人民共和国企业国有资产法》，从法律层面确立了产权交易市场的地位，资产交易业务基本实现规范运行。

（二）监管细化与完善阶段

随着业务不断发展，为进一步加强国有资产管理，有关监管部门开始对交易涉及的各方面做出进一步细化的规定。

2013年，国务院国资委发布《关于印发〈企业国有资产评估项目备案工作指引〉的通知》（国资发产权〔2013〕64号），资产转让前置评估工作指引进一步细化，有助于提高资产转让业务效率和风险防控能力。

2014年，国务院国资委办公厅印发《关于中央企业资产转让进场交易有关事项的通知》（国资厅发产权〔2013〕78号），进一步完善中央企业资产转让业务的管理，并在之后陆续新增或调整具有中央企业资产转让业务资质的产权交易机构。

2016年，国务院国资委和财政部出台32号令，进一步完善企业国有产权进场交易制度。32号令是资产转让业务的核心制度，对审核要求、挂牌期限、交易流程等均做出了规定。

2021年，财政部印发《关于规范国有金融机构资产转让有关事项的通知》（财金〔2021〕102号），规定国有金融机构资产转让业务应当在省级财政部门确认具有资质的产权交易机构开展，以进一步加强国有金融资本管理，维护国有金融资本出资人权益。

二、业务操作流程

资产转让业务操作流程主要分为挂牌开始前、挂牌期间、挂牌结束后三个阶段，共八个重要步骤。

第一，内部决策。转让方按照内部议事程序和章程完成有关事项的决策，并形成书面决议。

第二，资产评估。转让方应委托具备资质的评估机构开展资产评估工作，并按照有关规定完成备案或核准。

第三，受理审核。产权交易机构受理挂牌申请，并对项目材料进行审核。

第四，市场发动。产权交易机构协同转让方开展市场发动，广泛征集意向方。

第五，接受报名。接受意向方投资方报名，收取项目保证金。

第六，资格审核。产权交易机构协同转让方开展意向方资格审核工作。

---

① 邹靖之．产权交易：国资国企改革创新发展助推器（上篇）［EB/OL］．（2021-09-18）．https://www.mpgroup.cn/article_1934.html.

第七，组织竞价。产权交易机构组织开展竞价交易活动，保障交易过程的透明、公平。

第八，组织签约。产权交易机构组织交易双方签署交易文件，并向双方出具交易凭证，通过网站对外公告成交结果。

三、业务特点

经过多年的发展，资产转让业务形成以下三个特点：

第一，对新兴媒介包容性更强。资产转让业务参与门槛较低，市场活跃度较高，更容易与新兴的媒体营销手段相结合。产权交易机构在进行营销方式创新时，往往会选择资产转让业务作为突破口。目前，常用的宣传营销方式包括但不限于运用 VR 技术看样、通过直播形式进行推销、拍摄宣传营销视频等。随着时代不断发展，市场对于交互式体验的需求不断增强，各类具有较强互动性和社交属性的传播媒介将不断进入产权交易市场，未来资产转让业务将成为产权交易行业运用创新营销方式的试验田。

第二，业务范畴随着行业发展不断拓展。在资产转让业务发展初期，业务范畴可能只涵盖房产、交通工具、生产设备等品类，随着市场经济不断发展，政策不断完善，越来越多的资产类型被纳入业务范畴，如生物资产、知识产权、所有权等。未来，随着要素市场的不断完善，劳动力资产、数据资产等的资产转让业务也可能在产权交易市场取得突破。

第三，更注重服务链条的向后延伸。相较于其他类型的业务，资产转让业务对产权交易机构服务链条的向后延伸提出了更高的要求：一是资产转让交易标的一般具有物质性的特征，由此带来一系列的需求，包括标的保管、标的交接等，由此衍生出交易标的保管服务和交易标的移交管理服务；二是针对房产类项目，进一步提高市场参与度，提高服务水平，提供融资服务和网签服务逐渐成为产权交易市场的发展趋势。

第四节　资产租赁

我国产权交易市场成立于 1988 年，至今已有 34 年时间。中国资产租赁业自 2006 年恢复至今，始终处于高速发展的状态。2008 年，部分城市开始国有性质的房屋租赁活动，这是中国国有资产租赁经营的源头。在企业的固定资产管理活动中，资产租赁因具有成本低、见效快、转型灵活等优点而成为一种重要的经营管理方式。近年来，随着国有资产租赁行为日益频繁，在国有企业资产租赁管理及监督方面，中央以及地方政府、国资监管机构出台了一系列政策，使国有资产租赁管理逐步规范。

一、资产租赁概述

在法律层面，目前还没有对“租赁”的严格定义，只在《中华人民共和国民法典》中明确定义了“租赁合同”——是指出租人将租赁物交付承租人使用、收益，承租人支付租金的合同。《企业会计准则第 21 号——租赁》（以下简称《准则》）中明确定义了“租赁”——是指在约定的期间内，出租人将资产使用权转让给承租人以获取租金的协议。《准则》中还将租赁细分为两种模式：经营租赁和融资租赁。经营租赁是指以提供设备等资产的短期使用权为特征的租赁形式；融资租赁是指以融资为目的，最终获得租赁资产所有权的一种租赁形式。在企业实际管理活动中，这两种租赁形式都经常发生，但不仅限于按照常规的概念理解，很多情况下也可以划到资产租赁中去，如以分期支付的方式购买资产、占用或借用都可视为广义的资产租赁。①

二、资产租赁的特点

资产租赁是伴随着商品经济的发展而产生的社会经济现象，具有以下三个特征：

第一，资产租赁是实现租赁标的价值的一种途径。等价交换原则也反映在对资产占有权益的有偿让渡活动中。

第二，资产租赁标的的价值通过租金的形式来体现。

第三，资产租赁需要承租者提供租赁抵押。

三、资产租赁的形式

在我国，资产租赁大致有以下五种形式：

第一，个人承租，是指资产所有权者将资产租赁给个人进行经营。承租人也应当有相当数量的个人财产或者由若干拥有相应财产的担保人共同承受资产出租风险。个人承租又分为三种不同情况：一是个人承租，集体经营；二是个人承租，个人经营；三是个人承租，雇工经营。

第二，合伙承租，是指由两名以上的公民成立一家合伙机构，与资产租赁者签订承租协议，共同承担财产经营风险，并由承租者推选一人担任法定代表人开展经营活动。

第三，全员承租，是指公司的全部员工作为承租人向所有者承租资产，公司的所有员工一起承受财产风险。

第四，企业承租，是指企业以法人资格作为承租者，通过租赁合同的约定获得资产使用权，并按照约定向企业资本持有者支付租金。

---

① 程东跃．我国金融租赁风险管理研究［D］．杭州：浙江大学，2005.

第五，入股承租，即由公司职工集体承租，员工个人以承付的全部租金入股公司，或把集体承包后所增加部分的税后收益划给员工个人。

四、资产租赁交易市场

我国资产租赁市场的建立与形成是一个系统工程，和股权、有价证券、商品期货等类型的交易相似，也属金融资产交易。但与这些市场不同的是，资产租赁市场上的资产都是真实的资本，是建立在现实资本基础上的现实交易。交易市场根据资本租赁的特性与财务资本的交换规则进行。

资产租赁交易市场的主要功能在于为租赁资产交易提供公开、公正、公平的服务，内容主要涉及以下三个方面：

一是融资租赁或应收账款方式的债权交易。公司的应收账款将成为高风险负债，是市场上交易的主体，也是租赁市场功能的主要表现。

二是以融资租赁公司股本交易为主的股权交易。主要是在公司增资扩股、破产重整、合并收购等情形下的企业股权交易活动，交易规模的大小通常与某个时期产业政策的变动以及公司的运营环境相关。

三是以投融资租赁目标物品买卖为主的物权交换。物权交换涉及租赁残值的转让、拍卖与再租赁，以航空器、轮船、汽车、工程机械、农业机具、医药机械设备、房屋、土地等固定资产租赁居多，但随着产业规模的不断扩大，其他物权交易的占比也会稳步提高。

六、资产租赁交易市场存在的问题

当前，我国经济发展的下行压力依然较大，但资产租赁却逆势增长，并且处于高速发展的状态。在天津、上海、广州等地，资产租赁业已然成为地方经济发展的有力保障。

通过对市场运行状况进行分析可知，当前产业发展中存在着一些亟待解决的问题，而其中一个最关键的问题便是资产租赁公司普遍存在着的流动性风险，因此必须借助资产证券化公司来寻找出路。业内人士一致认为，通过建设全国性的资产租赁交易市场来推动和实现资产证券化是必然趋势，原因如下：

第一，我国资产租赁公司为非银行金融机构，业务发展受规模制约。其中，内资和外商租赁公司业务规模均不得高于资本金的10倍；金融租赁企业主营业务规模不得高于资本金的12.5倍。当公司主营业务规模饱和时，要想进一步扩大规模，一般有两种选择，要么追加资本金，要么转出部分资本，以腾出经营空间。追加资本金通常需要一定的程序和时机，因此转让部分资产是较为普遍且最实际的选择。

第二，资产租赁的行业特征是规模较大，经营年限较长，融资需求一般在3亿元人民币左右，期限在3年以上。在通胀一直存在的情形下，这表明企业已经投放的资本在自然贬值。通过资本市场来提高资本的周转速率是改善这种情况的主要路径。

第三，截至2020年6月底，全国资产租赁企业已达12000余家。[①] 随着经营情况和市场空间的变化，租赁企业的股权租赁和并购重组等交易会更加频繁，这就需要正规的产权交易机构为其提供服务。

第五节 特许经营权出让

20世纪80年代后期，国际上有些特许经营机构开始进入中国市场，主要集中在餐饮行业、冲印洗相、成衣专卖、便利店等领域。此时，我国在特许经营方面尚无相应的法律法规，因此它们多以直营、联营、合资和场地租赁等变通形式发展分店。1984—1992年，我国基本上不存在严格的特许经营业务，但具备了该业务快速发展的条件。1992年以后，国内企业开始有步骤、有计划地开展特许经营业务，我国特许经营市场规模日渐扩大。[②] 同时，国内各地产权交易机构相继开展特许经营权出让的业务，不仅丰富了产权交易市场的交易种类，也助推了我国特许经营市场的发展。

一、特许经营权概述

在中国，特许经营方式也叫"特许经营权"。按照传统观点的认识，特许经营权是指由国家机构或政府部门授权企业具有排他性的某一产品或某种类型服务（业务）制造、活动的专门工作权利，包括生产专营权、进出口权、制造许可等。但从中国市场经济的发展情况来看，特许经营权的获得主体范畴已经逐步拓宽，从国家政府部门扩展至各类生产经营团体和社会组织，其经营范围也由企业产品的制造流通拓展至各种生产经营活动和对社会的组织领导、控制和监督管理。目前，我国的特许经营者有两种类型：一是由国家政府部门授权，允许某些企业利用公共财产，并在一定领域享有从事某些特许活动的特殊权利，如允许航空公司在政策规定的线路上利用国家的机场设备从事客货运服务等；二是由某个企业有期限地或长期地授权另一家企业运用其商标、品牌、知识产权、专有技术等特有权益，并根据约定，在与特许者完全统一的经营管理模式下开展活动，并向特许者缴纳一定的管理费。

---

① 杨海田.2020年上半年中国租赁业发展报告［R］. 中国租赁联盟，租赁联合研发中心，天津滨海融资租赁研究院，2020.

② 刘芳. 浅析特许经营权及其在我国的发展［D］. 兰州：兰州大学，2000.

二、政府特许经营市场化发展的必要性

在发达国家，很多城市建设公共服务领域均以政府部门特许运营的方式委托给私人企业运营管理。但在我国，特许经营还有很长的路要走。做好政府部门特许经营权的运营管理，能够有效将城市建设资产变现，回收大量资金，而且在一定程度上开放了政府垄断性投资领域，把竞争引入垄断性行业。政府应加快对垄断经营的国有资产经营权的转让，集聚城市建设资金。一是借助 BOT（Build-Operate-Transfer，建设—经营—转让）、TOT（Transfer-Operate-Transfer，移交—经营—移交）等方法转让市政特许资源。二是根据“谁获利谁投资，谁占用谁出钱”的原则，通过转移城市建设专营权，将城市建设中的无形资产全部转变为有形资产，实现国有资产价值的保值增值。①

特许经营权的招标不同于普通的建设工程及政府采购招标，只有借助专业投融资平台，或通过专门中介机构，才可完成交易。因此，将特许经营权推向市场可依托产权交易市场，利用其日益标准化的交易规则、交易程序、信息资源等共享平台，围绕众多项目的国内外投资者及各类市场中介组织，大大提高项目的交易成功率，使各类投资资金均可通过产权交易平台获得最大投资收益。②

三、特许经营出让项目进场交易方式

一般的政府对特许经营权出让项目进场交易采用公开“招拍挂”的方式操作。

典型的政府对特许经营权出让项目通过产权交易市场平台进行公开招标，项目流程分为以下四个阶段：

第一，确定阶段。首先，需要明确项目的必要性。政府相关部门要查明在某一特定区域和期间，是否必须兴建对我国经济社会发展产生重大意义的基础设施。其次，要研究采取何种交易方法。要做好初步的可行性研究，对建设的经济规模、技术选择、可能的收入流量等进行仔细分析。

第二，招标阶段。无论是选用公开招标、邀请招标还是招商方式，政府部门都要对投标者进行资质预审。招标文件中通常会给出建设项目的详尽内容，列明需要满足的具体标准，包括建设规模、时限、履约标准、项目收入的性质和范围等。

第三，投标阶段。为了回应招投标邀请书，感兴趣的投资方或伙伴往往会组成联合受让体，联合提交一份符合招标文件规定的标书。联合受让体的成员通常会在这个阶段就费用负担情况、各成员在项目中扮演的角色和项目构成等达成最终协议。之后，联合受让体将开展更具体的项目可行性研究与探讨。联合受让体还将争取潜在的借款

---

① 康志霞．探析 BOT、TOT 模式下特许经营权的定价与会计处理［J］．商讯，2019（20）：141-142.

② 林燕新．珠海：政府特许经营权进入产权市场交易的探索［J］．产权导刊，2007（1）：49-51.

人、股权投资人以及承包商和供应商，或提供临时性的信贷保证，并提供协议报价，进而编制项目投标书。

第四，定标阶段。地方政府会成立评标管理委员会，通常由地方政府部门代表的1/3或行业专家的2/3组成，而行业专家必须从产权交易专家数据库中随机产生，如果产权交易专家数据库中没有此类专家，则由招标人进行确定后再聘请。评估委员会对每一个标案做出评审，并选出中标候选人。评估的基础是经济价值、工程可靠性经验等综合因素，及其所设计的拟议工程项目能在多大程度上为当地企业带来效益，主要从节省外汇费用、促进技术转让及其创造就业和为本地员工或者承包商进行技术培训等方面进行评估。

四、特许经营权出让项目进场交易的保障

第一，以法律形式规范产权交易。地方政府应出台相关法规政策，从法律和政策层面提高特许经营权进场的交易率。

第二，确定政府特许经营权进场交易的范围。特许经营的概念比较宽泛，企业必须与有关政府部门划分好必须进场的交易范围，以避免业务交叉和冲突。

第三，编写规范性、标准性贸易规定，建设项目的招标文件文本、工程协议示范书。为进一步规范特许经营权进场交易行为，满足政府监管要求，产权交易市场需要重新统一相关交易制度规则和流转文本，以提升成交效率。

第四，统一信息发布共享平台。应统一国内产权交易市场交易信息发布平台，统一规定信息披露内容，使产权交易市场交易的信息具备真实性、及时性、一致性，便于广大投资人投资和决策。

第六节　其他融资服务

产权交易可以广义理解为一种经济活动，是指资产所有者将其资产所有权或经营权全部或部分有偿转让。这种经济活动通常是以实物形态为基本特征的出让财产收益行为，也是多层次资本市场的重要组成部分。服务国有经济布局及结构调整，搭建国有资产规范、公开处置的阳光平台，从而实现国有资产保值增值是我国设立产权交易市场的初衷。经过多年发展，我国产权交易市场作为国资交易平台的基本功能也得到了较为充分的发挥。地方政府和中小企业更加关注产权交易机构是否具有融资功能。鉴于此，进一步丰富和健全产权交易机构的融资功能，是创造中国产权交易市场持续活力的重大课题。

一、产权交易市场在融资方面的优势

（一）政府背景深厚，有利于各种资源整合

产权交易机构是由政府牵头成立的一种交易机构，成立之初的主要目的是规范国有产权交易行为，防止国有资产流失，推动国有产权的优化配置和合理流动。产权交易机构可以有效整合政府、金融机构和各类社会资源，保证各种交易规范有效地进行。一方面，企业可以充分利用产权交易机构的先天优势，与政府、金融机构及社会资源构建有效对接平台，扬其长，避其短，以获得长足发展；另一方面，产权交易机构可以通过发挥管理监督、信息监控、股权托管等职能对企业形成有效的监督，保证政府、金融机构和社会资源在对企业融资过程中资金的安全性，从而降低企业各类投融资风险，搭建有效的投融资公共服务平台。①

（二）市场准入门槛较低，有利于快速有效融资

相对于主板市场来讲，产权交易市场在融资过程中对企业的规模、融资的数量、担保能力的大小都没有设置太高的门槛，这在一定程度上为企业融资带来了快捷性和便利性。

（三）发展模式成熟，融资功能强大

经过多年的运营，产权交易资本市场已经成为跨区域联合、经营模式灵活、经营品种多样、交易规则齐全、资源信息广泛共享的我国多层次资本市场的重要组成部分，在促进企业战略性改组和国有经济战略调整中发挥了巨大作用。

二、产权交易市场融资的主要手段

（一）政策性融资

企业通过产权交易市场进行整体性策划，为符合国家政策性资金扶持的项目申请无偿资金和贷款贴息。

（二）债务性融资

产权交易市场与银行和担保机构建立了良好的互信关系，企业在产权市场上可通过抵押担保等方式从银行获得低息、发展贷款。②

（三）权益性融资

企业通过将自身的产权、股权、专利等无形或有形资产在产权交易市场上进行技

---

① 刘云，刘斌．产权交易机构开展投融资服务业务探讨［J］．现代商贸工业，2010（1）：174-175.

② 刘琼，方锦．中小企业产权交易的融资问题［J］．企业战略，2014（33）：89-92.

术转让、股权托管、产权出让、增资扩股等，融得充足资金。

三、产权交易市场加大融资力度的对策

（一）完善政策法规，创造良好融资环境

政府支持是促进产权交易市场良性发展的重要保障，也是企业利用产权交易市场进行有效融资的重要前提。创造良好融资环境应从以下两方面着手：一是加强产权交易平台制度建设，保证企业信息的及时披露，并对风险进行监督管理；二是从政府层面完善法律法规，弥补产权交易资本在企业融资建设方面的先天不足与劣势。

（二）开展银企对接，拓展投融资合作渠道

产权交易机构要在政策框架允许的范围内，发挥自身的中介平台、信息平台、融资平台等优势，不断加强与商业银行、信贷公司、担保机构、创业投资公司等各类金融机构的有效合作。一是构建合作通道，建立银企之间的沟通机制，解决银行与企业之间的信息及资源不对称问题，保证在双赢的基础上实现投融资双方的互惠互利。二是产权交易机构通过与金融机构签订股权托管、授信融资放贷等合作协议，为符合融资条件的企业提供有效担保，融取所需资金。① 三是加大政府在银企合作中的协调力度。产权交易机构要利用自身优势，协调政府等相关部门牵头做好银企对接并给予融资方政策支持，简化企业在金融机构贷款的操作流程，降低金融风险等问题的发生率。

（三）开展股权托管，募集中小微企业发展资金

产权交易机构可利用自身优势，为发展前景较好、产业技术能力较强的企业寻找特定合作伙伴，通过股权转让、增资扩股的方式帮助企业实现融资目的。

（四）加强审查监管，保证所融资金的有效使用

产权交易机构在协助公司投资时不但要进行事前审核，还要进行事后监督。一是在提交投资申报书时，严把质量关，认真地为一些有潜力、技术含量较高的公司融取所需资本，以避免那些已经被市场淘汰或存在较大经营风险的企业套取融资，降低投资方的投资风险。二是强化监督，特别是对已通过产权交易市场融取了一定发展资本的公司建立长效监督与绩效评价激励机制，对在资金使用过程中未能实现或违反资金使用规范的企业，要设立责令整改和投资退出等惩戒机制，以确保投资者的利益获得合理保护。对通过产权交易套取资金的企业，要依法进行严厉打击，并纳入黑名单。

（五）进一步完善信息披露手段，优化企业融资环境

充分利用网络、电视、报刊等传播渠道，进一步提升企业利用产权交易市场拓宽

---

① 周哲．中小企业利用产权交易融资问题浅析［J］．时代经贸，2008（7）：206.

融资渠道的意识，切实为企业解决在融资中信息不对称的问题，精准披露与企业发展有关的经营状况、财务状况、资金运营情况、产业发展前景等内容，帮助企业找到切合主业发展、资本充足的投资者，有效推动企业的健康持续发展。

参考文献

［1］张迪．混合所有制改革中的产权交易风险及防范［J］．产权导刊，2021（11）：39-41.

［2］郑凯平．产权交易行业“十四五”规划擘画产权市场发展新蓝图［J］．产权导刊，2021（2）：34-35.

［3］赵巍，刘春玲．基于国企改革的国有资产公开市场交易问题研究［J］．当代经济，2017（4）：25-27.

［4］李晓霁，江沨．产权交易机构在地方国企实现混合所有制改革进程中的作用分析［J］．产权导刊，2021（2）：61-65.

［5］高佳卿．企业增资业务中产权市场的功能研究［J］．产权导刊，2018（12）：26-30.

［6］焦鹏飞．国有企业通过产权交易机构增资操作要点浅析［J］．现代国企研究，2017（2）：60，62.

［7］陈春雷，刘雪．增资扩股阳光操作 产权市场蓄势待发［J］．产权导刊，2015（10）：27-30.

［8］张西建．国企增资进场交易操作要点浅析［J］．产权导刊，2016（9）：36-40.

［9］谢怡．国有资产产权交易模式分析［J］．投资与合作，2021（9）：32-33.

［10］蒋炜．产权市场业务创新范式的探索［J］．产权导刊，2021（12）：40-43.

［11］丁晓东．数据交易如何破局：数据要素市场中的阿罗信息悖论与法律应对［J］．东方法学，2022（2）：144-158.

［12］陈润．推进劳动力要素市场化配置的体制机制研究［J］．中国经贸导刊（中），2021（10）：62-65.

［13］莫臣英．企业国有资产转让监管法律制度研究［D］．重庆：西南政法大学，2017.

［14］许延威，王青．我国职业足球运动员人力资本产权交易的研究［J］．沈阳体育学院学报，2021，40（4）：73-81.

［15］邹靖之．产权交易：国资国企改革创新发展助推器（上篇）［EB/OL］．（2021-09-18）．https：//www.mpgroup.cn/article_1934.html.

［16］程东跃．我国金融租赁风险管理研究［D］．杭州：浙江大学，2005.

［17］杨海田．2020 年上半年中国租赁业发展报告［R］中国租赁联盟，租赁联合

研发中心，天津滨海融资租赁研究院，2020.

［18］刘芳．浅析特许经营权及其在我国的发展［D］．兰州：兰州大学，2000.

［19］康志霞．探析 BOT、TOT 模式下特许经营权的定价与会计处理［J］．商讯，2019（20）：141－142.

［20］林燕新．珠海：政府特许经营权进入产权市场交易的探索［J］．产权导刊，2007（1）：49－51.

［21］刘云，刘斌．产权交易机构开展投融资服务业务探讨［J］．现代商贸工业，2010（1）：174－175.

［22］刘琼，方锦．中小企业产权交易的融资问题［J］．企业战略，2014（33）：89－92.

［23］周哲．中小企业利用产权交易融资问题浅析［J］．时代经贸，2008（7）：206.

第二章　金融资产类业务

产权交易资本市场开展的金融资产类业务包括金融不良资产交易和金融产品交易两种。金融不良资产是指银行、全国及地方金融资产管理公司（AMC）在经营中形成或通过购买及其他方式取得的、接受委托代为管理和处置的不良信贷债权资产和非信贷债权资产，如不良债权、受托债权、股权和实物类资产等。金融产品是指金融市场为市场主体提供资金融通服务而形成的各类金融工具和载体。当前，国内主要金融资产交易机构提供的金融产品服务主要包括标准化债权类资产和非标准化债权类资产。标准化债权类资产是指依法发行的债券、资产支持证券等固定收益证券，主要包括国债、中央银行票据、地方政府债券、政府支持机构债券、金融债券、非金融企业债务融资工具、公司债券、企业债券、国际机构债券、同业存单、信贷资产支持证券、资产支持票据、证券交易所挂牌交易的资产支持证券，以及固定收益类公开募集证券投资基金等。产权交易资本市场上有资质从事标准化债权类资产交易业务的机构（如北京金融资产交易所），均需得到银行间市场交易商协会的授权。非标准化债权类资产主要包括债权类融资产品和收益权类融资产品。债权类融资产品是指那些未纳入国家金融管理部门标准化债权类资产统计范围，发行人在交易场所发行的约定在一定期限内还本付息的融资产品。收益权类融资产品则是指未纳入国家金融管理部门标准化债权类资产统计范围，发行人以其符合要求的基础资产收益权向特定投资主体发行的约定在一定期限内兑付投资本金和收益的产品。

据中国产权协会统计，2018—2021 年，全国产权交易机构开展的金融资产类业务年交易额均超过 10 万亿元，在服务国家发展战略、全力保障银行间市场稳健运行、稳步开展权益类业务助力国资监管和国有资产保值增值、服务实体经济发展等方面提升了资本市场的服务能力和服务水平。

第一节　金融不良资产交易

根据银监会、财政部联合发布的《金融不良资产处置尽职指引》（银监发〔2005〕

72 号），金融不良资产是指“银行业金融机构和金融资产管理公司经营中形成、通过购买或其他方式取得的不良信贷资产和非信贷资产，如不良债权、股权和实物类资产等”，金融不良资产处置是指“银行业金融机构和金融资产管理公司对金融不良资产开展的资产处置前期调查、资产处置方式选择、资产定价、资产处置方案制定、审核审批和执行等各项活动”。

近年来，产权交易资本市场充分发挥规范高效、公开阳光的平台功能，紧密围绕“流转”和“融资”两大核心功能，积极为银行、金融资产管理公司、信托公司、融资租赁公司等机构处置金融不良资产提供综合服务，取得积极成效。据中国产权协会统计，2019—2021 年，通过产权交易资本市场处置的金融不良资产金额达 8527 亿元。这充分说明，产权交易资本市场已成为金融不良资产市场化处置的重要平台。

一、金融不良资产市场化处置相关政策梳理

2012 年 1 月，财政部、银监会联合发布《金融企业不良资产批量转让管理办法》（财金〔2012〕6 号），明确了金融不良资产的转让范围、转让程序、转让管理等方面的内容，其中规定“金融企业可选择招标、竞价、拍卖等公开转让方式，根据不同的转让方式向资产管理公司发出邀请函或进行公告”，为金融不良资产市场化处置提供了重要依据。

2016 年 3 月，银监会发布《关于规范金融资产管理公司不良资产收购业务的通知》（银监办发〔2016〕56 号），针对部分资产公司存在的“不良资产收购业务不规范不审慎、项目风险暴露”等问题，对不良资产收购业务的规范开展提出相关要求。

2017 年 4 月，银监会发布《关于银行业风险防控工作的指导意见》（银监发〔2017〕6 号），指出“银行业金融机构要综合运用重组、转让、追偿、核销等手段加快处置存量不良资产”。

2018 年 4 月，中国人民银行等机构联合发布《关于规范金融机构资产管理业务的指导意见》（银监发〔2017〕6 号），强调规范金融机构资产管理业务要“坚持严控风险的底线思维”，“减少存量风险，严防增量风险”。

2021 年 1 月，银保监会办公厅印发《关于开展不良贷款转让试点工作的通知》（银保监办便函〔2021〕26 号）和《银行不良贷款转让试点实施方案》，正式批准开展单户对公不良贷款转让和个人不良贷款批量转让，以试点方式进一步拓宽不良贷款处置渠道和处置方式。

2021 年 5 月，银保监会发布《关于推进信托公司与专业机构合作处置风险资产的通知》，同意信托公司和中国信托业保障基金有限责任公司、金融资产管理公司和地方资产管理公司等专业机构合作处置信托公司固有不良资产与信托风险资产。

2021 年 6 月，银保监会下发通知开展银行业保险业“内控合规管理建设年”活动，

就《银行保险机构大股东行为监管办法（试行）》（征求意见稿）、《银行保险机构关联交易管理办法（征求意见稿）》公开征求意见，体现出监管层面对股权和关联交易进行整治的决心。

2021 年 7 月，银保监会办公厅发布《关于清理规范信托公司非金融子公司业务的通知》（银保监办发〔2021〕85 号），提出整顿规范信托公司境内一级非金融子公司，严禁信托公司新增境内一级非金融子公司。

2021 年 10 月，《中国银保监会办公厅关于整顿信托公司异地部门有关事项的通知（征求意见稿）》发布，明确要求信托公司在一年之内完成对异地管理总部的整顿，要点包括中后台部门应迁回注册地或与注册地部门合并，前台部门应按照有关要求通知进行整改，异地部门的员工总数应控制在员工总数的 35%之内等。

二、金融不良资产交易业务流程

根据 32 号令、《金融资产管理公司资产处置管理办法》（财金〔2008〕85 号）等法律法规，金融不良资产交易业务流程如下：

一是预披露转让信息。信息预披露公告一般包括资产基本情况、债务人基本情况，以及拟设定的受让方资格条件，询价保证金交纳金额、交纳方式、交纳期限及处置方法等内容。这个环节主要用于转让方进行资产的招商推介，为非必要流程。

二是受理正式转让申请并发布转让信息。在对转让方提交的信息披露申请材料进行审核后，交易机构通过网站进行信息发布，并通过相关媒体渠道或项目路演等形式广泛征集意向受让方。

三是登记受让意向。公告期间，交易机构为意向受让方办理登记手续，并协助转受让双方开展洽商或尽职调查等活动。

四是组织交易签约。公告期满后，交易机构作为组织方，协助转让方按照转让公告中披露的方式确定受让方。如果只有一家意向受让方报名，则直接协议成交；如果有两家及以上意向受让方报名，则交易机构按照转让公告披露的竞价方式确认受让方。

五是出具交易凭证。交易机构对交易相关材料进行审核，并出具资产交易凭证。

三、金融不良资产交易业务典型案例

近年来，各交易机构专门搭建金融不良资产交易业务平台，积极助力金融机构和各类企业“降杠杆”，有效防范和化解金融风险。例如，北京产权交易所打造“债权资产交易平台”，在尽职调查、方案设计、资产定价、项目推介、交易撮合等方面为金融不良资产处置提供了全方位的服务。2019—2021 年，该平台成交项目 75 项，成交金额 140.35 亿元，并涌现出一些具有影响力的典型案例。中国信达四川省分公司通过北京产权交易所转让成都中德颐年置业有限公司等 2 户债权，收回资金 7.27 亿元；中国民生银行总行通过北京产权交易所转让河北春澳实业有限公司债权，该项目以 1.2 亿元成交，增值率达 50%。

四、产权交易资本市场发挥的作用

一是保障各方权益。按照制度先行的原则，产权交易资本市场根据金融不良资产交易业务的特点，建立起一整套层次完备、内容充实、条理清晰、切合实际的交易制度体系，包括业务制度、交易流程、审核机制、风险防控等业务操作的所有环节，不仅规范了自身运营，也规范了参与交易各方的交易行为，切实保障了交易各方权益。

二是发现投资人。丰富的投资人资源是促使交易活跃的重要因素，而发现投资人、促使项目与投资人匹配则是产权交易资本市场作为资本市场的本质功能之一。产权交易资本市场通过搭建全方位立体式融媒体矩阵、与主流媒体建立深度合作、积极开展线下推介活动、持续推进信息联合发布机制等措施，广泛开展项目推介，取得了较好的宣传效果。

三是发现价值。产权交易资本市场的价值发现功能主要体现在通过公开、公正、高效、竞争的交易运行机制，形成能真实反映市场供求关系的价格。产权交易资本市场设计了网络竞价、动态报价等交易模式，推动意向竞买人展开公开、公平、公正的竞争。同时，通过提供多种类型的融资服务产品，为意向竞买人充分竞争提供支持，从不同维度促进市场价格的形成。

五、下一步业务开展思路

在拓展项目资源方面，产权交易资本市场要广泛对接国有大型投资机构、具有影响力的产业投资机构和重要行业协会，与更多银行、国有金融资产管理公司、地方资产管理公司、信托公司、保险公司等建立深度合作关系，最大限度地推动金融不良资产处置项目进场。

在畅通汇报机制方面，产权交易资本市场在服务金融不良资产处置过程中，要及时梳理业务亮点和服务特色，深入总结工作成绩，加强向金融、财政等监管部门的汇报，推动产权交易资本市场发挥更大的作用，为更多项目进场交易提供助力。

在提高服务能力方面，金融不良资产处置数量多、体量大、交易重复性高，对优化交易流程、降低交易成本提出了更高要求，产权交易资本市场要积极打造“线上数字化交易+线下投行服务”的高效组合，提升处置效率，优化服务效能，形成更大的服务优势。

第二节 金融产品交易

一、相关政策法规

（一）财政部门重视国有金融资产转让管理

2009 年，为加强国有资产交易的监督管理，防止国有资产流失，财政部印发《金融企业国有资产转让管理办法》（财政部令第 54 号）（简称“54 号令”），明确“金融企业国有资产转让以通过产权交易机构、证券交易系统交易为主要方式”，“非上市企业国有产权的转让应当在依法设立的省级以上产权交易机构公开进行”。

2011 年，《财政部关于印发〈金融企业非上市国有产权交易规则〉的通知》（财金〔2011〕118 号）进一步细化了对产权交易机构的管理要求，明确了非上市国有产权交易行为的具体流程规范。

2016 年，财政部《关于进一步加强国有金融企业股权管理工作有关问题的通知》（财金〔2016〕122 号）明确，各级财政部门应严格规范国有金融资产确权、登记、评估、转让等程序和交易行为；国有金融企业开展增资扩股业务，可通过公司治理程序确定意向投资方，意向投资方可通过省级以上产权交易所挂牌选择。

（二）财政部门强化国有资本管理职责

2018 年 7 月，《中共中央 国务院关于完善国有金融资本管理的指导意见》（中发〔2018〕25 号）明确各级财政部门根据本级政府授权，集中统一履行国有金融资本出资人职责。据此，财政部加快建章立制，以法治化手段完善国有金融资本管理。

一是加强产权登记管理。2019 年 10 月，《财政部关于印发〈国有金融资本产权登记管理办法（试行）〉的通知》（财金〔2019〕93 号）明确了产权登记主体、形式、内容、程序等关键内容，进一步细化完善了国有金融资本登记管理制度体系。同时，财政部牵头在全国开展产权登记专项工作，按照“全面覆盖、应登尽登”原则，将占有和使用国有金融资本的金融机构纳入登记系统，客观上为国有金融资产进场交易打牢了基础。

二是规范产权流转管理。2019 年 11 月，财政部《关于进一步明确国有金融企业增资扩股股权管理有关问题的通知》（财金〔2019〕130 号）规定，“国有金融企业增资原则上应在符合条件的省级（含）以上产权交易机构公开披露信息”。2020 年 10 月，《财政部关于印发〈规范产权交易机构开展金融企业国有产权交易管理暂行规定〉的通知》（财金〔2020〕92 号）进一步规范产权交易机构管理及金融企业国有产权交易行为，同时财政部结合各省级财政部门的审核推荐，确定了首批 13 家具有承办中央管理金融企业国有产权交易能力的产权交易机构。2021 年 11 月，财政部《关于规范国有金融机构资产转让有关事项的通知》（财金〔2021〕102 号）重点对国有金融机构转让不动产、机器设备、知识产权、有关金融资产等非股权类资产进行规范，明确国有金融机构资产转让原则上采取进场交易、公开拍卖、网络拍卖、竞争性谈判等公开交易方式进行，严格限制直接协议转让范围。

二、市场实践情况

从 54 号令发布以来的市场实践来看，产权交易市场在国有金融资产流转过程中发挥着重要作用。一是优化资源配置。产权交易市场能够以平台化的服务助力国有金融企业的产股权交易、增资扩股、资产转让等，实现资产和资本的存量整合、增量扩展，不断提升资本配置效率，优化国有金融资本布局，提高资本配置效率。二是降低交易成本。产权交易市场能高度集聚项目资源和投资人群体，降低交易双方的信息搜寻成本，缩短交易过程，提高国有金融资产交易效率。三是促进价格发现。产权交易市场发布的资产信息能够覆盖全国范围，实现最大范围征集投资者；能够提供招投标、网络竞价、拍卖等多种方式，推动竞价交易，实现价格发现。四是防控交易风险。产权交易市场采用政府管理与行业自律相结合的方式，具有完善的制度体系、安全高效的信息系统，确保交易全程规范合规。

在服务国有金融产权交易方面，产权交易机构严格依据《金融企业非上市国有产权交易规则》，受理转让申请、发布转让信息、登记意向受让、组织交易签约、结算交易资金、出具交易凭证，促进国有金融资产有序流转，推动国有金融资本保值增值。据中国产权协会统计，2020 年，产权交易资本市场服务国有金融企业产权转让 235 宗，交易金额 673. 65 亿元，实现增值 30. 19 亿元。

产权交易资本市场为国内金融市场上许多重大的、有影响力的金融资产交易项目提供服务。例如，2019 年在北京金融资产交易所完成的中央汇金转让中国国际金融股份有限公司 3. 985 亿股内资股项目，是中央汇金首次市场化转让国有金融股权项目，成交金额为 54. 12 亿元。2021 年，在北京金融资产交易所完成的中国华融资产管理股份有限公司增资项目，实现募资金额 400 亿元，助力中国华融资产进一步回归本源，提升风险抵御能力，夯实可持续经营基础。

三、未来展望

近年来，随着国有金融资产管理体制不断完善，产权交易资本市场的作用也日益突出，在优化国有金融资本布局、做强做优做大国有金融资本等方面发挥着重要作用。

未来，产权交易资本市场将肩负更重大的责任，助力防范化解金融风险，积极服务于国有金融机构回归主业、处置不良资产、化解风险等。

参考文献

[1] 夏忠仁．“双循环”背景下中国产权交易资本市场助力企业并购的思考：在2020世界并购大会上的演讲［J］．产权导刊，2021（1）：5-10.

第三章　自然资源交易业务

在没有特别标注的情况下，本章中的自然资源资产特指国有性质的自然资源资产，具体包括国有土地资源、水资源、矿产资源、国有森林资源、国有草原资源和海域海岛资源这六大类自然资源资产。根据我国法律规定，国家拥有以上各类自然资源的所有权。党的十八大以来，按照中共中央、国务院关于生态文明体制改革的总体部署，各级政府部门认真贯彻落实创新、协调、绿色、开放、共享的新发展理念，逐步建立健全了全民所有自然资源资产有偿使用和流转制度，其中特别强调要坚持发挥市场配置资源的决定性作用和更好发挥政府作用，以保护优先、合理利用、维护权益和解决问题为导向，以明晰产权、丰富权能为基础，在充分尊重市场规律的前提下，以要素资源市场化配置为基本原则，以完善流转交易规则为重点，探索出一条适合中国国情的自然资源资产保护和流转之路。作为我国要素资源市场化配置的重要枢纽性平台，产权交易资本市场在与公共资源交易平台融合发展的过程中，不断拓展自然资源资产进场业务范围，取得了可喜的成绩，积累了宝贵的经验。当前，产权交易机构开展的自然资源资产交易品种主要包括国有建设用地使用权出让（出租）、矿业权出让、河流和海洋资源交易、国有林权交易、水权交易和农村自然资源交易。据中国产权协会统计，2020 年产权交易资本市场共完成自然资源资产交易 8700 余宗，交易额 4735. 8 亿元，增值金额 139. 4 亿元，其中，国有建设用地使用权出让业务贡献了自然资源资产年交易额的 88%。随着更多自然资源资产被列入公共资源交易项目目录，产权交易资本市场在这一领域的业务边界将进一步拓宽，交易规模年增长率有望持续保持两位数的增长态势。

第一节　国有建设用地使用权出让

《中华人民共和国民法典》规定：“国有土地使用权的出让是指国家将国有土地使用权在一定年限内出让给土地使用者，由土地使用者向国家支付土地使用权出让金的行为。”近年来，产权交易资本市场在方案设计、项目推介、交易组织、系统建设等方面为国有建设用地使用权出让提供了全流程服务，已经成为服务国有建设用地使用权出让的重要平台。

一、国有建设用地使用权出让政策梳理

《中华人民共和国土地管理法》对土地性质、土地划分、土地利用、建设用地等做了全面规定，指出："建设用地是指建造建筑物、构筑物的土地，包括城乡住宅和公共设施用地、工矿用地、交通水利设施用地、旅游用地、军事设施用地等。""建设单位使用国有土地，应当以出让等有偿使用方式取得。"

《中华人民共和国土地管理法实施条例》规定："国有土地使用权出让、国有土地租赁等应当依照国家有关规定通过公开的交易平台进行交易，并纳入统一的公共资源交易平台体系。除依法可以采取协议方式外，应当采取招标、拍卖、挂牌等竞争性方式确定土地使用者。"

《中华人民共和国城市房地产管理法》规定："土地使用权出让，可以采取拍卖、招标或者双方协议的方式。商业、旅游、娱乐和豪华住宅用地，有条件的，必须采取拍卖、招标方式；没有条件，不能采取拍卖、招标方式的，可以采取双方协议的方式。"

2007年9月，国土资源部发布《招标拍卖挂牌出让国有建设用地使用权规定》（国土资源部令第39号），进一步规范了国有建设用地使用权的出让行为，对招标、拍卖以及挂牌出让国有建设用地使用权等行为做出规定，指出"招标、拍卖或者挂牌出让国有建设用地使用权，应当遵循公开、公平、公正和诚信的原则"。

二、国有建设用地使用权出让业务流程

根据《中华人民共和国土地管理法》《中华人民共和国城市房地产管理法》《招标拍卖挂牌出让国有建设用地使用权规定》等法律法规，国有建设用地使用权出让业务流程如下：

一是交易场所接收国有建设用地使用权出让信息，建立交易档案，并对土地类型、开发内容、文件完整性等基本信息进行初审。

二是经自然资源主管部门审核批准后，交易场所通过网站、报纸等途径发布出让公告，并发放出让相关文件。

三是意向受让方申请受让并缴纳保证金，交易场所对其进行资格审查，并根据实际情况组织意向受让方进行现场踏勘、答疑等活动。

四是在公告的时间、地点，交易场所组织招标、拍卖等活动，确定受让方。

五是交易场所组织受让方与出让方签订交易合同，并将出让方、受让方、交易金

额、地块信息等基本情况通过交易场所网站及时发布。

六是交易场所协助交易各方完成交易价款结算、材料移交、土地登记办理等事宜。

三、产权交易资本市场发挥的作用

一是实现信息广泛推介。产权交易资本市场为更好地推介项目，除举办专场推介会，利用报纸、电视、网站等发布信息外，还运用微信公众号、抖音、视频号等新媒体手段，充分披露标的信息，广泛开展国有建设用地出让项目推介，有效扩大了信息披露的范围，进一步提升了产权交易资本市场服务国有建设用地出让的市场影响力。

二是建立完备的制度体系。产权交易资本市场根据国有建设用地使用权出让业务的特点，建立了一整套层次完备、内容充实、条理清晰、切合实际的交易制度体系，包括业务制度、交易流程、审核机制、风险防控等业务操作的所有环节，不仅规范了自身运营，也规范了参与交易各方的交易行为，实现了市场运行的制度化、标准化。

三是服务主管部门监督。国有建设用地使用权通过产权交易资本市场交易，利用交易大厅、互联网等渠道，及时对外公开交易信息，主动接受社会的监督，对于受理申请、专家选择、项目竞价等环节，全程透明操作并接受自然资源主管部门的监管，保障了国有建设用地使用权出让的透明安全，对预防土地交易腐败行为起到了积极作用。

四、下一步业务开展思路

一是拓展服务范围。在做好国有建设用地使用权出让的基础上，调研国有建设用地使用权转让需求，结合积累的项目资源、投资人资源、交易系统等，积极开展国有建设用地使用权转让业务，提供税费征缴、交易价款结算及不动产登记等“一站式”服务。

二是提高投资人对接能力。搜集整理参与国有建设用地使用权出让的投资人信息，对优质机构投资人和业务信息进行数据挖掘，描绘投资人画像，并根据其投资偏好进行项目的精准推送，提高项目与投资人的对接效率。

三是提升交易信息化水平。不断优化改造国有建设用地使用权出让交易系统，探索全流程无纸化交易。加强交易系统与自然资源主管部门的对接，保证业务数据的实时报送，为各类监管工作提供支持。

第二节 国有建设用地使用权出租

根据《国土资源部关于印发〈规范国有土地租赁若干意见〉的通知》（国土资发〔1999〕222号）的规定，“国有土地租赁是指国家将国有土地出租给使用者使用，由使用者与县级以上人民政府土地行政主管部门签订一定年期的土地租赁合同，并支付租金的行为。国有土地租赁是国有土地有偿使用的一种形式，是出让方式的补充”。产权交易资本市场不断推进市场体系建设，持续提升服务效能，积极推进国有建设用地使用权出租业务良好运行。

一、国有建设用地使用权出租政策梳理

《中华人民共和国土地管理法》规定，“土地利用总体规划、城乡规划确定为工业、商业等经营性用途，并经依法登记的集体经营性建设用地，土地所有权人可以通过出让、出租等方式交由单位或者个人使用，并应当签订书面合同，载明土地界址、面积、动工期限、使用期限、土地用途、规划条件和双方其他权利义务”。

《中华人民共和国土地管理法实施条例》规定，“国有土地使用权出让、国有土地租赁等应当依照国家有关规定通过公开的交易平台进行交易，并纳入统一的公共资源交易平台体系。除依法可以采取协议方式外，应当采取招标、拍卖、挂牌等竞争性方式确定土地使用者”。

《国务院办公厅关于完善建设用地使用权转让、出租、抵押二级市场的指导意见》（国办发〔2019〕34号）规定，“建立产权明晰、市场定价、信息集聚、交易安全、监管有效的土地二级市场，市场规则健全完善，交易平台全面形成，服务和监管落实到位，市场秩序更加规范，制度性交易成本明显降低，土地资源配置效率显著提高，形成一、二级市场协调发展、规范有序、资源利用集约高效的现代土地市场体系”，“规范以有偿方式取得的建设用地使用权出租管理。以出让、租赁、作价出资或入股等有偿方式取得的建设用地使用权出租或转租的，不得违反法律法规和有偿使用合同的相关约定”。

二、国有建设用地使用权出租的交易流程

国有建设用地使用权出租的交易流程如下：

一是交易场所接收国有建设用地使用权出租信息，并对土地的基本信息进行初审。

二是经自然资源主管部门审核批准后，交易场所通过网站、报纸等途径发布出租

公告，并发放出租相关文件。

三是意向承租方提出申请并缴纳保证金，交易场所对其进行资格审查，并根据实际情况组织意向承租方进行现场踏勘、答疑等活动。

四是在公告的时间、地点，交易场所组织招标、拍卖等活动，确定承租方。

五是交易场所组织承租方与出租方签订出租合同，并将出租方、承租方、出租金额、地块信息等基本情况在交易场所网站及时发布。

六是交易场所协助交易各方处理交易款项结算、材料移交等事宜。

三、产权交易资本市场发挥的作用

一是保障业务有序开展。产权交易资本市场以各项法律法规为基础，制定相应的交易规则以及规范性文本，对受理出租申请、披露出租信息、登记承租意向、遴选过程组织、审核成交合同、出具交易凭证等交易环节做出详细规定，确保国有建设用地使用权出租业务规范有序开展。

二是广泛发掘投资人。丰富的承租人资源是促使出租业务活跃的重要因素，而发现承租人、促使项目与承租需求匹配是产权交易资本市场发挥资本市场作用的重要表现之一。交易场所除通过网站发布信息之外，还利用报纸、微信公众号等渠道发布项目信息，广泛宣传报道房屋出租业务及典型案例，同时采用大数据和人工智能技术，提高投资人与项目的对接效率。

三是发现资产价格。产权交易资本市场通过公开与竞争的制度设计，聚集了众多出租方和承租方，市场的供给与需求关系能够集中反映到交易场所，形成国有建设用地使用权公允的、透明度高的出租价格，不仅能够促进国有资产实现保值增值，也能够为稳定市场秩序、有序配置资源提供支撑。

四、下一步业务开展思路

一是加大业务宣传力度。通过开展走访调研、组织业务培训等措施，进一步加大国有建设用地使用权出租业务的宣贯力度，推动更多国有建设用地使用权出租项目进场，力争形成更多示范案例。广泛运用媒体，尤其是新媒体，利用图片、视频等全方位展示项目。

二是提升数字化服务能力。继续优化国有建设用地使用权出租系统功能，以人性化的服务模式和迅捷的数字技术进一步提升用户体验及客户满意度。通过应用实名认证、场景证书等新技术手段，促使国有建设用地使用权出租业务从信息披露到出具凭证的全流程无纸化交易。

三是提升规范化服务水平。积极收集交易各方反馈的问题，不断优化国有建设用地使用权出租业务工作流程。围绕制度建设、风险管理等主要工作，推动形成国有建设用地使用权出租业务合规管理常态化运行机制，进一步提升规范作业水平。

第三节 矿业权出让

一、矿业权出让相关概念界定

国土资规〔2017〕7号文件对矿业权及出让过程中的相关概念和规则做了比较明确的界定，明确矿业权包括探矿权和采矿权。矿业权交易是指县级以上人民政府国土资源主管部门（简称“国土资源主管部门”）出让矿业权或者矿业权人转让矿业权的行为。[①] 交易主体是指依法参加矿业权交易活动的组织或个人。

矿业权出让是指国土资源主管部门根据矿业权审批权限，以招标、拍卖和挂牌等方式，依据相关法律向探矿权申请人授予探矿权和以招标、拍卖和挂牌等方式，向采矿权申请人授予采矿权的行为。需要特别注意的是，铀矿等国家规定不宜公开矿种不在以上范围内。出让人是指出让矿业权的国土资源主管部门。转让人是指通过合法途径转让其所拥有矿业权的组织或个人。受让人是指符合申请探矿权、采矿权或受让条件，且能独立承担相应民事责任的法人。

二、矿业权交易平台与流程

（一）矿业权交易平台构成及任务

矿业权交易平台是指依据相关法律设立，从事为矿业权出让和转让等提供交易服务的机构。

对于以招标、拍卖或挂牌方式出让矿业权的，应按审批管理权限，在同级或者国土资源主管部门委托的矿业权交易平台进行。矿业权交易平台按照国土资源主管部门下达的委托书或者任务书组织实施。国土资源部登记权限需招标、拍卖或挂牌出让矿业权的，需要根据具体情况进行差异化处理，其中，油气矿业权需由国土资源部统一组织实施，而非油气矿业权则由国土资源部进行委托，并由省级国土资源主管部门具体组织矿业权交易平台实施。

---

① 国土资源部．矿业权交易规则［EB/OL］．（2017-09-19）．http：//www.gov.cn/xinwen/2017-09/19/content_5226055.htm.

（二）矿业权交易形式及流程

矿业权交易平台应当按公告确定的时间、地点组织交易，并书面通知出让人和取得交易资格的投标人或者竞买人参加。

招标或拍卖出让矿业权时，需对投标人或者竞买人数量进行控制，每宗标的投标或竞买人至少为3人。不足3人的，出让人应停止招标或拍卖，并可重新组织或通过其他方式实现交易。出让人需按国家相关规定具体确定招标中的标底、拍卖和挂牌底价、起始价等。招标标底、拍卖和挂牌底价在交易活动结束前须保密且不得变更。无底价拍卖的，应当在竞价开始前予以说明；无底价挂牌的，应当在挂牌起始日予以说明。

投标截止时间之前，投标人应将投标文件以密封形式送达矿业权交易平台，并可根据实际需要补充或修改图标文件，但不得撤回。这里需要特别说明的是，补充或修改部分是投标文件的组成部分。矿业权交易平台在收到文件后，应当场签收保存，并直至开标前不得开启；对于投标截止时间后送达的文件，应当拒收。

出让人和投标人在开标时检查投标相关文件密封情况，并需要当众拆封。矿业权交易平台工作人员应公开宣读投标文件中的投标人名称、价格和文件主要内容等。拍卖会一般依照下列程序组织实施：①由拍卖主持人对竞买人进行点算；②拍卖主持人介绍拍卖标的简要情况；③拍卖主持人公开宣布和强调拍卖规则，以及拍卖过程中的主要注意事项，并对本次拍卖有无底价设置进行说明；④拍卖主持人报出起始价；⑤竞买人应价；⑥拍卖主持人宣布拍卖交易结果。

矿业权拍卖会竞价结束、挂牌期限届满，矿业权交易平台依照下列规定确定是否成交：①有底价的，不低于底价的最高报价者为竞得人；无底价的，不低于起始价的最高报价者为竞得人。②对于出现无人报价或所有竞买人报价均低于底价时，不成交。

三、矿业权出让交易监管

地方各级国土资源主管部门应当加强对矿业权交易活动的监督管理。上级国土资源主管部门有责任监督下级主管部门矿业权交易中各项活动，并对其提供必要业务指导。为有效开展工作，矿业权交易平台需要为全部矿业权交易建立档案，系统且详细地收集和整理交易过程中产生的相关文书，并需要进行分类、登记和造册。国土资源主管部门在对矿业权招标、拍卖或挂牌监督过程中，应公布投诉举报电话，完善响应和处置机制，加强社会监督。

四、对矿业权出让及公共资源交易融合发展的建议

（一）市场化运作是优化资源配置的必由之路

交易机构坚持市场化运作，通过价值规律、竞争规律、供求规律等在资源配置中

起到决定性作用，不仅能够让各类机构通过竞争实现各种矿业权最佳组合以及自身利益最大化，而且能够让各种资源按照市场价格信号反映的供求比例流向最有利的行业和地区，让一切劳动、知识、技术、管理、资本的活力竞相迸发，创造出更多的社会财富。这样既有利于降低制度性交易成本，又有利于厘清政府与市场的边界，实现管办分离。①

（二）企业化运营是资源配置的最佳选择

企业化运营有利于激发市场活力。坚持“平台+生态”的理念，按照“整合资源、先易后难、重点突破、整体推进”的思路和“统一交易规则、统一信息披露、统一资金结算、统一收费标准、统一出具凭证”的原则，整合分散的资源、资金、管理、技术、信息等专业要素市场，横向将矿业权出让要素资源导入公共资源交易平台，纵向形成统一规范，延伸至各省、市、县三级市场的要素市场平台体系。

（三）矿业权出让与公共资源交易市场融合发展是矿业权资源配置最大化的现实需要

矿业权出让与公共资源交易市场融合发展可以更好地实现资源共享，提升矿业权出让市场效应，消除重复、低水平建设和良莠不齐运作的交易机构，构建高标准的市场体系，实现矿业权交易从分散到集中、规则从分立到统一、系统从分设到联通、信息从分割到共享的根本转变。矿业权出让与公共资源交易市场实现融合，应重点在市场建设的标准化、运行的规范化、交易的透明化和服务的便捷化四个方面发力。②

第四节　河流和海洋资源交易

一、河流资源交易

（一）河流资源的概念

到目前为止，河流资源并没有一个公认的定义，一般认为包括河流的水资源、水能资源、养殖捕捞资源、砂石资源、航运资源、岸线资源、码头资源及其他一切与河流及流域相关的所有权、占有权、使用权、收益权和处置权等，除此之外，还包括河道上运行的船舶使用权、河道疏浚管理权、河道管理使用权等。

---

① 王运栋. 矿业权网上交易存在的问题与工作重点思考［J］. 招标采购管理，2021（10）：23-25.

② 王利. 产权交易市场与公共资源交易市场的融合发展是要素资源市场化配置的必由之路［J］. 产权导刊，2021（9）：42-47.

本节所讨论的河流资源不包括水资源、水能资源（会在后面的章节单独论述）。

（二）河流资源管理现状

河流资源因拥有水、陆两栖特性的地理位置，既涉及如何保护两岸免受洪水灾害，又具有保障居民生产生活用水、维护航道运行、保护水生态环境等功能，所以除水利部门依据相关法规对其实施管理外，自然资源部、交通运输部、农业农村部渔业渔政管理局等部门和相关行业机构也在依据有关行业及地方性法规对河流进行管理。

2016 年 12 月中共中央办公厅、国务院办公厅联合印发的《关于全面推行河长制的意见》，明确了建立多层级河长制及河长的职责，确定了各级河长"负责组织领导相应河湖的管理和保护工作"。由此可见，各级河长是河流资源的管理者。

从 2018 年 6 月开始，我国全面建立河长制，共明确省、市、县、乡四级河长 30 多万名，另有 29 个省份设立村级河长 76 万多名，打通了河长制"最后一公里"。

（三）河流资源交易现状

目前，我国的河流资源交易并没有统一的交易场所，有关河流资源的交易一般在各地的公共资源交易中心平台进行。河流资源交易一般包括河道疏浚招标、河道综合治理招标、河道管线工程招标、河流岸线资源交易等，属于工程建设类和政府采购类范畴。

（四）河流资源交易相关案例

以上海市为例。上海市的河道疏浚招标、河道综合治理招标、河道管线工程招标、河流岸线资源交易都集中在上海市公共资源交易中心下属的政府采购和工程建设平台统一招投标，以下举一个具体案例加以说明。

2021 年 5 月 17 日，上海滨江森林公园在上海市公共资源交易中心平台网站上，通过政府采购子平台公开招投标，购买滨江岸线绿化养护服务，招标金额为 193. 3 万元人民币，并对投标人提出了资质要求。6 月 11 日，在收到 6 家单位提交的标书后，上海市政府采购中心举行了评标会。6 月 17 日，中标信息在上海市公共资源交易中心平台网站上公示。

二、海洋资源交易

（一）海洋资源的概念

传统的海洋资源包括海洋矿物资源、海水化学资源、海洋生物（水产）资源和海洋动力资源四项。随着我国海洋经济的不断发展，海洋新兴产业渐次出现并不断做大做强，海洋资源的开发利用不再局限于传统的海水养殖业、盐业加工、港口运输业，海洋生物医药、海洋能发电、海水综合利用产业等将逐步成为我国海洋经济的重要组成部分。

（二）海洋资源交易现状

2002 年，《中华人民共和国海域使用管理法》（简称《海域法》）正式颁布和实施，标志着我国海洋资源交易进入新阶段。海洋资源的价值在很大程度上是通过海域使用来实现的，因此海域资源使用的相关权利交易可以代表海洋资源交易。

《海域法》第三十三条规定，“国家实行海域有偿使用制度”，在法律层面明确了我国海域有偿使用机制。按海域使用权交易主体的不同，可将海域资源市场分为一级市场和二级市场。一级市场是分配市场，指国家将海域资源通过各种方式分配给用海企业或个人使用。在一级市场上，国家可以实现对海域资源的集中管控，如对用海总量、用海期限、用海位置、用海类型、用海方式等进行控制，从而达到集约用海的管理目标。二级市场是交易市场，在一级市场上取得海域使用权的企业或个人可以在二级市场上转让相关权益。交易方式主要有转让、出租、抵押三种，其中海域使用权转让还可以分为买卖、交换、赠与和继承。

《海域法》实施至今，一级市场一直以协议出让（行政审批）方式为主，缺乏市场竞争过程。随着海域管理工作的不断深入和社会主义市场经济的不断发展，以招拍挂方式出让海域的资源逐渐增多。相较于一级市场，当前我国海域资源二级市场的发展较为缓慢。

目前，我国正式设立的以海洋资源交易为核心业务的交易所仅有山东海洋产权交易中心（简称“海交中心”），其他沿海地区的产权交易机构（或者公共资源交易机构）在交易品种中会涉及海洋资源的产权交易，有些是在海洋局进行招标。

（三）海洋资源交易的典型案例

这里，我们选取了在山东海洋产权交易中心挂牌的编号为 HYCR2021117 的威海市文登区 2021049 号海域使用权出让项目。该项目于 2021 年 12 月 3 日在山东海洋产权交易中心挂牌，宗海面积为 186. 4533 公顷，出让年限为 15 年，挂牌价格为 616 元/公顷・年。2021 年 12 月 23 日，出让方威海市文登区海洋发展局与各受让方签订威海市文登区 2021007 号—2021049 号海域使用权出让合同。该批海域使用权项目出让年限均为 15 年，挂牌单价均为 616 元/公顷・年。次日，相关成交公告正式披露。

第五节 国有林权交易

我国在历史上是一个农业大国，林地和农业土地是我国经济发展的根基。随着我国改革开放的不断深化，林地成为重要的土地资源，林权流转也成为我国农业农村关注的重大问题。本节从林权流转的发展沿革、政策出台、业务特点、制约因素、业务操作流程等方面进行分析。

一、发展沿革

2003 年，《中共中央 国务院关于加快林业发展的决定》（中发〔2003〕9 号）出台。此次林改涉及全国 57%的森林面积，首先在福建、江西等省份试点，目的是构建产权归属清晰、经营主体落实、责权划分明确、利益保障严格、流转顺畅规范、监管服务到位的现代林业产权制度。

2008 年 6 月，《中共中央 国务院关于全面推进集体林权制度改革的意见》（中发〔2008〕10 号）出台，林权改革进一步深化。其主要任务：一是明晰产权，二是勘界发证，三是放活经营权，四是落实处置权，五是保障收益权，六是落实责任。相关政策法规陆续出台。

随着社会经济的发展，集体林权制度改革取得明显成效，明晰产权、承包到户改革任务基本完成，林地流转、林权抵押贷款、森林保险等政策不断完善，集体林业发展活力逐步显现。但总体来看，集体林业体制机制还不够活、质量效益还不够高，推进深化改革的任务还十分繁重。

二、政策出台

2008 年，《中共中央 国务院关于全面推进集体林权制度改革的意见》（中发〔2008〕10 号）出台，要求“规范林地、林木流转。在依法、自愿、有偿的前提下，林地承包经营权人可采取多种方式流转林地经营权和林木所有权。加快林地、林木流转制度建设，建立健全产权交易平台，加强流转管理，依法规范流转，保障公平交易，防止农民失山失地”。

2013 年，中国银监会、国家林业局联合印发了《关于林权抵押贷款的实施意见》（银监发〔2013〕32 号），要求“有条件的县级以上地方人民政府林业主管部门要建立林权管理服务机构。林权管理服务机构要为开展林权抵押贷款、处置抵押林权提供快捷便利服务”。同年，《国家林业局关于进一步加强集体林权流转管理工作的通知》（林改发〔2013〕39 号）发布，提出“要按照《国务院办公厅关于清理整顿各类交易场所的实施意见》的要求，积极配合当地人民政府做好林权交易场所清理整顿工作和林权流转市场监管工作。建立健全面向广大农民的林权流转管理和服务县级林权管理服务机构，配备工作人员和工作场所”。

2016 年，《国务院办公厅关于完善集体林权制度的意见》（国办发〔2016〕83 号）发布，要求“依托林权管理服务机构，搭建全国互联互通的林权流转市场监管服务平台，发布林权流转交易信息，提供林权流转交易确认服务，维护流转双方当事人合法权益”。同年，《国家林业局关于规范集体林权流转市场运行的意见》（林改发〔2016〕100 号）出台，要求“各地要完善县级林业服务平台功能，逐步健全县乡村三级服务和管理网络，为林业经营主体提供林权流转、惠林政策实施、生产信息技术、林权投融资等指导、服务”。

三、业务特点

林权流转在我国改革开放初期就已经发展起来，随着社会经济和市场化的发展，结合当今激烈的市场竞争，当前我国林权流转呈现出以下三个特点：

第一，林权流转主体多元化。林权流转制度改革之前，林地和相关资源归农村集体所有，而在当前林权流转制度改革发展之下，越来越多的个人和农户对林地所有权与经营权拥有更大的自主性。结合当前经济发展形势，农村集体所有与个体农户所有等多样化的所有形式在实际操作中结合使用，共同完善了林权流转制度，使林权流转制度具有更强的生命力。

第二，林权流转形式多样化。过去林权流转更多是集体所有土地之间的交易行为，而在新的林权流转制度下，流转形式发生了转变。在林业产权逐步划分到各家各户之后，许多个体农户也对林权拥有了权益，个体农户通过林权流转，盘活了更多的林业资源，使林业产权能够得到更充分的流转和使用，从而创造更多的价值。在实际林权流转中，可以采用转让、租赁、质押等多种形式，这使得林业产权的流转更加多样化。

第三，林权流转向集约化、规模化发展。林权向林业大户流转集中，林业产业呈现出集约化、规模化发展的趋势。集约化的林权流转趋势使林业资源得以重新配置，发挥规模化效应，同时相对稳定的林权流转环境使林业资源本身能够创造更多的价值。

四、制约因素

林地流转的目的是使“资产变现”，盘活林业资源。制约当前我国林权流转的主要有产权关系界定不清晰、林权流转信息不对称、林权流转制度不完善、林权流转程序不规范、缺乏统一规范的林权流转平台以及林权交易成本较高等因素。因此，在实际操作中，应当更加关注林权流转制度的完善和确立，出台更具专业性的林权流转管理规则。

五、业务流程

（一）交易委托

转让方提出委托申请并提交项目基本材料、主体资格证明材料、权属证明材料及法律法规要求的其他材料。产权交易机构受理委托申请，并对项目材料进行审核。

（二）信息公告

产权交易机构发布项目信息公告，披露项目基本情况、交易条件、受让方资格条件、交易方式、交易保证金、付款方式等内容。

（三）意向受让登记

意向受让方可到产权交易机构或转让方处查阅交易标的公开资料，实地勘察林地。产权交易机构接受意向受让方报名，对意向受让方资格条件进行审核，收取项目交易保证金。

（四）组织交易及签约

产权交易机构采用网络报价、协议转让等方式组织交易。确定受让方后，受让方按照信息公告要求办理成交签约等相关手续。产权交易机构通过网站对外公告交易结果。

（五）交割及资金结算

交易双方应按照信息公告及交易合同的相关约定办理标的交割及资金结算手续。

（六）出具交易凭证

产权交易机构向交易双方出具交易凭证。

第六节　水权交易

一、水权的基本概念

水权在广义上被认为是水资源的所有权、使用权和经营权。《中华人民共和国水法》（简称《水法》）规定，“水资源属于国家所有，水资源的所有权由国务院代表国家行使”，所以我国的水权交易是指水资源使用权或经营权的交易。水权制度产生的根本原因是水资源的稀缺性。受社会经济发展和技术革命的影响，水资源被大规模运用到工业生产中。水资源作为自然资源的一种，不能无限制地被人们使用，其供给的低弹性和无替代效应致使“一水难求”的现象屡屡发生，供需矛盾日益尖锐。为有效解决水资源的合理配置问题，水权制度产生并不断发展。

“截至 2020 年末，我国水资源总量 31605.2 亿 m^3，地表水资源量 30407.0 亿 m^3，地下水资源量 8553.5 亿 m^3，全国人均综合用水量 412 m^3，万元国内生产总值用水量

57.2 m^3，城镇人均生活用水量（含公共用水）207L/d，农村居民人均生活用水量100L/d。”① 由此可见，我国依然是缺水大国，水资源的稀缺影响了居民生产生活的方方面面。在现有的水权分配原则下，科学合理地允许水权使用者进行交易，以满足人们的基本需求和生态环保需求下水资源的高效率、高质量使用，是我国水权交易制度建设的根本目的。

二、我国水权交易现状

（一）我国水权交易制度

近年来，国家出台的一系列与水资源相关的法律、法规、规章和规范性文件等推动了我国水权规则体系的建设，为水权交易提供了法律和制度保障。我国的水权制度属于公共水权制度，其法律体系基于大陆法系。“在水资源使用权方面，通过《中华人民共和国水法》《中华人民共和国物权法》等法律进行了规定。在水资源初始分配方面，通过《水法》《取水许可和水资源费征收管理条例》等法律法规进行了规定。在水权交易方面，通过《水法》《水权交易管理暂行办法》等法律法规进行了规定。”②

（二）我国水权交易典型案例

1. 义乌—东阳水权交易

义乌—东阳水权交易被学术界认为是中国水权市场诞生的标志。2000 年，浙江省的义乌市和东阳市开展水权交易，交易额为 2 亿元，交易标的为东阳恒锦水库每年5000 万立方米的永久使用权。浙江省工农业用水需求大，水资源供给量不足，与省内其他地市相比，义乌的缺水程度更为严重。本次水权交易有效缓解了义乌的工业和生活用水之急，打破了以往用行政手段进行水资源分配的惯例，第一次在水权交易方面显示了“无形的手”对水资源的配置作用，对我国水权交易具有重要的历史意义。

2. 湖南省长沙市雨水资源交易

2020 年，湖南省长沙市雨水资源使用权交易是我国首次雨水权交易，标志着我国雨水资源等非常规水资源作为要素资源的一种成功进行市场化交易。本次交易标的为积蓄的 4000 立方米/年的雨水资源，年交易额为 15400 元。虽然交易规模不大，但本次交易开创了雨水资源采集—存储—利用及生态价值进入要素交易市场的新模式，凸显了市场的价格发现功能，实现了非常规水资源的使用价值。

---

① 中华人民共和国水利部 .2020 年中国水资源公报［R］. 北京：中华人民共和国水利部，2021.

② 刘家君 . 中国水权制度研究［D］. 武汉：武汉大学，2014.

三、我国水权交易制度建设面临的困难和挑战

目前，我国水权交易制度建设面临诸多困难和挑战：一是与水权交易相关的法律法规有待完善，水资源配置体系不能完全支撑水权交易市场的发展，水权交易意识有待提高；二是水权交易基础设施有待完善，相关取用水计量等基础设施安装率普遍较低，水资源的监控设施仍存在较大缺口，导致水权的交易和监管缺乏基础支撑；三是水权交易流程过于复杂，水资源本质上属于公共物品，具有公益属性，在水权的初始分配方面，仅依靠市场手段是行不通的。水资源具有流动性、形态多样性和利害双重性，无法直接借鉴传统要素资源的交易模式。要解决上述问题，需要全社会提升对水权交易的认识，进一步深入自愿交易的探索实践，继续加强水权制度软件和硬件的建设，积极稳妥推进水权交易市场建设，进而促进水权交易市场不断完善发展。①

四、我国水权交易市场发展趋势

目前，最严水资源管理制度在全国各地严格实施：对达标或者超标取用水的地区，将暂停审批新增取用水项目；对取用水总量接近控制指标的地区，将限制审批新增取用水项目。因此，最严水资源管理制度将催生大量水权的买方和卖方，水权交易市场也将日趋活跃。

我国水权交易制度应在以下三个方面加强建设：一是加强水资源相关法律体系建设，在国家宏观政策指引下积极完善水权交易标准与制度，为水权交易做好制度支撑；二是对各类水资源的交易模式进行研究，探索生态补偿型水权交易，以及政府水权回购、储蓄和转让等多种新型水权交易模式，探索水金融产品和新型水交易品种；三是打造各地方水权交易平台，推动水权交易入场挂牌结算，引导开展水权交易，充分发挥市场灵活配置水资源的作用，进而提高我国水权交易市场的活跃度。

第七节　农村自然资源交易

一、农村自然资源

广义的农村自然资源是农业自然资源和农业经济自然资源的总称，包括农业生产

① 陈思．中国水权交易所，后来怎样了［N］．中国水利报，2019-08-14（10）．

可利用的自然环境要素，如以山、水、林、田、湖、草等为主的自然资源。农业经济资源是指直接或间接对农业生产发挥作用的社会经济和社会生产成果，如农村人口、农业技术装备等。《国务院办公厅关于引导农村产权流转交易市场健康发展的意见》（国办发〔2014〕71 号）对现阶段农村自然资源交易品种进行了明确，具体包括：①农村土地承包经营权；②林权；③“四荒”土地使用权；④农村集体经营性资产；⑤农业生产设施、设备；⑥小型水利设施使用权；⑦农业类知识产权；⑧农村建设项目招标和与自然资源相配套的资产等其他权益交易。以上 8 项可交易自然资源要具备主体明确、产权明晰、信息真实的特征方能进场交易。

产权界定是农村自然资源交易中最重要的问题，一部分农村自然资源缺少产权流转的政策依据，如宅基地使用权、农村房屋所有权和工商资本经营农地使用权等，不能牵强引导交易主体进场交易，要认真调研，做好进场前的准备工作，待相关政策出台后，再逐步引导相关资源或主体进场交易。

二、农村自然资源交易现状

随着农村产业结构调整和农村经营模式改革不断深入，农村自然资源类交易越来越多，从零散的农产品、农机具、土地流转逐步向规模化、产业化方向发展，对交易平台运作的规范性要求越来越高。截至 2021 年末，由各区域股权市场组建的农交中心类机构已经有 27 家，还有部分农交中心类机构正在筹建，交易品种多以土地承包经营权流转为主。这些机构的成立为农村自然资源交易提供了便利，但也存在交易品种单一、交易制度流程欠规范、区域间发展不平衡等弊端，各交易机构正在努力改进、完善平台。

三、农村自然资源交易平台建设

要建设统一的国家、省、市、县、乡、村自然资源交易平台，形成六级协作联动、互联互通、一体运营的工作架构。农村自然资源交易市场要坚持政府主导、服务“三农”，以为农服务为宗旨，突出平台建设的公益性，坚持公开、公正、规范，稳步推进，因地制宜。一是重点鼓励丰富交易品种，如对于农村集体资源发包、招标采购，以及较大数额资产处置等，全部纳入交易市场进行公开交易。同时，对于通过交易市场或平台对农村土地经营权进行抵押贷款的，要做到“植根农村、贴近农户、熟悉农情”，让服务真正进入千家万户，以提供更加便利的服务为宗旨。二是加强农村自然资源交易平台建设，使平台具有信息发布、竞价（挂牌）交易、交易鉴证等功能，采取报名实名认证、线上资质审核、系统操作留痕、审核权限明确等措施，发挥市场在资源配置中的决定性作用，促进集体资产资源保值增值，有效增加集体经济组织和农民的财产性收入。农村自然资源交易平台的定位是资源配置的阳光平台，通过制度设计来实现交易品种清晰和程序规范；丰富和完善价格发现机制，以提升农户及其他交易主体实际利益为目标，实现农业资源优化配置和高效利用。三是不断提升农村自然资源交易平台系统研发水平。中国产权协会农村产权交易分会可以组织相关专家和起步早、成绩显著的交易机构中的技术骨干，成立松散型研发机构，对共性研究成果进行论证推广，形成全国统一的农村自然资源交易模式。四是规范交易行为、细化交易范围和交易服务标准，制定统一的交易规则、交易流程和交易文本，确保进行交易的产权无争议，发布的信息真实、准确、完整，交易品种和方式符合相应法律、法规和政策要求，交易过程公开、公正，交易服务方便农民群众。

四、农业自然资源交易要素

在市场经济条件下，农村自然资源交易趋向多样化，通过体系和平台建设，扩大交易品类和服务范围。以农村资源全要素为主要内容设定交易品种，包括政策规定的全部交易品种。以农业生产全过程为主要内容开展交易活动，包括农村采购服务（农村生产资料采购交易、大宗农产品销售交易、农村集体建设项目招投标、农村集体办公用品采购和涉农其他用品采购服务）、农产品营销服务（大宗粮食产品、畜牧渔业产品、绿色有机食品、特色农产品等）、金融保险服务（惠农金融贷款、农村土地经营权抵押融资、农村房屋宅基地抵押贷款、新型经营主体抵押贷款、农村股权抵押贷款、农业保险代理服务等）、以农民生活全域为主要内容发现交易项目（村集体资产租赁、转让交易，农村房屋和厂房交易、车辆交易、生产设备交易、集体股权交易，涉农企业股权交易，农业知识产权、无形资产交易等资产交易服务）。

五、农业自然资源交易前景与平台保障

作为中国产权交易资本市场的重要组成部分，农村自然资源交易要充分利用好产权交易资本市场的成功经验，以区域市场建设为核心，向周边市、区、县、乡、镇辐射，深耕大农业、大资源、大数据带来的宽泛市场，把握农村土地资源、林地资源、生物资源、生态资源优势，运用土地种植大数据推进农村种植产业化进程，形成农村自然资源、生态资源协调发展的局面，从开发农村自然资源交易品种入手，向农村自然资源类金融保险服务延伸，让农村自然资源的流转成为“三农”事业发展的又一动力之源。

加强对农业自然资源交易平台的有效监督，通过内部规范制度控制、市场监督机制设计和上级监管机构监督等形式实现对农村自然资源交易平台的三级监督体系。

参考文献

［1］赵明利．我国海域资源配置市场化管理问题与对策研究［D］．烟台：中国科学院大学，2015.

［2］程博．海域使用权流转制度研究［D］．大连：大连海事大学，2019.

［3］黄剑威．河流岸线资源管理及其对流域综合管理（IRBM）的作用［D］．广州：华南理工大学，2009.

［4］李林生．黄山区林权流转创新机制的建立与实践［J］．安徽农学通报，2016，22（18）：93，98.

［5］杨威．探析我国林权流转过程中存在的问题及对策［J］．黑龙江农业科学，2015（10）：166-169.

［6］胡依波，刘沧山，何光淇，等．昆明市五华区林权流转制约因素及对策探究［J］．中国林业经济，2015（4）：23-25.

［7］邓雯雯．林权流转效率及其制约因素研究［J］．北京农业，2014（15）：79.

［8］蓝帅，张晓丽，张大红．林权流转的制约因素及对策［J］．现代农业科技，2013（1）：163-165.

［9］中华人民共和国水利部．2020年中国水资源公报［R］．中华人民共和国水利部，2021.

［10］陈思．中国水权交易所，后来怎样了［N］．中国水利报，2019-08-14（10）.

［11］刘家君．中国水权制度研究［D］．武汉：武汉大学，2014.

［12］国土资源部．矿业权交易规则［EB/OL］．（2017-09-19）．http：//www.gov.cn/xinwen/2017-09/19/content_5226055.htm.

第四章　环境权交易业务

我国产权交易机构参与从事环境权交易至今只有 10 余年的历史。2008 年 8 月，北京、上海两个城市同时宣布成立环境权交易市场平台（北京绿色交易所和上海环境能源交易所），是我国较早探索采用市场化机制推进节能减排、致力发展绿色金融的有代表性的产权交易机构。2011 年 10 月，国家发展改革委印发《关于开展碳排放权交易试点工作的通知》（发改办气候〔2011〕2601 号），批复同意北京、天津、上海、重庆、湖北、广东开展碳排放权交易试点，由此正式开启了我国碳排放权交易试点的序幕。经过这些年的努力，产权交易机构从事的环境权类业务不断拓展，主要包括排污权交易、碳排放权交易、用能权交易、绿色公共服务、再生资源交易等业务，环境权交易已成为产权交易资本市场参与我国要素资源市场化配置、建设高标准市场体系、服务国家战略、融入国家发展大局的重要业务领域。2020 年 9 月 22 日，习近平主席在第 75 届联合国大会一般性辩论上庄严宣布，中国二氧化碳排放力争于 2030 年前达到峰值，努力争取 2060 年前实现碳中和。可以说，“双碳”目标的提出，标志着以排放权交易业务为代表的我国环境权益交易市场建设迈出实质性步伐。2020 年 12 月，生态环境部发布《碳排放权交易管理办法（试行）》（生态环境部令第 19 号），标志着全国碳交易市场建设和发展进入了新时代，产权交易资本市场迎来了环境权交易业务蓬勃发展难得的历史机遇期。2021 年 7 月 16 日，全国碳排放权交易市场启动了上线仪式。作为以市场机制推动温室气体减排的重大制度创新，全国碳市场的启动必将为引导资源更多投向低碳发展领域提供有效路径。“十四五”期间，产权交易行业将按照党中央、国务院决策部署，全力以赴、扎实稳妥建设全国碳交易市场，奋力打造具有国际影响力的碳交易中心、碳定价中心、碳金融中心。

第一节　排污权交易

排污权是指在环保部门监管下，以排放者不损害其他公众环境权益为前提，依法享有排放污染物的权利。排污权是环境要素资源的一项权益资产。

排污权交易制度是产权理论和市场机制的有机耦合。企业排污权具有产权的有价性，可以通过转让带来收益。排污权交易以污染物排放总量控制为手段，利用市场配置实现交易的制度设计，达到持续改善环境质量、控制温室效应和臭氧层破坏的目标。

一、排污权市场起源

1960 年，英裔美国经济学家科斯提出排污权交易理论。1968 年，为有效控制二氧化硫污染日益严重的状况，美国经济学家戴尔斯对排污权交易进行了详细阐述，美国《空气清洁法案》对该交易理论做出立法性规定，并将其应用于大气污染源及河流污染源管理实践。通过制定系列政策法规，在一定范围的不同排放主体间通过货币交换的方式调剂排污量，利用市场化的经济手段来达到削减污染量的目的。德国、英国、澳大利亚等国家相继实行了排污权交易相关政策。通过市场实践，排污权交易逐步勾勒并形成目标规划、交易模式、方法学等相关理论及制度体系。

二、我国排污权市场现状

20 世纪 80 年代，我国尝试引入排污权交易制度，最早的交易案例是 1987 年上海水污染排放权转让。2007 年，浙江嘉兴建成我国首个排污权交易中心。2007—2014 年，政府批复天津、河北、山西、内蒙古、江苏、浙江、河南、湖北、湖南、重庆、陕西、山东青岛纳入试点范围，除此之外，有 16 个省份自行开展了排污权交易。各试点省份的试点工作虽取得阶段性进展，但在排污权确权、监管、市场规则、信息披露等方面尚未形成完整统一的制度体系，虽处于初级市场建设探索阶段，但也积累了大量的理论成果和实践经验。

在我国大力推进经济结构调整与生态文明制度建设背景下，《中华人民共和国国民经济和社会发展第十四个五年规划和 2035 年远景目标纲要》提出，推进排污权、用能权、用水权、碳排放权市场化交易，将促进我国排污权有偿使用交易制度的逐步健全，也必将推进排污权市场化机制的建立。通过充分发挥市场配置资源的作用，建立符合我国国情的排污权交易机制，是一项重要的制度性安排，有利于污染物总量控制，推动节能减排和环境建设。

三、排污权市场建设思考

（一）深化排污权市场建设

我国《排污许可管理条例》（简称《条例》）自 2021 年 3 月 1 日起施行。“十四五”时期，我国生态环境建设将逐步进入减污降碳协同治理新阶段。《条例》覆盖排污许可管理全要素，对排污许可、主体责任、市场监管等方面做出了规定。《条例》将为我国全面实行排污许可制、科学精准降污提供有力支撑，排污许可制度改革也将随着《条例》的出台，指导企业在“双碳”目标下实现生态环境改善和经济高质量发展。下一步，排污权交易市场建设应在监管机制、交易规则、技术规范、方法学、信息平台、数据应用、信用约束、责任追究、排污权交易种类拓展等方面不断完善，力争成为服务我国高质量发展的、跨区域流转的统一排污权交易市场。

（二）健全完善监管体系

排污权市场高质量发展，应做好制度的顶层设计，健全市场相关法律法规，制定具有指导性的根本法作为统一监管的法律依据和标准。同时，要建立有关监管部门之间的协作机制，优化生态环境领域监管服务和营商环境，实现监管到位与避免重复监管双提升。

（三）完善分配与定价机制

完善排污权市场交易机制。发挥市场配置环境资源的作用，鼓励排污主体开展排污权交易，支持排污权跨区域流转。依托交易所构建统一排污权交易平台，细化污染排放名录，规范信息披露，丰富交易品种，完善交易规则，创新交易方式，简化交易与竞价流程。根据区域环境质量管控要求，结合建设项目具体情况，科学合理分配排污单位排污总量，明确定价指导和配额期限，建立指标来源追溯、时间优先、顺位排序、动态替补、数量分档、交易凭证、定价方式、禁止品类、违约责任等交易原则，为提升排污权二级市场的活跃度提供保障。

（四）推进大数据应用的智慧管理

充分运用“互联网+”、大数据等科技手段，推进生态环境大数据的共建、共享、共用，搭建排污权交易服务平台，形成对排污权的可视、可查、监测、评价、预警、调度、监督、线上办理等方面动态与静态相结合的智慧管理，实现生态环境治理高质量发展。

（五）创新金融服务，提高市场活跃度

在创新方面，排污权交易应进行除现有交易品种外的颗粒物、挥发性有机物和重金属的排污权交易可行性研究，并制定价格基准。在环境权益方面，鼓励金融机构针对排污权创新金融服务，进行绿色信贷、抵押质押、租赁融资等环境权益新型信贷金融产品研发，拓宽绿色信贷基础资产范围与排污主体融资渠道，盘活排污主体闲置的排污权，优化环境资源资产配置，充分发挥市场机制与金融创新在生态文明建设中的作用。

排污权市场与我国碳排放权市场类似，以环境权益资源“谁污染，谁付费”机制为市场基础。排污权二级市场活跃度的提升，有利于推动节能减排。排放主体通过交

易可获得增量资金，用于先进减排技术升级改造与创新，形成对生态环境建设和应对气候变化大有裨益的良性循环。

环境污染物具有扩散性、流动性、区域性等特点，所以探索建立跨区、跨省的排污权交易市场已经成为必然趋势。2020 年，随着部分省份相继启动排污权二级市场交易，企业的环境资源意识逐步提高，排污权交易在我国节能降碳过程中起到了积极的推动作用，同时为探索建立全国统一的排污权交易市场积累了宝贵经验。

第二节 碳排放权交易

2020 年 9 月，在第 75 届联合国大会上，中国郑重向世界承诺，二氧化碳排放力争于 2030 年前达峰，努力争取 2060 年前实现碳中和。2020 年 12 月，中央经济工作会议上提出，要加快建设全国用能权、碳排放权交易市场，实现减污降碳协同。2021 年 2 月，《国务院关于加快建立健全绿色低碳循环发展经济体系的指导意见》明确提出，统筹推进高质量发展和高水平保护，建立健全绿色低碳循环发展的经济体系，推动我国绿色发展迈上新台阶。2021 年 3 月，《中华人民共和国国民经济和社会发展第十四个五年规划和 2035 年远景目标纲要》提出“生态环境根本好转，美丽中国建设目标基本实现”的 2035 年远景目标。2021 年 10 月，《中共中央 国务院关于完整准确全面贯彻新发展理念做好碳达峰碳中和工作的意见》《2030 年前碳达峰行动方案》明确提出：在“十四五”期间，重点行业能源利用效率大幅提升；在“十五五”期间，清洁低碳安全高效的能源体系初步建立。

一系列重磅文件的出台和我国“双碳”目标的确立，为国际社会全面有效落实《巴黎协定》、重振全球气候行动注入强大信心、动力与希望。“双碳”目标是我国基于推动构建人类命运共同体应对气候变化的大国担当和庄严承诺。“双碳”目标引导绿色技术创新，有助于加快绿色低碳产业发展，有利于在可再生能源、绿色制造、碳捕集与利用等领域形成新的增长点，有利于通过全球共同努力减缓气候变化、降低对经济社会造成的损失，有利于推进生态文明建设和生态环境保护、持续改善生态环境质量。“双碳”目标对于加快形成以国内大循环为主体、国内国际双循环相互促进的新发展格局，推动高质量发展，建设美丽中国，实现人民对美好生活的向往，具有积极的促进作用。

一、全球碳市场现状

从 2005 年《京都协议书》到 2016 年《巴黎协定》的签署，全球碳排放权交易市场正式开启。英国风险评估公司 Maplecroft 公布的温室气体排放量数据显示，2000—

2020 年，中国年排放量超 60 亿吨，位居世界各国之首，中国在温室气体排放方面面临前所未有的压力；美国排名第二，年排放量达 59 亿吨，人均年排放量 19. 58 吨；俄罗斯、印度分别排名第三、第四。交易市场公开统计数据显示，截至 2021 年 12 月 28 日，欧盟碳市场（EU-ETS）交易额超 1700 亿欧元（折合人民币 1. 2 万亿元），价格为 79. 2 欧元（折合人民币 570 元）/吨；英国碳市场（ICE）价格为 80 欧元（折合人民币 575 元）/吨，已超过欧盟碳价；韩国碳市场（KRX）价格为 35000 韩元（折合人民币 187 元）/吨；美国碳市场（RGGI）配额价格为 13 美元（折合人民币 82 元）/吨。

2021 年 11 月，第 26 届联合国气候变化大会（COP26）召开，确定《巴黎协定》6. 4 机制，即未来全球碳市场机制，或称可持续发展机制（Sustainable Development Mechanism，SDM）。该机制的实行，将指导全球碳价以 ITMOs 为准绳相互靠拢，形成统一碳定价体系，使碳资产交易有望在未来替代石油成为全球最大的大宗商品交易。从全球来看，目前有 30 多个国家和地区正在或计划实施碳交易体系。

二、我国碳市场发展进程

2013 年，我国确立 8 省份先后开展碳交易试点。2021 年 6 月，试点省份配额累计成交量达到 4. 8 亿吨，交易额达到 114 亿元，成交均价为 23. 75 元/吨。在自愿减排市场方面，8 省份国家核证自愿减排量（CCER）交易量累计 2. 68 亿吨，2021 年全年成交量为 9514 万吨。2021 年是“十四五”开局之年，7 月 16 日，全国碳排放权交易市场上线，中国正式开启碳市场机制。我国首个纳入碳市场的行业是电力行业，即 2013—2018 年中任何一年的碳排放量超过 2. 6 万吨的 2162 家发电企业纳入全国统一碳排放权配额市场。碳市场的主管部门根据电厂的发电量及其对应的基准线为企业分配配额。截至 2021 年 12 月底，全国碳排放配额（CEA）累计成交 1. 79 亿吨，交易额为 76. 61 亿元，均价为 42. 79 元。未来，我国碳市场将从电力行业向石化、建材、钢铁、造纸、民航等行业延伸。2025—2030 年，中国碳交易市场 8 大行业的配额总量可能达到 70 亿~80 亿吨，企业数量将突破 7000 家，碳资产规模可能突破 4000 亿元。

我国“双碳”目标“1+N”政策体系的加速构建，为尽早实现能耗“双控”向碳排放总量和强度“双控”转变，推动我国经济社会发展全面绿色转型创造了必要条件。碳达峰碳中和要融合科技创新，坚持高质量发展，切实为实体经济发展注入核心动力。

三、新时代碳市场建设发展思考

在全球化背景下，探索推进我国碳市场发展的国际化进程，加快与国际标准接轨，制定全球认可的计量、交易标准与市场机制，充分发挥市场配置资源的作用，促进资源环境权益、碳资产等要素资源有效流动，才能符合“双碳”目标与新经济发展需要，实现我国绿色资产的保值增值。

一是健全我国碳市场顶层设计。加快出台碳排放管理条例，完善配额机制、确权管理、信用管理、交易规则等相关制度体系，确保全国碳市场长期稳定健康发展。

二是建立碳市场交易机制。完善总量控制与分解机制，促进产业结构与能源消费绿色低碳化，推动高排放行业率先达峰。

三是推进全社会广泛参与低碳行动。依据国务院印发的《2030 年前碳达峰行动方案》，生态环境部发布的《大型活动碳中和实施指南（试行）》，通过大型活动（包括演出、赛事、会议、论坛、展览等）推动碳中和。国家机关事务管理局发布《关于 2022 年公共机构能源资源节约和生态环境保护工作安排的通知》，提出要进一步建立健全公共机构绿色低碳管理制度标准体系，积极推进碳普惠平台与制度建设，完善碳抵消与普惠机制，推动全社会绿色低碳发展。

四是创新绿色金融，建立多层次碳市场。推动金融市场与碳市场联动协同，充分发挥碳排放市场的融资功能，支持碳金融创新，促进绿色低碳产业发展。

五是丰富全国碳排放交易市场主体，将重点排放源行业纳入全国碳市场，提供更多的交易品种和更完善的准入机制，持续扩大市场的覆盖面。尽快纳入多类投资者，包括碳资产管理公司、碳资产投资公司、券商和个人投资者。

六是统筹好全国碳市场与地方碳市场的关系。建立统一的碳排放标准，坚持市场配置原则，构建全国碳交易市场体系，运用互联网技术，保障全国碳市场稳定运行与高质量发展。

七是开展绿色低碳产业的国际化交流与合作，参与全球环境治理。在“一带一路”体系下，探索建立与国际碳市场发展相适应的国家标准，形成我国国际碳定价影响力与市场机制，加快国内与国际碳市场的对接，发挥我国碳市场的积极引领作用。

八是加大绿色理念与实践案例的宣传力度。绿色是美好生活的基础和人民群众的期盼。充分利用场景、平台、媒体、渠道广泛开展“双碳”宣传，树立全民绿色低碳理念，推动我国绿色经济持续健康发展。

九是推进配套市场建设与技术应用。合理规划建设国家核证自愿减排量（CCER）、用能权市场，推广碳捕集、利用与封存（CCUS）技术应用。

四、我国碳市场展望

我国碳市场要立足全球谋篇布局，在符合未来全球碳经济时代发展趋势前提下，经过试点地区的先行先试，以及全国电力行业碳配额正式进入统一碳市场挂牌交易，全国碳市场建设向纵深发展，顶层设计、市场体系、机制创新与配套升级等方面更需推进。

“双碳”目标尊重客观规律，按照“确权底数”“量化降碳”“低碳中和”分步骤、分阶段落实推进。坚持绿色低碳发展理念，动态平衡我国产业结构调整和节能降碳的关系，有助于加快我国碳市场高水平建设，开创要素资源市场交易新局面，更好地为我国“双碳”目标服务，实现美好生活愿景。

第三节　用能权交易

一、用能权交易的定义

用能权是指企业年度直接或间接使用各类能源（包括电力、煤炭、焦炭、蒸汽、天然气等能源）总量限额的权利，也就是一年内按规定可以消费的能源总量。①

用能权交易是指在区域用能总量控制的前提下，企业对依法取得的用能总量指标进行交易的行为。用能权有偿使用和交易是在降低能源消耗总量与强度“双控”目标的背景下提出的，两者的推行是为了达成能源消费总量控制的目标，既有利于能源消费结构调整，推动能源要素高效配置，又不会大幅增加企业负担。在用能权机制的作用下，纳管企业可以通过调整能源消费结构、优化能耗技术达到降低能源消费总量的目的。

用能权交易意在推动企业提高能效、节能减排，推行用能权可以理解为采用市场化的手段配置资源，而不是通过强制性税收的政府强制管控。通过企业用能总量指标交易，可以充分发挥市场机制作用，进一步优化资源配置，合理安排企业用能，进一步控制企业新增能耗，不断提高能源利用效率，从源头遏制高耗能产业过快增长，倒逼企业转型升级。通过用能权交易，可产生两个倒逼机制，一是市场，二是节能。企业应综合考虑成本因素，利用现有的配额，进一步扩大生产，采取节能措施或者通过购买配额扩大生产，提高市场占有率，同时提高物理能效。

二、用能权交易的探索和实践

建立用能权初始分配制度，开展用能权交易，一般有以下五个步骤：一是分解目标，将全国能源消费总量目标分解到各地区②；二是发挥能评作用，将能评与能源消费总量目标挂钩，实施能评暂缓审批、能耗等量或减量替代后有条件审批；三是确权和使用，对用能单位特别是新上高耗能项目的初始用能权进行确权，用能单位免费获得或有偿申购初始用能权，对超额使用部分实行差别价格；四是开展交易，制定交易规

① 余尊宝，刘玉萍．用能权研究综述［J］．现代商贸工业，2019，40（26）：174-175.

② 朱琪．详解十三五：建立健全用能权初始分配制度［EB/OL］．（2016-07-09）．http：//m.cnr.cn/news/20160709/t20160709_522629048.html.

则、搭建平台、培育市场、强化监管，推动用能单位之间开展以“用能权”为标的的二级市场交易，或设立国家级或省级用能指标池子，先启动一级市场；五是加强统筹协调，指导地方开展交易试点工作，加强基础能力建设。

2016 年，我国在浙江、福建、河南、四川开展了用能权有偿使用和交易试点。以浙江为例，浙江于 2018 年印发《浙江省用能权有偿使用和交易管理暂行办法》，提出按照“统一标准、网上交易、实时监管、在线清算”的原则，建设全省统一的“一平台、三系统”，并明确用能权交易要按照流程推进，如图 3-4-1 所示。

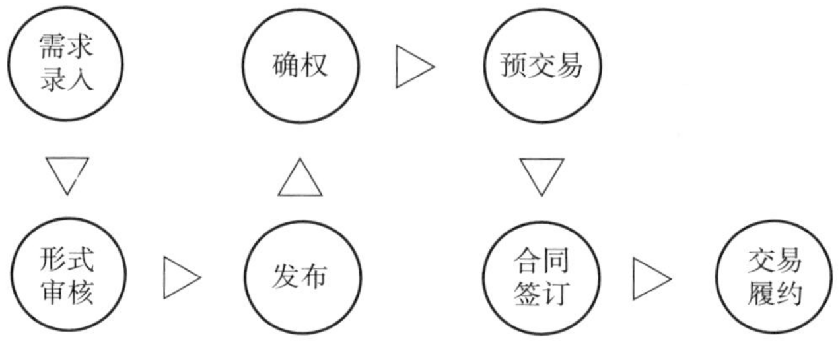

图 3-4-1 用能权交易业务流程

在“低碳发展”“能耗双控”的大形势下，浙江各企业积极开展节能升级改造。自 2019 年起，温州瑞安市仁浩公司就投入资金进行节能技术改造，在节约生产用电的同时带来了每年约 10%的用能指标富余。相较之下，泰顺县永晨管业虽进行了节能升级改造，但仍因出现用能紧张情况而影响正常生产。国网泰顺县供电公司和国网瑞安市供电公司通过数据分析和综合考量，将温州瑞安市仁浩公司富余的 10%用能指标与泰顺县永晨管业的用能需求进行匹配，最终促成用能权交易签约，实现了两地能源利用效率的提升。

三、用能权交易市场发展趋势

当前，用能权交易市场呈现出以下三个发展趋势：

第一，建立健全法规制度体系，继续完善各省份交易平台建设。节能量与用能权交易是近年新兴的环境权益交易类型，目前各省份还没有完善的法规制度体系，同时节能量及用能权交易平台还在试点阶段。① 因此，一方面，需要国家和各试点尽快出台相关法律法规，完善交易制度和操作细则，促进市场良性运营；另一方面，需要加强交易平台建设（包括登记系统和交易系统），规范市场交易行为，并通过交易量核查、

① 洪睿晨．我国节能量和用能权交易市场的发展情况、问题和政策建议［EB/OL］.（2020-04-29）. http：//www. tanjiaoyi. com/article-31132-1. html.

政府指导价确定、交易规则出台、企业资料审核登记、项目挂牌公告及线下撮合等多个环节，推动节能量和用能权交易顺利进行。

第二，丰富节能量和用能权参与主体，扩大交易覆盖范围。为解决上文提及的节能量和用能权主体确定问题，建议明确区分行业类型，对不同类型、处于不同发展阶段、不同重要程度的企业予以区分，兼顾公平及效益。可通过推广白色证书交易制度，增加节能量，丰富用能权交易主体：鼓励其他类型的用能企业、中小企业等非责任交易主体通过能效提升获得白色证书，参与节能量和用能权市场交易。白色证书表示企业在特定期限实施了节能工程、采用了节能技术，符合法定的节能标准，在规定的时间内完成了额定的节能量。

推广白色证书，一方面有助于促使企业在一定时间内采取节能措施获取节能量；另一方面，有助于实现市场化运作，即企业可以在一定的市场规则下，通过双边交易或者市场交易进行证书的买卖，这样能够更有效地调动企业参与节能工作的积极性。总之，白色证书可以通过市场经济手段与宏观调控手段相结合的方式，有效解决节能责任主体激励不足的问题，提高能源利用效率，刺激改革创新。应鼓励金融机构参与市场交易，并通过积极创新，为交易市场参与者提供多种多样的金融产品和服务。此外，为提高交易市场的流动性和专业性，应培育交易中介和服务机构，包括用能节能信息咨询机构、技术与数据服务机构等，并通过制定相应的管理机制，发挥第三方机构的专业技术优势，充分利用第三方机构的智力成果，促进交易市场的规范化和专业化。

第三，继续推动节能量或用能权融资工具的发展。目前，国内银行已出现多类节能贷款、能效项目贷款。作为无形资产抵质押贷款的一种形式，节能量或用能权抵质押贷款以节能减排改造、优化企业技术、购买用能权额度为资金使用目的，能够拓宽企业资金的筹措渠道，减轻企业环保投资压力，同时帮助企业树立节能减排意识，对企业和环境均有正向作用。

第四节　再生资源交易

一、再生资源的定义

再生资源，是指在生产和生活消费中产生的不再具有原来使用价值但经过回收、分类和加工处理能够获得新的使用价值的各种废物。按照商务部的统计口径，再生资源包括废金属（废钢、废有色金属等）、废塑料、废纸、废轮胎、废玻璃、废纺织品、废弃电器电子产品（以空调、洗衣机、电视、冰箱和电脑等“四机一脑”为主）、报废机动车、废电池等。我国经济发展与资源回收利用量高度相关。商务部流通业发展司发布的《中国再生资源回收行业发展报告》显示，2011—2018年，我国主要再生资源回收价值从5764亿元上升到8705亿元，年均增长突破6%；从总量来看，生产和消费是推动GDP增长的核心要素，也是再生资源品的重要来源。在我国2021—2035年GDP年均增速5.5%的情景假设下，可再生资源回收量将以6.55%的年均增速提高，从2019年的3.45亿吨提升至2035年的8.08亿吨。①

再生资源有三大优点：①它是宝贵的有用资源；②由于上游产品的更新和淘汰，它是不断增长的资源；③利用再生资源可以减少原生资源的开采，最大限度地保护不可再生资源，最大限度地减少原生资源开采过程中造成污染的废弃物排放，因此它是对节能降耗、环境保护起到有效作用的资源。再生资源再生利用率的提升对实现减少碳排放具有显著贡献。② 目前，我国已经对上述再生资源产品进行了一部分的回收利用。2019年，我国回收的废钢、废铝、废纸、废塑料量分别达到2.34亿吨、0.07亿吨、0.50亿吨、0.19亿吨，累计碳减排量约11亿吨二氧化碳当量；未来随着碳中和碳达峰政策的持续推进和技术水平的稳步提升，各类再生资源回收率有望维持稳健提升态势，从而带来更大的碳减排贡献：经测算，主要再生资源产品废钢、废铝、废纸、废塑料的回收量每提升10%，可带来约1亿吨二氧化碳当量的碳减排增量；各类产品的回收率每提升10%，则可带来约4.52亿吨二氧化碳当量的碳减排增量；若各类产品回收率均达到90%，则累计碳减排量有望突破40亿吨二氧化碳当量。③

二、再生资源交易的探索和实践

2016年，商务部等六部委联合发布《关于推进再生资源回收行业转型升级的意见》，提出鼓励企业利用互联网、大数据和云计算等现代信息技术和手段，建立或整合再生资源信息服务平台，为上游回收企业与下游拆解和利用企业搭建信息发布、竞价采购和物流服务平台，提高回收企业组织化水平，降低交易成本，优化再生资源回收、拆解利用产业链；同时要求合理规划和建设再生资源交易平台，通过信息平台整合社会分散的拾荒人员和中小企业，逐步形成集约化组织形式，提高再生资源回收企业规

---

① 光大证券．循环经济产业深度研究报告：碳中和与双循环的双重裨益［EB/OL］．（2021-06-05）．https：//www.vzkoo.com/document/95f1b1ba869764c0015e23651bd5fde9.html？keyword=循环经济产业深度研究报告．

② 刘丽靓．“十四五”循环经济发展路线图出炉［N］．中国证券报，2021-07-08（A2）．

③ 光大证券．循环经济产业深度研究报告：碳中和与双循环的双重裨益［EB/OL］．（2021-06-05）．https：//www.vzkoo.com/document/95f1b1ba869764c0015e23651bd5fde9.html？keyword=循环经济产业深度研究报告．

模化和组织化水平（如图 3-4-2 所示）。

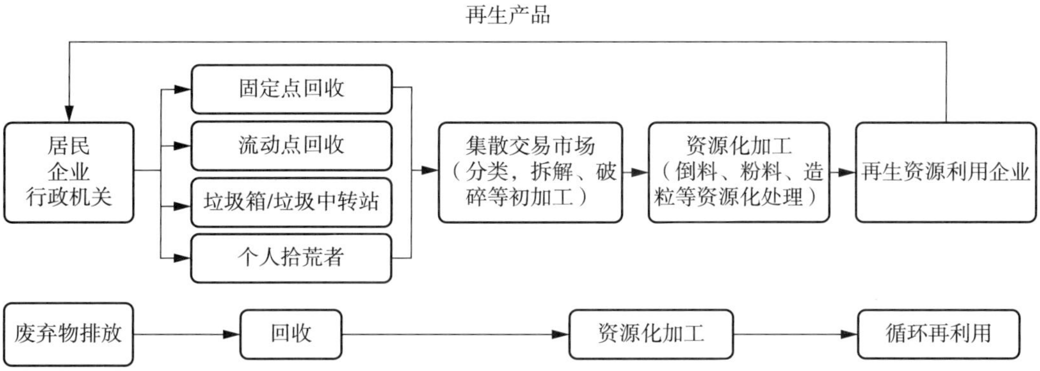

图 3-4-2　再生资源循环过程

再生资源是一笔巨大的财富，是缓解当前资源紧缺、减轻环境污染和生态破坏压力的重要途径。由于再生资源具有上述特征和优点，该产业又被视为“社会静脉产业”或“第二矿业”。再生资源产业已经成为全球发展最快的产业，蕴藏着无限商机。2008年，我国再生资源利用量已经超过 2 亿吨。2016 年，我国再生资源产业从业人口已经超过 2000 万。① 目前，我国再生资源利用体系初步建立，在新型回收利用模式的加持下，补短板速度也在加快，尤其是一些循环化改造试点园区、城市矿产示范基地、循环经济示范城市等的出现，起到了很大的带动作用。2018 年，国家发展改革委环资司和住房城乡建设部城建司发布了建设国家资源循环利用基地单位名单，筛选了 50 家基地。2020 年 10 月，国家发展改革委环资司与财政部经济建设司公开了 2020 年园区循环化改造示范试点和“城市矿产”示范基地验收结果，涉及 32 个试点和基地。这些为资源循环利用行业发展提供了不少经验和范本，该行业广阔的前景更是吸引了更多资本的投入。

以全国“无废城市”试点城市之一绍兴为例。绍兴市搭建了“无废城市”信息化平台，借助大数据技术搭建了产废、用废单位之间的信息桥梁，为产废和用废企业精准对接提供信息支持，推动各类固废就近及时得到利用和处置。例如，绍兴中成热电有限公司就通过“无废城市”信息化平台的固体废物交易撮合应用场景，将电厂燃料燃烧过程中排出的粉煤灰出售给了建材厂，用于制造水泥和各类轻质建材，实现了资源的循环再利用。

三、再生资源交易的发展趋势

再生资源行业既是有历史的行业，又是战略性新兴行业。从生命周期的角度来看，

① 光大证券．循环经济背后的再生资源产业，非常有“钱”景［EB/OL］．(2020-10-15)．https：//www.sohu.com/a/424913793_99931526.

再生资源行业诞生于物资短缺的计划经济时代，成长于经济高速发展的改革开放时代。随着工业化和城镇化进程的减缓，我国经济社会进入生态文明阶段，环境友好和资源可持续利用将更加被重视。我国再生资源行业正处在一个全新的转折点上，面临前所未有的挑战和机遇。相关企业要主动适应和引领再生资源行业发展新常态，提升技术水平，将互联网创新与传统行业相结合，找到符合我国国情的行业发展模式，实现中国再生资源行业的转型和升级。

在“互联网+”背景下，供应链金融服务模式为当前再生资源交易行业注入了新的动力——将再生行业的供求信息汇聚在线上，形成权威的再生资源行业发布及交易平台，为买卖双方提供对称的信息，促进交易的快速识别和匹配。一方面，提供全流程的交易信息和多样化的贸易方式。从商流、物流、资金流和信息流四个维度来看，传统再生资源产业链的上下游客户渠道封闭，非标准化商品属性使得商业往来仅局限于熟人之间，而“互联网+”回收模式中利用便捷的网络安全技术广泛与金融机构开展业务合作，实现现货电子交易、挂牌交易、竞价交易、OTC 交易等多种交易方式，为用户或客户提供契合采购、生产与销售不同环节的资金服务工具，降低了信息搜寻成本、交易谈判成本、物流仓储成本、资金融通成本等交易成本。另一方面，提供供应链融资服务。目前，我国再生资源回收利用行业 80%以上为中小企业，由于中小企业融资渠道少、限制多、成本高，再生行业基础建设因资金紧张变得缓慢。供应链金融服务模式为中小企业提供了融资平台，取代了传统企业以固定资产做抵押获取金融机构资金的模式，能帮助企业解决资金瓶颈，实现资金有效运转。

第五节 绿色公共服务

绿色公共服务是指顺应经济社会绿色转型发展的需求，以多元化的绿色服务方式，实现对传统公共服务的创新。2022 年 1 月，国家发展改革委等部门联合印发《“十四五”公共服务规划》，要求到 2025 年，公共服务制度体系更加完善，政府保障基本、社会多元参与、全民共建共享的公共服务供给格局基本形成，民生福祉达到新水平。在此过程中，绿色公共服务将从绿色发展理念出发，以生态与经济可持续发展为基础，从有利于经济、人类和环境可持续发展的角度建立公共服务机制，将“绿色”贯穿公共服务的全过程，不断提高公共机构的能源利用效率。

习近平总书记强调，实现碳达峰、碳中和是一场广泛而深刻的经济社会系统性变革，要把碳达峰、碳中和纳入生态文明建设整体布局。促进公共服务绿色转型，对于实现“双碳”目标具有十分重要的意义。“十三五”时期，在以习近平同志为核心的党中央坚强领导下，我国公共服务体系日益健全完善，基本民生底线不断筑牢兜实，公共服务供给水平全面提升，多层次多样化需求得到更好满足。2021 年 4 月 30 日，习近平总书记在主持中共中央政治局第二十九次集体学习时强调，“十四五”时期，我国生态文明建设进入了以降碳为重点战略方向、推动减污降碳协同增效、促进经济社会发展全面绿色转型、实现生态环境质量改善由量变到质变的关键时期，为进一步推动公共服务发展、健全完善公共服务体系提供了政策指导。

2021 年 11 月，国管局、国家发展改革委、财政部、生态环境部印发的《深入开展公共机构绿色低碳引领行动促进碳达峰实施方案》，进一步明确了公共机构在绿色低碳发展中的目标和任务。相比传统的公共服务，绿色公共服务有以下两个优势：一是锚定“双碳”目标，大力发展低碳产业，积极构建清洁低碳安全高效能源体系；二是不断促进低碳技术创新，推广绿色低碳技术产品，提升绿色公共服务的效用。

在我国已迈入新发展阶段的背景下，要进一步积极践行和推广绿色发展理念。下阶段，可以以治理体系、能源结构、区域协同、数字科技等为抓手，不断丰富绿色公共服务的内涵（如图 3-4-3 所示）。

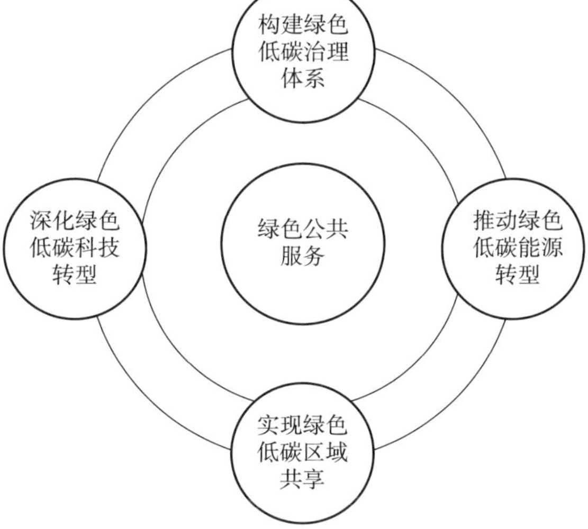

图 3-4-3　丰富绿色公共服务内涵的流程

一是构建绿色低碳治理体系。“双碳”目标的提出对治理体系的改革提出了更高的要求。可以促进经济社会发展全面转型为目标，将碳达峰、碳中和目标全面融入经济社会发展中长期规划，通过积极构建政策完善、监管有效的政务体系和现代环境治理体系，统筹规划金融、财政、税收、环保等方面政策，推进绿色低碳治理体系和治理能力现代化，提升绿色监管水平和绿色服务质量，助力实现经济社会高质量发展。

二是推动绿色低碳能源转型。能源领域是我国碳排放的主要来源。国际碳行动伙伴组织统计数据显示，2020 年，我国能源领域的碳排放占全国排放总量的 77%。2022 年 1 月 24 日，习近平总书记在主持中共中央政治局关于努力实现碳达峰碳中和目标第三十六次集体学习时强调，要“建立健全绿色低碳循环发展经济体系，持续推动产业结构和能源结构调整”。未来要不断促进我国能源和经济系统加速转型升级，加快发展新能源和可再生能源，不断优化能源消费结构，实现能源结构转型升级，大幅提升公共服务领域的能源利用效率，强化能源消费强度和总量双控，推动公共服务实现节能减碳的绿色化转型。例如，因地制宜推广利用太阳能、地热能等能源和热泵技术，加快绿色清洁能源替代煤炭消费能源。在清洁能源替代方面，中国石油塔里木油田公司作为西气东输的气源地，实施太阳能光伏发电等新能源项目，年节约柴油 180 吨、燃料费 117 万元，对传统能源的替代率达到 99.5%，打造了绿色低碳转型新动能①，有助于推进公共服务绿色发展。

三是实现绿色低碳区域共享。2021 年 12 月召开的中央经济工作会议提出，“区域政策要增强发展的平衡性协调性”。党中央、国务院“一带一路”倡议、长三角一体化发展和成渝地区双城经济圈发展等重大决策部署的出台，为公共服务实现绿色低碳区域共享指明了方向。未来可结合不同区域的发展情况，认真分析不同类型公共服务用能特点，采取精细化和差异化的推进模式，因地施策开展公共服务的绿色化转型。同时，采取共创共建、协调推进的模式，结合全国各区域绿色公共服务推进的不平衡特点，“取长补短”推动各主要区域板块的绿色公共服务工作协调发展，促进区域间的交流与合作，实现公共服务的绿色化共建与共享。②

四是深化绿色低碳科技转型。在推进公共服务绿色化转型的过程中，可充分顺应数字化转型的市场发展趋势，运用大数据、人工智能、云计算等数字技术和科技手段，并通过数字化技术和解决方案的应用，以“数字化”和“绿色化”的绿色低碳转型模式赋能绿色公共服务的可持续发展，打造“绿色化”和“数字化”协同并进的公共服务发展新模式。例如，实行“绿色化+”的绿色普惠模式，借助数字技术和科技手段，实现各种应用场景，依据生态环境保护贡献赋予相应积分，并据积分情况提供生态产品优惠服务③，将低碳思维逐步引导成为以节约、循环为主调的个人绿色行为，通过“数字化”将“绿色化”公共服务的新模式嵌入公众日常生活。

---

① 孟祥娟．创新驱动油田绿色低碳转型发展的实践与思考［J］．北京石油管理干部学院学报，2021，28（6）：69-73.

② 杨书超，李中．时空视野下区域公共服务一体化研究：以长三角生态绿色一体化发展示范区为例［J］．江南论坛，2021（1）：16-18.

③ 李强．引导绿色生活，生态积分成效有多大：基于抚州碳普惠公共服务（绿宝）平台的政策设计和实施效果分析［J］．中国生态文明，2021（6）：65-69.

第六节　其他环境权交易

环境权交易，是指涉及环境类一切权益的交易活动，包括排污权交易、碳排放权交易、用能权交易、再生资源交易、绿色公共服务和其他环境权交易。在其他环境权交易中，尤以低碳技术交易（包括低碳环保技术、知识产权和产品设备交易等）最为关键，旨在通过实体经济的技术革命和优化转型来减少对化石能源的依赖，从源头上减少温室气体的排放，是推动我国向低碳经济转型和“双碳”目标实现的有力支撑。

一、低碳技术交易的概念界定

低碳技术，是指为实现能源和资源的清洁高效利用，减少乃至消除二氧化碳等温室气体排放的技术手段。低碳技术交易，是指具备较高能源利用效率的企业将自身拥有的零碳技术、减碳技术、低碳设备等转让给能源利用效率较低、碳排放额度不足的企业。

通过碳排放权交易，企业能够通过市场化路径实现低成本减排。但是，要实现真正的减排，需要依托低碳环保技术、知识产权和产品设备等的研发及应用来实现深度转型。对经济发展速度快、能源消耗量大的新兴经济体来说，能否加快低碳技术研发和低碳技术的应用推广是能否顺利实现低碳经济转型的关键。

截至2020年底，全球已有100多个国家和地区提出了碳中和承诺。为尽早实现碳中和目标，各国将尽可能减少对化石能源的依赖，不断提升风能、太阳能、水能、核能、氢能等清洁能源的应用比例。其中，风能、太阳能占比较高，而全球风、光资源分布相对均匀，谁能开发出大规模应用风电、光伏发电的领先技术，谁就能获取支撑经济长期发展的持续动力。近年来，越来越多的国家正逐步将政策转向鼓励低碳技术研发和低碳技术转让上来，这反映出未来经济发展对技术的依赖和需求。世界经济发展将从资源依赖型向技术依赖型转变，这也将进一步推动低碳环保技术、知识产权和产品设备的创新研发以及交易需求的增长。

二、低碳技术交易的探索和实践

低碳技术交易作为一种无形资产交易，具有专业性强、公允定价难、交易成本高、交易难变现、迭代更新快的特点，这也导致其交易过程存在一定风险，需要专业机构为交易保驾护航。低碳技术交易中心正是为低碳技术供需双方提供交易撮合和保障的平台。2021年6月9日，国家绿色技术交易中心（简称“交易中心”）在浙江成立，交易中心围绕低碳转型中的关键技术，提供绿色技术发布、咨询、洽谈和交易服务，促进绿色技术创新和成果转化应用，同时围绕产业和能源结构调整中的“卡脖子”问题，加强对绿色技术创新主体的培育。从业务流程来看，低碳技术的转让大致需要经过受理交易申请、资料审核评估、发布交易信息、初步对接洽谈、公开挂牌、确定揭牌方式、合同谈判、组织交易签约、出具交易见证九个步骤，如图 3-4-4 所示。①

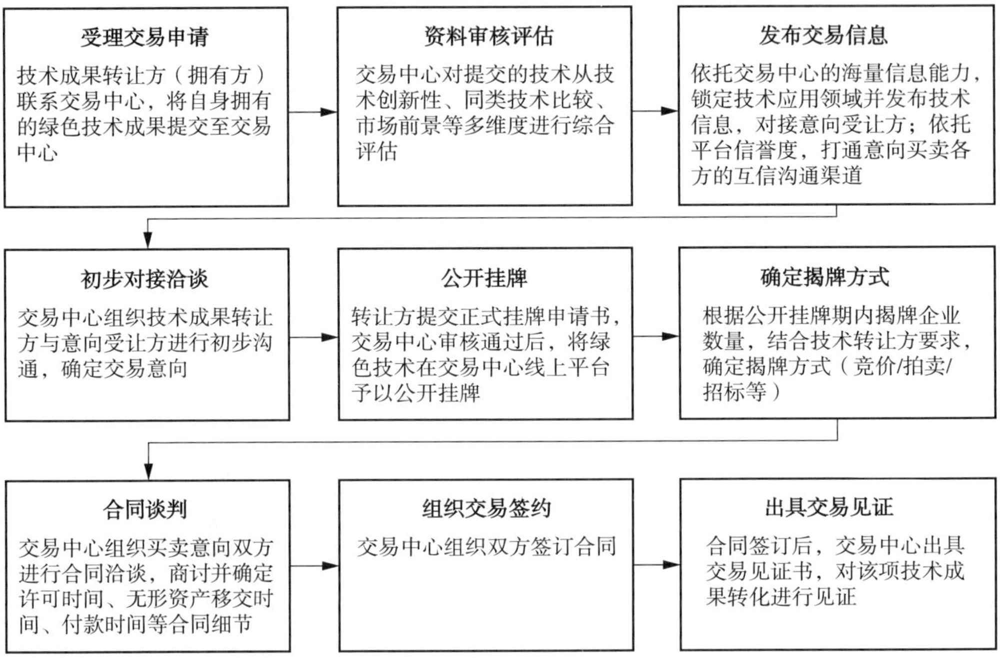

图 3-4-4　低碳技术交易业务流程

资料来源：根据国家绿色技术交易中心业务流程梳理。

上海博氢新能源科技公司（简称“上海博氢”）自主研发的基于甲醇重整氢燃料电池技术的能源舱系统（简称“能源舱系统”）是交易中心首批成交的低碳技术之一。上海博氢在向交易中心提交受理上架申请后，交易中心对该系统进行了综合评估，认定其属于清洁能源领域的低碳绿色技术范畴，同意其在交易中心线上平台进行信息发布和挂牌交易。该系统上架后，交易中心为技术转让方提供了全流程的技术经理人服务，在对竞品品牌、技术性能差异、价格区间等进行市场调研和需求分析的基础上，对系统的市场需求容量和潜在买家进行分析评估，在为供需双方提供指导和咨询服务的同时，也为双方进行技术“云路演”“云对接”提供平台和方案，引导双方根据市场行情、相关政策法规进行多轮“线上+线下”商业谈判。在交易中心的积极推动下，

① 胡春雅，魏文力，王笑影，等．国家绿色技术交易中心完成首批交易 7 项技术在杭成交［EB/OL］. 浙江新闻网．（2021-08-19）. https：//zj. zjol. com. cn/news. html? id=1714808.

该系统最终以40万元的价格成功转让①。

三、推动低碳技术交易的举措建议

低碳技术创新是中国加快实现碳达峰、碳中和目标的关键，要立足新的发展阶段，紧抓新一轮科技革命和产业变革的历史性机遇，积极推动低碳技术创新、交易、应用，助力后疫情时代全球经济的“绿色复苏”。

一是完善低碳技术交易机制，稳步推进降碳工作。加快完善低碳技术交易领域相关制度，以及绿色低碳技术和产品检测、评估、认证体系，强化绿色低碳技术和产品知识产权保护，构建长效、低成本的节能降碳制度体系。发布低碳技术创新目录，完善支持企业低碳技术创新的财税、价格、金融、土地、政府采购等方面政策，设立低碳技术创新专项基金，为企业和各类科研机构发展低碳环保产业、开发低碳技术、推广低碳应用等提供经费支持。

二是加快构建低碳技术交易和信息共享平台。加快构建低碳技术创新交易平台，整合政府、企业、高校等的资源优势，为国际低碳技术“引进来”和国内低碳技术“走出去”提供服务，推动技术成果的转化、交易、合作、推广；了解国内企业减排难点，积极对接企业的低碳技术转移服务需求，助力传统企业能源结构转型，提升企业可持续发展竞争力。加快低碳技术大数据平台建设，实现低碳技术、低碳服务、低碳产品等信息的集成与更新，促进低碳环保领域的信息公开与数据共享，为有效开展低碳环保技术攻关、低碳产品生产、低碳技术转化和应用提供信息服务，构建低碳环保数据共享与创新服务体系。

三是开发绿色金融产品，助力低碳绿色技术发展。积极探索绿色低碳金融产品和服务创新开发，设立碳减排货币政策工具，将绿色信贷纳入宏观审慎评估框架，引导银行等金融机构为企业及相关机构低碳技术创新与产业化发展提供长期限、低成本资金，解决“融资难”问题。鼓励开发性、政策性金融机构按照市场化、法治化原则为低碳技术创新研发提供长期稳定的融资支持。支持符合条件的企业上市融资和再融资，以支撑绿色低碳项目建设运营，扩大绿色债券规模。研究设立国家低碳转型基金。鼓励社会资本设立绿色低碳产业投资基金。建立健全绿色金融标准体系。

参考文献

[1] 余尊宝，刘玉萍．用能权研究综述［J］．现代商贸工业，2019，40（26）：

① 胡春雅，魏文力，王笑影，等．国家绿色技术交易中心完成首批交易7项技术在杭成交［EB/OL］．浙江新闻网．（2021-08-19）．https：//zj.zjol.com.cn/news.html？id=1714808.

174-175.

［2］朱琪．详解“十三五”：建立健全用能权初始分配制度［EB/OL］．（2016-07-09）．http：//m. cnr. cn/news/20160709/t20160709_522629048. htm.

［3］洪睿晨．我国节能量和用能权交易市场的发展情况、问题和政策建议［EB/OL］．（2020-04-29）．http：//www. tanjiaoyi. com/article-31132-1. html.

［4］光大证券．循环经济产业深度研究报告：碳中和与双循环的双重裨益［EB/OL］．（2021-06-05）．https：//www. vzkoo. com/document/95f1b1ba869764c0015e23651bd5fde9. html? keyword=循环经济产业深度研究报告．

［5］光大证券．循环经济背后的再生资源产业，非常有“钱”景［EB/OL］．（2020-10-15）．https：//www. sohu. com/a/424913793_99931526.

［6］刘丽靓．“十四五”循环经济发展路线图出炉［N］．中国证券报，2021-07-08（A2）．

［7］孟祥娟．创新驱动油田绿色低碳转型发展的实践与思考［J］．北京石油管理干部学院学报，2021，28（6）：69-73.

［8］杨书超，李中．时空视野下区域公共服务一体化研究：以长三角生态绿色一体化发展示范区为例［J］．江南论坛，2021（1）：16-18.

［9］李强．引导绿色生活，生态积分成效有多大：基于抚州碳普惠公共服务（绿宝）平台的政策设计和实施效果分析［J］．中国生态文明，2021（6）：65-69.

［10］胡春雅，魏文力，王笑影，等．国家绿色技术交易中心完成首批交易7项技术在杭成交［EB/OL］．（2021-08-18）．https：//zj. zjol. com. cn/news. html? id=1714808.

第五章　招标采购类业务

党的十八大以来，党中央、国务院作出做强做优做大国有企业，以管资本为主加强国有资产监管，实现国资监管“一盘棋”的决策部署。长期以来，由于缺乏具有专门规范性质的上位法和比较完善的法律框架，国有企业大宗物资采购领域的监管手段和监管效能一直比较薄弱。加强对国有企业采购行为的规范，不仅能助力企业降本增效，防止国有资产流失，而且能切实落实源头防腐。如何进一步推动国有企业大宗物资和服务产品阳光采购，已经成为完善国资监管基础制度、提高国资监管效能过程中迫切需要解决的问题。2013 年以来，各地产权交易机构在政府部门和国资监管机构的大力支持下，积极创新运营机制和交易竞价模式，充分发挥区域性国企采购市场化平台功能和国资交易进场公信力优势，不断拓展国有企业大宗货物和服务采购进场交易业务，探索出一条以专业化服务助力国资监管向纵深延伸，以市场化手段筑牢国资监管制度基础的创新之路。同时，产权交易机构积极引入大数据、区块链、人工智能等前沿信息技术，拓展创新国有企业物资采购应用场景，为各级国有企业实施阳光采购提供透明化、信息化、智能化的全链条服务，得到各级政府部门和国资监管机构的赞许和鼓励。

近几年，央企年度采购总金额连续超过 10 万亿元，占央企年营业成本总额的 50%左右。据测算，采购成本每降低 1%，利润总额可相应提高 7.2%左右。按照央企采购交易平台 10%的目标资金节约率测算，每年 10 万亿元的采购预算，将节约采购成本 1 万亿元。“十四五”期间，产权交易资本市场国有企业物资采购业务的拓展空间巨大，未来有望成为助力产权交易行业长期稳定健康发展的重要增长极。

第一节 工程建设项目招标投标

一、工程建设项目招标投标概述

工程建设项目招标是指招标人在发包建设项目之前，依据法定程序，以公开招标或邀请招标方式，邀请潜在投标人依据招标文件参与竞争，通过评定选出中标人的一种经济活动。工程建设项目投标是招标的对称概念，是指具有合法资格和能力的投标人，根据招标条件在指定期限内填写标书，提出报价，并等候开标，决定能否中标的经济活动。《中华人民共和国招标投标法》明确，项目勘察、设计、施工、监理，以及与工程建设项目有关的重要设备、材料等的采购，必须进行招标。

工程建设领域招标投标是我国建筑市场走向法治化、规范化、完善化的重要措施，对于择优选定承包单位、全面降低工程造价进而使工程造价得到合理有效控制具有十分重要的意义。据统计，自实行招标投标制度以来，通过招标投标程序的工程项目平均节约计划资金5%~8%，建设工期缩短约10%。招标投标活动有特定机构进行监督管理，有严格程序必须遵循，有相关专家、技术人员群体评估决策，能够避免市场盲目、过度竞争，使工程建筑领域腐败现象得到有效遏制。

二、工程建设项目招标投标市场现状

近年来，我国城镇化建设对各类基础设施需求总体旺盛，投资拉动作为宏观调控的重要手段，使工程建设交易市场交易规模呈持续扩大态势。2020年，全国建设工程监理企业承揽合同额9951.73亿元，同比增长17.07%①；工程勘察设计企业新签合同额1494.50亿元，同比增长17.60%②；工程造价咨询企业营业收入2570.64亿元，同比增长40.00%③；工程招标代理机构中标金额104750.01亿元，营收总额4275.33亿元，同比增长4.01%④。当前我国发展仍处于重要战略机遇期，国家将持续加大供给侧

---

① 住房和城乡建设部.2020年全国建设工程监理统计公报［EB/OL］.（2021-09-28）. https://www.mohurd.gov.cn/gongkai/fdzdgknr/sjfb/tjxx/tjgb/202109/20210928_762313.html.

② 住房和城乡建设部.2020年全国工程勘察设计统计公报［EB/OL］.（2021-09-28）. https://www.mohurd.gov.cn/gongkai/fdzdgknr/sjfb/tjxx/tjgb/202109/20210928_762311.html.

③ 住房和城乡建设部.2020年工程造价咨询统计公报［EB/OL］.（2021-09-28）. https://www.mohurd.gov.cn/gongkai/fdzdgknr/sjfb/tjxx/tjgb/202109/20210928_762310.html.

④ 住房和城乡建设部.2020年全国工程招标代理机构统计公报［EB/OL］.（2021-09-28）. https://www.mohurd.gov.cn/gongkai/fdzdgknr/sjfb/tjxx/tjgb/202109/20210928_762312.html.

结构性改革基础设施领域补短板力度，以多项减税降费措施推动制造业投资规模稳步增长，有相当一部分新增和技改项目需求，民间投资持续增加，固定资产投资成为主力军，使得招标投标成为市场经济体系重要的要素资源配置手段。

三、工程建设招标投标平台运行机制

《国务院办公厅转发建设部 国家计委 监察部关于健全和规范有形建筑市场若干意见的通知》（国办发〔2002〕21 号）明确提出，通过设立有形建筑市场，增进建设工程交易透明度，加强对建设工程交易活动的监督管理，从源头上预防工程建设领域腐败行为。全国绝大部分地级市、县建立了建设工程交易中心，是规范工程建设招标投标交易活动不可或缺的重要平台，其功能体现在以下四个方面：

第一，促进建工领域要素资源合理化配置的交易功能。统一交易规则、统一交易鉴证、统一服务标准，通过交易服务为各类市场主体创造公平竞争环境，节约社会平均交易成本，使交易双方均能获得合理社会资源。

第二，信息交互功能。统一信息平台将分散的信息汇集在一起，交易信息与政务信息、信用信息有机结合，充分利用网络优势，尽可能地为各类市场主体披露详尽的信息。

第三，信息信用功能。作为政府发布工程建设项目信息的唯一场所，建设工程交易中心利用网络手段搜集整理项目前期、交易过程以及项目履约各类信用信息，为市场主体提供信用保证，为政府宏观调控提供真实的市场数据。

第四，市场监督功能。建设工程交易中心通过最大限度地公开资格预审、招标文件以及评标办法促使交易阳光化，在开标室、评标室等场所安装音像记录设备，避免违法违规交易行为发生，以市场化手段辅助行业部门加强对工程建设交易活动的监督和管理。

四、工程建设招标投标市场发展趋势

持续完善工程建设招标投标制度体系。工程建设招标投标和政府采购领域存在法律分设、部门分割、职能交叉等问题，导致法律运用存在理解不相同、执行不一致的问题；市场交易主体围标串标、弄虚作假、排斥限制潜在投标人等问题屡有发生，对评标专家缺乏严格的考核标准和责任约束，暴露出制度建设在监管领域仍有不到位的地方。2020 年，国家发展改革委牵头开展招标投标法修订工作，修订稿坚持问题导向，进一步强调国家保护招标投标公平竞争，落实招标人主体责任，提升招标投标公开透明度，完善招标投标程序规则，加强招标投标市场信用体系建设，加大违法行为惩戒力度。目前，修订稿已列入国务院年度立法计划。在公开、公平、公正、诚实信用原则基础上对招标投标法律制度进行完善，将有力推动招标投标管理工作依法合规进行。

优化工程建设招标投标监督管理机制，推动行业市场高质量发展。国家发展改革委等十一部门联合印发《关于建立健全招标投标领域优化营商环境长效机制的通知》（发改法规〔2021〕240 号），加大地方制度规则清理整合力度，全面推行“双随机一公开”（即在监管过程中随机抽取检查对象，随机选派执法检查人员，抽查情况及查处结果及时向社会公开）监管模式常态化。水利部、国家发展改革委联合开展水利工程建设项目电子招标投标监管试点，创新推进“互联网+监管”，实现重要监管业务在线办理、信息及时上传、问题及时处置。

自 2013 年实施《电子招标投标办法》以来，各地深入推进招标投标全流程电子化建设。进一步强化电子开标、异地述标、分散评标、在线定标、远程监督工作，加快远程开标网络视频直播系统、电子投标保函系统的建设与对接，打通工程建设项目交易全程电子化“最后一公里”，为投标、开标、评标、定标构筑“电子化”的基础设施。打破各平台、各部门、各区域之间的工作壁垒，推动公共资源交易电子服务系统与建设工程电子招投标交易平台实现协同，推动行业监管部门与财政、税务、工商、银行等第三方部门间的资源共享，分步推动省、市、县各级交易平台对接，最终实现开放、共享、公开、透明的电子化招投标体系。

第二节　机电产品国际招标投标

一、机电产品国际招标投标的概念

机电产品国际招标投标是指招标人根据采购机电产品的条件和要求，在全球范围内以招标方式邀请潜在投标人参加投标，并按照规定程序从投标人中确定中标人的一种采购行为。机电产品是指机械设备、电气设备、交通运输工具、电子产品、电器产品、仪器仪表、金属制品等及其零部件、元器件。

二、机电产品国际招标投标发展历程

机电产品国际招标投标起步于 20 世纪 80 年代，是招标投标业务类别中起步较早、发展较快的业务分支，最早推动通过信息化手段开展行业电子化监督管理。

制度建设方面。1985 年，国务院下发《在全国开展机电设备招标投标的通知》，标志着我国机电产品招标投标制度的建立。1999 年，对外经济贸易合作部颁布《机电产品国际招标管理办法》和《国际招标机构资格审定办法》，并从 2001 年 4 月起对招

标机构实行年度审核制度，国际招标的制度建设和管理工作更加系统化。

为适应政策环境的新形势和业务需求的新变化，商务部于2004年、2014年两次修改和完善《机电产品国际招标投标实施办法》，同时制定《机电产品国际招标代理机构监督管理办法（试行）》《机电产品国际招标评标结果公示及质疑投诉办法》《机电产品国际招标机构资格审定办法》《机电产品国际招标综合评价法实施规范（试行）》系列业务管理规定，对机电产品国际招标各个环节的业务实施和监督管理做出了明确要求，进一步推动机电产品国际招标投标的法治化、制度化进程。

平台建设方面。机电产品国际招标投标平台是业内最早建设的全国性专业招标投标业务平台。2001年5月，中国国际招标网（http：//chinabidding. mofcom. gov. cn/）开始试运营，实现招标业务信息发布、项目操作和项目管理功能，标志着机电产品国际招标进入信息化时期。根据《电子招标投标办法》、《“互联网+”招标采购行动方案（2017—2019年）》（发改法规第357号）的规定，行政监督平台不得与交易平台合并建设和运营，也不得具备任何交易功能，应将监督功能和交易功能分别交由不同的主体负责。机电产品国际招标投标平台分设中国国际招标网作为新的公共服务及行政监督平台，履行机电产品国际招标投标活动行政监督职责，以必联网（www. ebnew. com）作为交易平台，承担电子交易职能。中国国际招标网与必联网实现对接，既物理分离，又互联互通，共同构成机电产品国际招标投标的业务环境。机电产品国际招标投标平台既不同于建设工程平台需要进入有形市场集中在同一个物理场所内同一地点开标、评标，也不同于政府采购实行集中代理机构操作，而是由各个招标代理机构分别在网上进行操作，各自实施。

三、机电产品国际招标投标市场现状

2002—2020年，我国机电产品国际招标投标年项目数量由5033个增长到19079个，增长279. 08%；年委托金额由59. 03亿美元增长到418. 20亿美元，增长608. 45%；年中标金额由52. 39亿美元增长到359. 4亿美元，增长586. 00%；项目平均节资率约16%。①

机电产品国际招标投标市场具有以下四个特点：一是我国产品中标额持续领先，显示国内产品制造商竞争意识显著提升，竞争力增强。2020年，我国产品中标金额为116. 8亿美元，占比32. 5%，排名第一（日本产品中标金额为60亿美元，占比16. 7%；美国产品中标金额为37. 6亿元，占比10. 5%），与2002年我国产品的中标金额约为4. 81亿美元、中标制造商国别排名第四相比，有显著提升。二是电子信息设备制造、

① 吴树贵，孙荣青，张晶．风雨砥砺 锐意进取：我国机电产品国际招标发展回顾［J］．招标采购管理，2019（2）：11-13.

卫生医疗、城市公共交通、交通运输设备制造等行业招标占比较大。2020 年，这些行业累计中标金额为 224.7 亿美元，占中标总额的 62.5%，对推动重大项目实施发挥了重要作用。三是推进“放管服”改革，率先于 2013 年取消机电产品国际招标代理机构资质审批，有效激发市场活力，民营招标代理机构日益增多且交易活跃。2020 年，共有 2632 家新机构注册，其中，新增民营企业 2444 家，占新机构总数的 92.8%，612 家新机构开展国际招标代理业务，全年新建招标项目 7836 个，完成招标中标额 61.3 亿美元，占全部招标中标额的 17.1%。四是监督管理按照“双随机一公开”原则，将检查重点从“事前”转移到“事中事后监管”，既满足了经济主体和社会大众的知情权，也对招标代理机构加强自我约束和自我管理起到了积极作用。

四、机电产品国际招标投标发展趋势

机电产品国际招标投标属于跨境交易，与其他类型招标投标项目相比具有特殊性。其他类型招标投标一般只有境内投标人参与，而机电产品因为有境外投标人的参与，涉及多语言、多币种、汇率、关税、贸易术语等问题，全流程电子化要实现多币种报价、特殊化的价格计算方法、多语言投标等功能，对交易平台功能完善度和用户友好度等提出了更高要求，在一定程度上增加了实操难度。国家对“互联网+招标采购”领域的不断推进，为招标人、招标机构、投标人等交易主体更好地借助信息化技术高效、科学开展机电产品国际招标投标活动提供了更丰富的选择和更多可能，全流程电子化将为形成更方便快捷、成本更低、资源高效流动的国际招标投标市场环境提供可能。

2019 年，机电产品国际招标投标正式纳入全国公共资源交易目录。据不完全统计，全国 26 个省、区、市在本地“十四五”规划中明确了公共资源类平台整合共享要求。按照“应进必进”原则，机电产品国际招标投标通过与公共资源交易市场融合发展，将进一步推动形成统一规范、延伸至各层级市场的国际招标市场体系，实现交易从分散到集中、规则从分立到统一、系统从分设到联通、信息从分割到共享的根本转变。

第三节　政府采购

一、政府采购的概念

政府采购，也称“公共采购”，广义上是指政府部门、政府机构或者其他直接或间接接受政府控制的企事业单位，为实现其政府职能和公共利益，使用公共资金获得货物、工程或服务的行为；狭义上是指国家机关、事业单位和社会团体使用财政性资金

采购集中采购目录内或采购限额标准以上的货物、工程或服务的行为。

政府采购由财政部门、采购代理机构（含集中采购机构和社会代理机构）、采购人、供应商等多个实施主体互动协作，按照明确采购需求、选择采购方式、编制采购文件、组织采购、合同签订、履约验收等流程组织实施。财政部门是政府采购监管主体，采购代理机构是政府采购实施主体，采购人是使用财政性资金依法进行政府采购的主体，供应商向采购人提供货物、工程和服务。各实施主体履行的职责和承担的使命不同，从而形成了既有制约又体现协作的配合机制。政府采购制度目标不仅包括规范采购行为、提高资金使用效益的管理目标，也包括有助于国家经济和社会发展的政策目标。随着政府采购制度改革的逐步推进，发挥政府采购政策的作用越来越成为深化改革的重点。

二、政府采购方式

政府采购方式是政府采购制度有机整体的重要组成部分。各国对政府采购方式都十分重视，并以法规形式进行规范，逐渐形成了规范、固定、完整的操作模式。公开招标、邀请招标、竞争性谈判、单一来源采购、询价是《中华人民共和国政府采购法》明确的法定采购方式。2014 年，为满足政府购买服务的需要，财政部通过《政府采购竞争性磋商采购方式管理暂行办法》新增了竞争性磋商的采购方式。2020 年，公开招标、邀请招标、竞争性谈判、竞争性磋商、询价、单一来源采购规模分别占全国政府采购规模的 79.3%、1.1%、3.2%、7.7%、1.1%、4.3%①，其中公开招标一直占据主导地位。

2022 年，《政府采购框架协议采购方式管理暂行办法》将框架协议采购作为财政部明确的第七种采购方式，旨在解决原来协议供货及定点采购订单数量少及竞争程度不足的问题。

三、政府采购现状

我国从 1997 年开始推行政府采购制度改革试点，经过多年的发展，走出了一条从无到有、从小到大、从点到面的改革之路。

一是规模、范围不断扩大。全国政府采购规模由 1998 年的 31 亿元增加到 2020 年的 36970 亿元，年均增长率超过 20%，占全国财政支出和 GDP 的比重由 2001 年 3.5%、0.7%增长到 2020 年的 10.2%、3.6%。政府采购实施范围从单一货物类向工程类、服务类扩展，从传统办公用品采购逐步扩大到国防安全、外交事务及各类社会公益、社

---

① 财政部.2020 年全国政府采购简要情况［EB/OL］.（2021-09-03）. http：//gks.mof.gov.cn/tongjishuju/202109/t20210903_3750619.htm.

会保障服务领域。

二是政策功能日益凸显。2020 年，全国强制和优先采购节能、节水产品占同类产品采购规模的 85.7%，授予中小微企业合同金额占全国政府采购规模的 75.5%，授予小微企业合同金额占授予中小微企业合同金额的 50.3%，全年累计通过扶贫“832”平台采购地区农副产品金额为 99.67 亿元，在支持绿色采购、中小微企业发展、脱贫攻坚等方面发挥重要作用，彰显政府采购在调整经济结构、调节经济运行、弥补市场缺陷等方面的作用。

三是制度体系日趋完善。我国已基本构建起以《中华人民共和国政府采购法》为统领、以《中华人民共和国政府采购法实施条例》和财政部部门规章为依托的政府采购法规制度体系，对政府采购体系、实施形式、采购方式和程序等做出了详细规定。

四是市场体系逐步健全。我国逐步形成了具有以下特色的现代政府采购体系：第一，统一政策，分级管理；第二，集中采购和分散采购相结合；第三，以公开招标为主，其他采购方式为辅；第四，管采分离、职能分设。随着中央本级及覆盖全国大部分省份的电子卖场上线运行，信息化建设进一步推动政府采购向科学化、精细化方向发展。

四、政府采购发展趋势

一是持续深化政府采购制度改革。政府采购需求端连接项目评审、合同签订和履约验收等环节，直接影响政府采购“物有所值”等价值目标的实现。中央深改委于 2018 年通过的《深化政府采购制度改革方案》明确提出，建立以优质优价采购结果和用户反馈为导向的现代政府采购制度：一方面，以“物有所值”“优质优价”为导向，在供给端综合评价成本与收益，实现价格与质量、性能的最佳组合，进而确保采购支出获得最佳效果；另一方面，从制度层面加强政府采购履约管理，形成明确采购人验收责任，倒逼采购人严格验收，并通过结果导向督促供应商慎重报价，以绩效评价保证提升采购质量的管理闭环。2021 年开始实施的《政府采购需求管理办法》对采购项目预算审查、无预算或者超预算等事项进行了明确，但仍需进一步强化采购项目预算预审机制，在不指向特定供应商的情况下，在充分调研的基础上提升项目预算精准度，进而提高财政资金使用效益。

二是全面融入公共资源交易平台。在公共资源交易改革背景下形成的公共资源交易平台能够为政府采购提供交易保障、信息服务和监督支撑，具体包括统一信息发布、统一专家库资源、统一入场交易、统一评标区样品间管理、录音录像等现场管理服务，有利于提高政府监管力度和公共服务能力，推进监管体制机制创新。

三是推进政府采购信息化建设。逐步实现政府采购全流程电子化操作，更好地实现采购人、供应商、财政部门等各方主体的良性互动。通过实现全流程电子化，有效提高供应商参与程度，降低成本，缩短运作周期。同时，在信息化进程中，应统筹考虑政府采购数字化引发的数字资产泄露、过程可视化程度降低等新问题，提前预警并建立相应的防控机制。

第四节 医药卫生材料招标采购

医药卫生材料招标采购是深化医药卫生体制改革的一项重要内容，在推动“三医”联动改革、促进医药行业健康发展、增进民生福祉等方面发挥了重要作用。医药卫生材料集中采购是医药服务供给侧结构性改革的重要组成部分，更是维护人民健康的重要途径。经过多年实践，医药卫生材料采购整合了采购需求，形成买方合力，提高议价能力，有效降低了医药卫生材料的价格，为动态调整医疗服务价格、优化医院药品和医用耗材费用占比结构提供“硬核”动力。医药卫生材料的集中采购在减轻患者负担及医保控费方面成效显著，同时对公立医院改革也有重要的撬动作用。

一、医药卫生材料招标采购概述及发展历程

我国于 2000 年开展药品集中招标采购试点工作，并于 2001 年全面实行。2004 年，我国开展高值医用耗材集中采购试点工作，旨在进一步引导药品和医用耗材价格回归合理水平，缓解药品和医用耗材费用高昂、患者负担沉重等社会关注问题，促进行业健康发展，推动公立医疗机构改革，更好保障人民群众病有所医。我国政府进一步推进医药卫生材料集中采购方式，即在药品和医用耗材招标的过程中，采购机构明确计划采购量，生产企业根据采购量进行报价，医疗机构按照计划采购量购进所需药品和医用耗材。

2010 年 4 月，卫生部启动全国高值医用耗材集中采购产品增补工作，同时宣布新的集中采购周期结束后，卫生部不再负责组织高值医用耗材的集中采购，改由各省卫生主管部门负责组织，将采购权限下放。2013 年 1 月，卫生部等六部委联合下发《高值医用耗材集中采购工作规范（试行）》，实行以政府为主导、以省（区、市）为单位的网上高值医用耗材集中采购工作。医疗机构和医用耗材生产（经营）企业必须通过各省（区、市）建立的集中采购工作平台进行采购，实行统一组织、统一平台和统一监管，由此形成了以政府为主导、以省（区、市）为单位的平台集中采购方式。

从 2015 年起，药品集中采购政策进入多变期，招标政策越来越受到业界重视。集中招标采购政策规定打破了以往对剂型和规格不限制的状况，进一步提升药品质量，促进有序管理，在政府主管部门的主持下，分类别、分阶段进行集中招标采购。作为降低过高药价和纠正医药购销不良风气的政策手段，药品集中招标采购长期以来得到卫生部等部门的支持，自实施招标政策以来，在降低药品价格方面发挥了一定的作用。

2018 年 12 月，国家医保局组织 4 个直辖市和 7 个地级市组成联盟，联合组织药品集中采购，即“4+7”带量采购，其规模大、涉及面广，受到社会广泛关注。开展药品集采工作以来，我国已组织开展 5 批药品集采，采购成功 218 种药品，实现了量价挂钩、招采合一、以量换价，大量药品通过集采降低了价格。已有研究从医疗和经济等理论方面论证了药品带量采购的积极作用。中标药品价格的平均降幅为 52%，最高降幅达到 96%，累计节约药费超过 1500 亿元，降价效果显著。同年，药品集中采购和使用试点工作在全国推开，跨区域联盟集中带量采购开始实行。

2020 年 1 月，京津冀医用耗材采购平台发布《关于开展京津冀及黑吉辽蒙晋鲁医用耗材联合带量采购（人工晶体类）历史采购数据填报工作的通知》，拉开了耗材带量采购“3+6”的大幕（在京津冀联盟的基础上加入黑龙江、内蒙古等北方 6 省份），形成了占据全国近 1/3 份额的公立医院市场，为建立全国统一耗材集采联盟打下坚实的基础。同年 10 月，国家高值耗材联合采购办公室启动冠脉支架集中采购工作，最终中选产品平均降价幅度达 93%，最高降价幅度达 96%，按照预采购量计算，预计节约 109 亿元，至此，我国药品和医用耗材集中带量采购全面铺开。

二、各地招标采购模式

自我国全面推行以省级为单位的药品和医用耗材集中招标采购政策以来，各地区纷纷进行采购制度和模式的探索，形成了具有地方特色的药品和医用耗材集中采购模式。各地区曾经或正在采用的集中采购模式主要包括“双信封”招标采购模式、综合评标法（俗称“打分法”）、网上公开招标和限价挂网等。

三、信用评价体系建设

为促进公平有序开展医药价格和招采信用评价工作，统一信用评价工作规则，提升信用评价标准化规范化水平，国家医保局医药价格和招标采购指导中心于 2020 年 8 月公布《医药价格和招采信用评级的裁量基准（2020 版）》、《医药价格和招采信用评价的操作规范（2020 版）》（简称《操作规范》），明确建立医药价格和招采信用评价制度。

《操作规范》指出，医药价格和招采信用评价制度要求在集中采购市场内，以买卖合同关系为基础运行，引导或要求医疗机构向诚信企业采购医药产品，减少或终止向失信企业采购医药产品。“医药购销中，给予各级各类医疗机构、集中采购机构及其工作人员回扣或其他不正当利益”，“因自身或相关企业实施垄断协议、滥用市场支配地位等被依法处罚，不主动纠正涉案产品的不公平高价”，“以低于成本的报价竞标，以欺诈、串通投标、滥用市场支配地位等方式竞标，扰乱集中采购秩序”等行为，将被纳入《医药价格和招采失信事项目录清单》。

《操作规范》还指出，将对医药企业进行失信责任分级处置，失信登记有“一般、中等、严重、特别严重”4个分级。对于失信等级评定为“严重”的医药企业，除提醒告诫、提示风险外，还限制或中止该企业涉案药品或医用耗材挂网、投标或配送资格，限制或中止期限根据医药企业信用修复行为和结果及时调整。对于失信等级评定为“特别严重”的医药企业，除提醒告诫、提示风险外，还限制或中止该企业全部药品和医用耗材挂网、投标或配送资格，限制或中止期限根据医药企业信用修复行为和结果及时调整。

2021年1月，《国务院办公厅关于推动药品集中带量采购工作常态化制度化开展的意见》（国发办〔2021〕2号）发布，从覆盖范围、完善采购规则、完善配套政策等方面明确了医药卫生材料集中招标采购常态化制度化的制度设计。

第五节　企业招标采购

我国改革开放已走过40多个年头，随着改革的不断深入，企业将面临更大的机遇和挑战。招标采购作为企业运营活动中的重要环节，对企业的生产和运营、企业供应链采购价值增值和盈利能力的提高都起着至关重要的作用。

一、企业招标采购概述

企业招标采购是现今市场经济下一种最主要、最主流的采购。企业是大批量商品生产的主体，为了实现大批量产品的生产，需要进行大批量商品的采购。生产企业的生产，是以采购作为前提条件的，没有采购，生产就不能进行。企业不仅采购数量多、范围广，而且对采购活动要求特别严格。

二、企业招标采购的方式及特点

企业招标采购是由交易活动的发起方在一定范围内公布标的特征和部分交易条件，按照依法确定的规则和程序，对多个响应方提交的报价及方案进行评审，择优选择交易主体并确定全部交易条件的一种交易方式。按照竞争开放程度，企业招标采购分为公开招标和邀请招标两种方式。

公开招标是指招标人以招标公告的方式邀请不特定的法人或者其他组织投标，属于非限制性竞争招标。这是一种充分体现招标信息公开性、招标程序规范性、投标竞争公平性，大大降低串标、抬标和其他不正当交易的可能性，最符合招标投标优胜劣汰和“三公”原则的招标投标方式，是常用的采购方式。

邀请招标是指招标人以投标邀请书的方式邀请特定的法人或者其他组织投标，属于有限竞争性招标，也称“选择性招标”。邀请招标适用于因涉及国家安全、国家秘密、商业机密、施工工期或货物供应周期紧迫、受自然地域环境限制只有少量几家潜在投标人可供选择等条件限制而无法公开招标的项目，或者受项目技术复杂和特殊要求限制，且事先已经明确知道只有少数特定的潜在投标人可以响应投标的项目，或者招标项目较小，采用公开招标方式的招标费用占招标项目价值比例过大的项目。

按照标的物来源地，可以对招标进行以下划分：一是国内招标，包括国内公开招标、国内邀请招标；二是国际招标，包括国际公开招标、国际邀请招标。国际招标文件的编制应遵循国际贸易准则、惯例。

企业采购不只是商业性的采购，特别是国有企业采购，要注重采购的合规性。此外，采购不能只考虑成本和利益最大化，还需要综合考虑技术方案和资质条件。

三、企业招标采购的意义

第一，推行招标采购制基本形成了由市场定价的价格机制，使价格更加趋于合理。推行招标采购制最明显的表现是若干投标人之间出现激烈竞争（相互竞标），这种市场竞争最直接、最集中的表现就是在价格上的竞争。通过竞争确定价格，有利于节约投资、提高投资效益。

第二，推行招标采购制便于供求双方更好地相互选择，使成交价格更加符合价值基础，进而更好地控制采购成本。供求双方的出发点不同，且存在利益矛盾，因而单纯采用“一对一”的选择方式，成功的可能性较小。采用控制采购方式为供求双方在较大范围进行相互选择创造了条件，为需求者与供给者在最佳点上结合提供了可能。

第三，推行招标采购制有利于规范价格行为，使公开、公平、公正的原则得以贯彻。我国招标采购活动有特定的机构进行管理，有严格的程序必须遵循，有高素质的专家支持系统和专业技术人员的群体评估与决策，能够避免盲目过度的竞争和营私舞弊现象的发生，能强有力地遏制腐败现象，使价格形成过程变得透明且较为规范。

第四，推行招标采购制能够减少交易费用，节省人力、物力、财力，进而使采购成本有所降低。我国目前从招标、投标、开标、评标直至定标，均有一些法律、法规规定，已进入制度化操作阶段。在招投标中，若干投标人在同一时间、地点报价竞争，在专家支持系统的评估下，必然减少交易费用，这本身就意味着招标人收益的增加，对控制生产成本必然产生积极的影响。

企业招标采购能够提高采购效率、降低采购成本，在企业采购过程中起着很大的作用。企业应注重对采购人员业务水平和综合素质的培养，“打铁还需自身硬”，只有把员工锻炼好、管理好，他们才能真正肩负起企业的发展重任。

参考文献

［1］刘钟莹．建设工程招标投标：第2版［M］．南京：东南大学出版社，2020.

［2］吴树贵，孙荣青，张晶．风雨砥砺 锐意进取：我国机电产品国际招标发展回顾［J］．招标采购管理，2019（2）：11-13.

［3］白志远．政府采购［M］．北京：经济科学出版社，2016.

第六章　数据交易业务

第一节　数据交易的产生及特点

一、数据交易的产生

随着社会的不断发展，信息化进程的不断升级，数字产业化也逐渐进入一个新的阶段。人们的生活消费越来越与数字化紧密关联，从支付行为到营销购物，以及娱乐、社交，乃至社会生产等，大量数据资源产生。数据是社会信息的积累、各类交易的沉淀，在流程管理、监测分析、智能运算等活动中成为关键资源。资源通过沉淀形成了资产。数据资产作为一种资产存在被定价的可能，既然能够被定价，就可以交易。

二、数据交易的特点

（一）可控制

从资产的权属与权限方面进行分析，数据资产呈现出明显的可控性。一是从数据资产的资产属性角度来看，对企业来说，数据资产必须在保证数据管理者具有明确的修改、查看、使用等控制权限时，才能产生价值。二是从数据资产价值的影响因素角度来看，若数据存在不确定性，其价值就会大打折扣，当数据错误、数据篡改、非法复制或者泄露等问题频繁出现时，数据就成了不可控因素，就会导致资产贬值，从而限制企业的整体发展。三是从用户角度来看，当数据资产可以控制、不可随意篡改，数据资产整体安全性提高时，才能保证资产价值的安全。

（二）可量化

与商品等其他传统资产类似，数据资产可以被计量，可以通过交易来流通。为满足流通的需要，要对数据资产进行可靠的计量。在数字经济蓬勃发展的今天，数据资产交易业务呈现出全面发展的趋势，交易数量也逐年增加。但是，大部分数据资产通过存储单位计量，难以明确内在价值，由此促使数据资产评估迅速发展，出现了数据资产质量评估、价值评估、等级评估等。比如，在数据资产隐私等级评估过程中，企业会根据实际情况按照保密等级的要求，从高到低，设置为“高度敏感、敏感、内部、公共”四个等级。企业既可以依据数据资产的获得成本和应用价值来量化分类，也可以从数据资产的重要性、使用频率和使用效果等维度进行量化评分，继而进行分类。当数据资产的价值量化上升到一定程度时，数字资产管理水平也将随之提升。

（三）可变现

从本质上说，可变现是指数据资产可以为企业或个人带来良好的经济效益，因此数据资产具有明显的可变现特征。当数据资产流转交易时，将带来更大的收益。由于收益具有不确定性，随着数据资产交易的发展，数据资产也会出现明显变化。

第二节　数据交易行业市场分析

一、数据资产概述

数据资产的核心是数据。我们首先要明确的是，数据的范围非常广泛，不仅包括传统意义上的数据，还包括符号、字符、日期形式的数据，文本、声音、图像、照片和视频等类型的数据，微博、微信、消费记录、出行记录、文件等数据。不是所有的数据都可以被称为资产，数据只有达到一定的积累并具有一定的价值，具备了资产属性后，才可以被称为“数据资产”。我们将数据资产定义为：个体或集体拥有或者控制的，通过交易或者事项形成的，能带来经济效益的数据资源。

数据资产交易是指将数据资产在市场上进行转让、出售等行为。数据资产具有以下特点：①可交易，资源丰富，更新频繁，类别多样；②具有准公共物品的有限非排他性和非竞争性；③具有可以流通使用的外部性；④能持续产生原始和衍生数据，有不断创造新价值、自我增值的属性；⑤能满足社会发展进步的需求。

二、数据交易行业发展概况

（一）数据交易行业发展现状

数据交易平台是数据交易行为的重要载体，可以促进数据资源整合、规范交易行为、降低交易成本、增强数据流动性，成为当前各地促进数据要素流通的主要举措之一。

在国家政策的支持推动下，数据交易从概念逐步落地，全国数据行业都在行业交易标准、数据市场定价等方面进行探索。随着市场上数据交换的频繁发生，交易类型日新月异、交易环境优化发展、交易规模不断壮大，数据变现能力持续提升。

从数据交易行业发展水平来看，我国的数据交易仍处于起步阶段，具有以下三个特征：一是数据交易的核心数据仍然是原始数据的“粗加工”，数据积累带来的衍生交易仍处于初期阶段。二是数据市场相对较小，交易双方存在较大的信息不对称，供给双方难以有效地完成交易，导致市场上的成交额与成交率都处于较低水平。三是全国统一的规范体系和必要的法律保障体系还不完善，数据定价、数据确权仍是数据交易中普遍存在的难题，在一定程度上制约了数据的变现。

（二）数据交易的需求背景

大数据是市场发展、经济发展的产物，是信息化改革的成果，推动了科学技术、经济及金融的创新发展。数据资源在生产要素和战略资产方面的地位逐渐上升，数据的采集、分析及应用能力也成为企业核心竞争力的体现。数据资源的价值体现需要市场对数据的开放。在这样的背景下，第三方数据交易平台应运而生，有利于促进数据供需双方的有效对接。

数据交易发生于特定生态内部，相对集中，跨生态数据交易市场需求很小。数据颗粒度较小、层级较低，需要相关的行业人员充分挖掘其价值，具有相对的行业局限性，只有在特定行业、生态内部才有大数据交易的需求。市场上，由于开发价值有限，流量和交易量很小，大众对数据交易意愿不大；而在特定生态内部，如区域产业集群、行业产业链生态以及 IT 领域相关生态中，企业之间往往具有较高的数据交易意愿和需求。

三、全国数据交易所发展情况

2014 年，在各地政府工作报告中，“大数据”开始被提及，此后，各地纷纷成立数据交易平台，到现在，全国已有数十家地方大数据交易平台，见表 3-6-1。

表 3-6-1　近年来各地成立的大数据交易平台

时间	交易所	所在地
2014 年	贵阳大数据交易所	贵州省贵阳市
	北京大数据交易平台	北京市
	香港大数据交易所	香港特别行政区
	中关村数海大数据交易平台	北京市
2015 年	武汉东湖大数据交易中心	湖北省武汉市
	长江大数据交易中心	湖北省武汉市
	西咸新区大数据交易所	陕西省西安市

续表

时间	交易所	所在地
2015 年	华东江苏大数据交易平台	江苏省盐城市
	重庆大数据交易市场	重庆市
	河北大数据交易中心	河北省承德市
2016 年	上海数据交易中心	上海市
	浙江大数据交易中心	浙江省桐乡市
	哈尔滨数据交易中心	黑龙江省哈尔滨市
	华中大数据交易平台	湖北省武汉市
	钱塘大数据交易中心	浙江省杭州市
2017 年	河南中原大数据交易中心	河南省郑州市
	青岛大数据交易中心	山东省青岛市
	安徽大数据交易中心	安徽省淮南市
2020 年	北部湾大数据交易中心	广西壮族自治区南宁市
2021 年	北京国际大数据交易所	北京市

资料来源：不完全统计，根据公开资料整理。

2020 年 4 月，中共中央、国务院发布的《关于构建更加完善的要素市场化配置体制机制的意见》将数据与土地、劳动力、资本、技术等要素一道列为市场化配置的重点。随后，各地纷纷响应，深圳、天津、黑龙江、山西、安徽、山东等地相继出台了与数据行业相关的条例和办法。由于数据具有无形性、可复制性、可共享性等特点，在权属确定、市场定价、市场交易等方面仍存在一定的难度，而已有体系相对零散，并不能满足数据流通层面的要求。数据权属界定不清、要素流转无序、定价机制缺失、安全保护不足等制约了数据要素交易的发展。北京国际大数据交易所是首家探索“数据特定使用权流通”的交易所，也是运用隐私计算技术的第一家交易所，在建立“国内领先的数据交易基础设施和国际重要的数据跨境流通枢纽”道路上迈出了具有重要意义的一步。

第三节　数据交易行业发展需具备的条件与解决的问题

一、数据交易行业发展需具备的条件

（一）电子商务的快速发展

电子商务是数字经济下的产物，在促消费、保增长、调结构、促转型等方面展现

出巨大潜力，也为群众创业、市场创新提供了广阔的发展空间，成为驱动我国经济高速发展、社会创新发展的重要动力。在电子商务发展的潮流下，产生了各种新业态，推动物流、金融、信息化服务行业的发展，并衍生子业态，营造了空前的电商环境，为数据交易的发展带来了契机，推动了数据交易的繁荣，提升了传统企业对大数据的应用水平，使数据资产的价值不断上涨。

（二）工业互联网的兴起

自 2018 年起，“新基建”被纳入国家发展战略，提出信息技术与传统产业的有机结合。工业互联网是新一代网络信息技术与制造业深度融合的产物，是实现产业数字化、网络化、智能化发展的重要基础设施，通过人、机、物的全面互联，全要素、全产业链、全价值链的全面链接，推动形成全新的工业生产制造和服务体系，成为工业经济转型升级的关键依托、重要途径、全新生态。工业互联网数据可以发挥数据作为核心生产要素参与价值创造和分配的作用，在工业领域作为信息的载体，通过汇聚、处理、分析、共享和应用等方式，最终实现对资源的合理配置。

工业企业可根据自身意愿在平台上发布可交易的数据，同时也可根据自身需求选购相关数据。国家工业互联网大数据交易平台通过集成标识解析系统和区块链系统，实现数据全生命周期管理以及数据可信交易。

（三）互联网金融的发展

互联网金融是互联网技术和金融功能有机结合，依托大数据云计算在开放的互联网平台上形成的功能化金融业态及服务体系。“大数据”作为推动互联网发展的重要驱动力，形成了新的金融业景观。互联网金融的发展，开拓了融资渠道，提升了金融融通效率，加速了金融经济发展进程。

在互联网高速发展和监管滞后的不对等局面中，产生了巨大隐患。互联网金融的发展离不开大数据，如果对互联网金融活动产生的大数据进行分析，就可以提前采取相关措施规避风险。例如，利用数据分析实时监控用户的交易行为来防欺诈；对利用异地信用卡频繁刷卡套现行为进行监控，对 POS 机刷卡数据流进行分析来防洗钱；利用大数据分析，对特定的互联网金融领域进行实时监管，起到风险预防的作用。

在金融业的发展中，产生了大量数据，通过数据交易可以获得有效的商业信息，从而促进金融业的创新和发展。大数据能够使互联网金融信息的来源更准确、更迅速、更可靠，从而有效提高效率，同时也能发挥风险预警、风险研判、规避风险的作用。两者相互融合，协同发展。

二、数据交易行业发展需解决的问题

中国互联网金融协会互联网银行专委会主任委员、百信银行行长李如东指出：“当前数据已作为新型生产要素被纳入国家战略，未来将与土地、劳动力、资本、技术等传统要素一起融入经济价值创造，成为推动数字经济高质量发展的新动能。当前实体企业、金融机构等都在加紧开展数字化转型，但如何高效配置数据要素、将数据资源转化为有价值的数据资产，还存在着战略路径不清晰、基础设施不完善、资源供给不足等现实问题。数据交易目前仍未根本性破题，难点在于数据本身具备可无限复制的特性。同时，在以欧洲个人信息保护标准 GDPR 为代表的各国监管之下，数据的跨境流动也仍面临成本、渠道等方面的诸多限制。”可见，数据交易的发展还存在基础设施不完善、交易路径不畅通、交易双方连接不畅等问题，制约着行业高速发展。

具体来说，数据交易行业发展需解决以下五个方面的问题：

第一，大数据产权界定不清晰。研究大数据交易市场，必须先对数据产权进行清晰的界定。一旦数据产权界定不清晰，社会上的数据拥有方就会不愿或不敢把数据拿出来交易。例如，商户在电商平台上的交易数据以及用户在运营商网络里的行为数据到底属于谁，如何从法律层面来界定？产权界定不清晰的数据将给未来交易带来风险和不确定性，从而在很大程度上阻碍大数据交易市场的正常运行。

第二，大数据交易规则和标准缺乏。目前，我国在大数据交易实践中出现的问题主要有三个：一是未明确专门性法律法规或指导性文件来定义或指导大数据交易和应用，因此数据交易存在不确定的政策风险。二是大数据交易监管体系建设不完善，监管机构不明确，存在一定程度上的监管缺失。大数据交易涉及多个环节，由于缺乏统一监管，再加上部分数据拥有者因避险心理而回避参与数据交易，致使数据常常散落在不同的政府部门、企业，存在不同的数据仓库中。三是大数据交易平台未建立统一的交易规则，国内交易平台各自为政，存在盲点和误区。总之，因缺乏数据交易规则和交易标准所产生的信息共享不充分、可交易数据边界模糊等问题使客户很难从孤立、不流动、没有整合的数据中找到完整的具有商业价值的数据，这不仅增加了数据交易的成本，而且降低了整个交易过程的运行效率。

第三，数据质量评价与价值评估有待完善。数据资产作为一种无形资产，内容差异巨大，难以有效地整合，导致数据质量出现参差不齐的情况。数据价值是数据质量的反映，数据质量越高，数据价值就越高，数据价值决定数据交易价格的高低。目前，成熟的无形资产价值评估通常有三种方法：重置成本法、收益现值法和市场比较法。但是，上述三种评估方法很难准确地量化数据资产的真正价值。这就需要从数据资产所属行业特点、数据资产特征、应用环境、商业模式等角度综合分析数据资产价值，通过提取量化指标，建立适合不同行业、不同属性数据资产的价值评估模型。这方面的研究刚刚开始，需要较长时间才能走向成熟。

第四，大数据安全保护隐患重重。在大数据时代，信息公开和数据共享是必然趋势，但随着数据交流与交换的频繁，由于过程保护不够完善，隐私泄露事件时有发生。

由于担心机密泄露，数据拥有者在数据进入流通环节时往往会产生警惕心理，从而在很大程度上抑制了大数据交易工作的顺利开展和大数据产业的健康发展。目前，我国隐私权保护法律还不够完善，无法保证国家大数据战略实行过程中数据的隐私安全。为了保障数据交易健康有序，需要尽快研究制定相关法律法规，对项目活动周期中产生的数据进行监管，从而保护数据隐私。

第五，大数据专业人才缺乏。在中国，大数据是一种新生事物。目前，大数据行业的人才大部分来自其他行业，国内高校以及企业对大数据技术人才培养的时间相对较短，技术市场上掌握大数据处理技术和应用开发技术的人才很少。此外，大数据的发展速度很快，无论是监管部门还是市场单位，都需要一支经验丰富、技术精湛、管理有序的大数据队伍，如此“人才少、速度快”的局面使目前中国大数据市场上的技术人才储备与大数据处理和应用人才需求之间存在较大的缺口，此状况将在未来几年持续存在，对中国大数据交易乃至大数据产业发展提出了严峻的挑战。

第四节　数据交易行业展望

一、数据交易行业发展前景分析

（一）数据交易行业发展机会

2020 年 4 月，中共中央 国务院印发了《关于构建更加完善的要素市场化配置体制机制的意见》，明确提出“要加快培育数据要素市场，推进政府数据开放共享，提升社会数据资源价值，加强数据资源整合和安全保护”。数据作为新型生产要素，随着智能化技术的开发应用，成为越来越重要的社会核心资源，数据的开发、共享、交换、流通将势不可当，数据交易将成为挖掘数据价值的重要驱动力，而流动性好和价格发现功能强的数据交易所将成为重要的支撑力量。

（二）数据交易行业发展潜力

现代社会的核心资源是经济资源，而不仅仅是土地、人口、能源、矿产。在现代战争中，对信息与数据的争夺至关重要。现代战争可以说是信息的战争，也是一场信息科技革命。在信息科技革命中，数据资源对经济社会发展的影响尤其明显，当前各行各业在快速推进的数字化转型就是最好的例证。在数字经济新时代，我国作为一个资源大国，拥有活跃发达的互联网产业，持续创造着海量的数据和信息。在这场信息科技革命中，我国有望凭借大数据和金融创新的先行优势，走在世界前列，实现中华民族伟大复兴。

（三）数据交易行业发展前景

从2015年开始，在国家的鼓励和各级地方政府的支持下，全国各地相继成立了大数据交易机构，包括贵阳大数据交易所、上海数据交易中心、武汉东湖大数据交易中心等。这些交易机构在合法、合规、保障数据安全的前提下，建设完善基础设施，解决数据交易过程中公允定价、交易标准、数据传输等关键问题。以数据堂、美林数据、爱数据等为代表的数据资源企业也快速发展起来。数据项目的交易逐步落地，交易类型不断丰富，交易环境不断优化，交易规模不断扩大，我国数据交易行发展迅速，数据的价值也得到有效体现。

二、关于加速完善我国数据要素市场体系的思考

（一）数据要素研究应从确权和分级向交易流转延伸

当前我国对数据要素的研究，大多集中于数据确权和分级分类等基础领域，对交易环节的研究较少。数据确权和分级分类研究的核心是数据交易方式、交易技术、交易场景的研究。

（二）应以间接数据交易作为数据交易的主攻方向

间接数据交易能够较好地结合业务场景、发挥数据价值、数据安全风险较低、市场认可度较高，应当加以重视，甚至可将其视为未来主要的数据交易方式。间接数据交易方式主要包括：①数据结果类交易，即数据本身不进行交易，交易的是经过数据分析计算后形成的结果；②基于数据接口的业务交易，即交易平台根据特定业务开发数据交易接口，按调用量收费；③数据撮合类业务，即交易平台只负责信息的撮合，业务中对数据要素进行估价的买卖双方通过平台进行对话，达成一致后完成交易。

（三）工业互联网平台是产业生态内部数据交易的依托

鉴于特定行业、生态内部大数据交易需求更为旺盛，工业互联网平台天生就是我国数据要素市场的核心环节。在同一工业互联网平台上，企业往往处于同一产业链，对平台上其他企业的数据有较高的需求。例如，有些企业需要根据其他企业的生产库存情况决定自身采购和生产。因此，在推动我国数据要素市场建设时，需要充分重视工业互联网的作用。

三、数据交易行业发展目标

2021年11月30日，工信部印发《“十四五”大数据产业发展规划》（简称《规划》），立足推动大数据产业从培育期进入高质量发展期，在“十三五”规划提出的

产业规模1万亿元目标基础上，提出“到2025年底，大数据产业测算规模突破3万亿元”的增长目标，同时还提出建设数据要素价值体系、现代化大数据产业体系等新目标。培育大数据交易市场、新基建、新型智慧城市建设等都是未来的重要工作。《规划》提出：“推动建立市场定价、政府监管的数据要素市场机制，发展数据资产评估、登记结算、交易撮合、争议仲裁等市场运营体系。同时，培育大数据交易市场，鼓励各类所有制企业参与要素交易平台建设，探索多种形式的数据交易模式。”

《中华人民共和国国民经济和社会发展第十四个五年规划和2035年远景目标纲要》对完善数据要素产权性质、建立数据资源产权相关基础制度和标准规范、培育数据交易平台和市场主体等做出了战略部署。近期，广东、江苏等地就数据要素市场培育纷纷开展了积极探索，深圳、天津、贵州等地在数据立法、确权、交易等方面已经取得了有益进展。支持有条件的垂直行业企业开展大数据业务剥离重组，提升专业化、规模化和市场化服务能力，加快企业发展。

值得注意的是，数据要素化是《规划》的一项重要内容。《规划》提出，“开展要素市场化配置改革试点示范，发挥数据要素在联接创新、激活资金、培育人才等的倍增作用，培育数据驱动的产融合作、协同创新等新模式。推动要素数据化，引导各类主体提升数据驱动的生产要素配置能力，促进劳动力、资金、技术等要素在行业间、产业间、区域间的合理配置，提升全要素生产率”。

四、行业发展战略

（一）加强数据要素流转环节的研究和探索

加强针对数据要素交易流转方式、场景的系统化研究，结合不同模式对数据确权和分级分类的不同需求，针对性打造数据要素流转体系，并基于国家互联网大数据中心相关标准，制定数据交易相关标准，探索对数据交易环节进行合理化管理。

（二）探索形成以工业互联网为核心的大数据内循环系统

针对性出台政策，鼓励建立以工业互联网平台为支点，完善生态内部数据的良性交易体系。交易体系内以各类间接数据交易推动产业链企业之间的交流，充分激发工业互联网平台产业生态枢纽作用，并对获得市场认可的优秀平台和模式进行推广。

（三）加快数据交易基础技术的研发和产业化

针对数据交易中较为关键的信息模型、时序数据库、轻量化加密、联盟区块链、内生安全体系等，加大研发力度。协调国内相关企业与高校科研院所合作，建立产品和标准互认体系，加快推动数据交易基础技术的产业化进程。

第七章　产权交易辅助业务

产权交易辅助业务是指不直接参与产权交易项目组织及竞价活动，但围绕产权交易活动提供尽职调查、法律顾问、资产评估、司法辅助、档案管理等相关服务，促进或保障产权交易活动顺利完成的各类业务。和产权交易经纪机构、代理机构一样，为交易活动提供辅助性业务的相关机构是活跃在产权交易资本市场上的、重要的第三方中介服务机构。随着产权交易行业业务领域不断向纵深延伸，业务分工不断向精细化发展，产权交易业务辅助机构所发挥的作用日益凸显。

产权交易业务辅助机构的作用主要体现在以下三个方面：一是通过提供专业化、职业化、精细化的服务，为交易参与方、委托方极大地提高工作效率，降低交易成本，实现可观的经济效益；二是秉持公开、公平、公正的“三公”原则，依法依规行使国家法律赋予的神圣职责，站在独立第三方的立场上依法依规执业，有利于维护资本市场公平有序竞争和阳光透明的市场环境；三是在提供辅助性服务的同时，也具有权力制衡与监督功能，能够有效补齐行政监督、司法执纪等领域的短板，客观上起到促进司法公正和维护社会公平正义的作用。正因如此，近年来产权交易机构开展的各类辅助业务越来越得到政府部门、监管机构和各方市场主体（交易委托方）的普遍认可和赞许。

第一节　资产评估业务

一、资产评估的定义和意义

根据《中华人民共和国资产评估法》（简称《资产评估法》）的定义，资产评估是指“评估机构及评估专业人员根据委托对不动产、动产、无形资产、企业价值、资产损失或者其他经济权益进行评定、估算，并出具评估报告的专业服务行为”。

资产评估是对资产进行估价的过程，须遵循法定或公允的标准和程序，运用科学的方法，以货币作为计算权益的统一尺度，对在一定时点上的资产进行评定估算。资产评估作为产权交易等资产业务的中介环节，是市场经济条件下产权交易和相关资产业务顺利进行的基础。

二、中国资产评估业的现状

全国资产评估业务主要包括资产评估、房地产估价、土地估价、矿业权评估、旧机动车鉴定评估和保险公估。随着中国经济的稳步发展，经济活动对资产评估业务的需求不断提高。根据中国资产评估协会以及前瞻产业研究院的统计，2015—2020 年，中国资产评估机构数量从 3304 个（含分公司，下同）增加到 5455 个。根据《“十四五”时期资产评估行业发展规划》，截至 2020 年底，全行业共有资产评估机构（含分支机构）5300 余家，其中：在资产评估机构工作的资产评估师 4. 1 万人，全行业年收入从 2016 年的 119. 45 亿元增长到 2020 年的 253. 92 亿元。

由于资产评估业务和经济活动紧密相关，中国的资产评估机构和业务分布也更集中于经济发达的东部沿海地区，评估机构数量名列前茅的省、区、市都在东部地区，西部地区只有四川省的评估机构数量较多。①

三、产权交易领域的资产评估政策法规体系

（一）规范国有资产评估的政策

中国的资产评估规范最早是为协助国有资产监管发展起来的，主要由财政部、原国家国有资产管理局和后来的国务院国资委、原国土资源部和后来的自然资源部等政府机构以部门规章或政策的形式颁布，并形成了一套严密的规章和政策体系。

1991 年，国务院颁布了《国有资产评估管理办法》（国务院令第 91 号），首次规定国有资产占有单位在“资产拍卖、转让”“企业兼并、出售、联营、股份经营”等情况时，需要进行资产评估。1992 年，国家国有资产管理局进一步颁布了《国有资产评估管理办法施行细则》（国资办法〔1992〕36 号）。随着改革的不断深化以及对资产评估认识的不断提高，相关政府机构也对政策进行了必要的更新：2005 年，国资委颁布了《企业国有资产评估管理暂行办法》（国资委令第 12 号）；2007 年，财政部颁布了《金融企业国有资产评估监督管理暂行办法》（财政部令第 47 号）；2010 年，国资委颁布了《中央企业资产评估项目核准工作指引》（国资发产权〔2010〕71 号）；2013 年，国资委颁布了《企业国有资产评估项目备案工作指引》（国资发产权〔2013〕64 号）。

此外，财政部先后出台的《企业财务通则》《金融企业财务规则》《事业单位财务

---

① 前瞻产业研究院．预见 2022：《2022 年中国资产评估产业全景图谱》［R/OL］．（2021-09-25）．https：//www. qianzhan. com/analyst/detail/220/210924-7c212eb2. html.

规则》《行政单位财务规则》《政府会计准则》等规章，以及原国土资源部办公厅印发的《国有建设用地使用权出让地价评估技术规范》、自然资源部办公厅印发的《划拨国有建设用地使用权地价评估指导意见（试行）》等规章，都对国有资产评估进行了规范。

（二）同时规范国有资产和非国有资产评估的政策

同时规范国有资产和非国有资产评估的规章及政策主要出自住房城乡建设部、商务部、银保监会、证监会等政府机构。财政部和原国土资源部、自然资源部也出台了一些同时规范国有资产和非国有资产评估的规章，如《矿业权评估管理办法（试行）》等。还有一些规章如《企业财务通则》等，是针对国有或国有控股企业颁布的，但非国有企业也可参照执行。

上述政府机构通过几十项相关规章和政策的颁布，对动产、不动产、金融资产、无形资产、所有权和使用权等评估进行了有效的监管和规范，并提供了操作指引。

（三）国家法律

针对资产评估的法律出台相对较晚，《中华人民共和国评估法》（简称《评估法》）是2016年7月经第十二届全国人民代表大会常务委员会第二十一次会议通过，并自当年12月1日起施行的。《评估法》规范的标的范围更广，不仅适用于国有资产，也适用于非国有的自然人、法人或者其他组织所拥有的资产。

在《评估法》出台之前，相关政策法规分别出自财政、国资、住建、国土、商务、保监、证监等诸多部门，缺少系统性的、管全局的行业基本大法。《评估法》的出台，填补了中国评估行业基本法的空白，通过立法把不同领域的评估管理统一在一部法律框架之中，将评估业务纳入了法治化、规范化轨道。

（四）行业内法规制度

中国的资产评估行业拥有自己的全国性行业协会，即成立于1993年的中国资产评估协会（简称“中评协”）。中评协接受财政部和民政部的业务指导。《评估法》也对中评协的地位和作用专门加以介绍，并授权行业协会负责组织评估师资格全国统一考试。中评协发布的一系列执业准则、操作指引、指导意见等也起到了行业内法规制度的作用。

四、资产评估在产权交易业务中的作用

资产评估是产权交易，尤其是国有产权交易的定价基础，为交易各方提供了一个由中立专业机构出具的价值标杆，交易各方可以将这一标杆作为基础进行交易价格协商，从而加快价格谈判的进程，降低协调成本，提高交易效率。

资产评估为交易双方提供公开、公平、公正的意见，促使交易正常进行，有助于维护产权交易市场的秩序和稳定。

资产评估也是经由专业机构实现价值发现的过程。在这个过程中，通过对资产价值的重新衡量，可以有效预防和减少企业的资产价值流失。企业以此作为决策基础，可以更科学有效地进行资产重新配置。

资产评估与产权交易相结合，能够在维持资本市场秩序和提高资本市场流动性等方面起到更大作用，推动我国市场经济的稳定发展。

五、资产评估与产权交易业务的共同发展

资产评估正被应用于跨度广泛的资本市场操作，除产权交易外，还包括质押、融资、投资、债务、计税等诸多领域，甚至作为战略规划的制定基础，被用于测算收益、配置资产。近年来产权交易业务范围不断扩大，由此可以预期，未来更多的资本市场操作将与产权交易业务融合，资产评估的基础性作用也将进一步凸显。

产权交易监管和执行机构应针对资产评估在不同交易领域的作用、运作模式和存在的问题进行深入研究，为未来出台相关政策和法规做好准备。

六、国有产权交易中存在的资产评估问题和建议

尽管目前国有产权评估方面的政策已经很完善，但在实践中仍旧会遇到一些问题，其中比较显著的是以下三个问题：

（一）高评国有资产的倾向

随着国有资产流失追责制度的建立，近年来身负国有资产监督职责的国有企业集团、国有股东方在对国有资产和产权进行评估时往往会更深地介入，向资产评估机构施加压力要求高评，尤其是在涉及员工股权激励的情况下，这种现象更容易出现，从而扭曲定价，影响员工持股的积极性，也给产权交易造成障碍。

未来应从加强资产评估机构在工作上的独立性角度入手，避免资产评估工作受到干扰。

（二）知识产权、文化产权等无形资产价值评估仍不完善

近年来，国有企业对于专利、专有技术、商标权、商誉等无形资产的重视度在不断提高。在国有产权交易过程中，对无形资产不评估或低评的问题得到有效缓解。但是，对于某些无形资产如何进行有效评估仍旧难以达成共识，尤其是对知识产权和文化产权等无形资产的评估，经常会出现非标准化、非通兑化的标的，非量化收益（如社会收益）更是难以评定，因此不同评估机构的评估结果可能出现较大差异。此外，

同一家评估机构在选用不同评估方式的时候也会有很大差异，而为了避免国有资产流失，对评估结果几乎都是按照就高不就低的原则进行选择，这也会给相关无形资产的产权交易造成障碍。

从结果来看，目前在产权交易所进行的知识产权和文化产权类无形资产的交易数量很少，交易并不活跃。这导致很多国有企业产出的技术和文化产品只能形成沉淀，无法带来应有的社会和经济效益。

目前，国家知识产权局、中评协等针对无形资产评估出具了一些指导意见，进行了一些有益的尝试和探索。未来产权交易监管和执行机构应结合评估业务的发展，进一步发挥作用。

（三）不同企业的评估机构备选库不相容

目前，各央企集团和绝大部分国资监管机构均设立了评估机构备选库，其所监管的各下属企业只可聘用备选库内的评估机构，从而导致在一些具体操作中因不同企业备选库的不相容而使交易受到影响。例如，2021 年，在中车集团（归属国资委监管序列）对国铁集团下属某企业（归属财政部监管序列）实施债转股的过程中，尽管双方均有意向合作，但由于两企业所属集团的备选库不同，无法找到共同的评估机构进行评估，而不同评估机构出具的结果又存在差异，导致债转股无法通过审批，最终只能通过法律诉讼的方式，采用法庭指定的评估机构来解决问题。类似的问题在产权置换、股权增资等交易中同样会出现。

对此，广东省国资委在 2019 年取消了省属企业资产评估及估价机构备选库，为解决这一问题提供了思路。这样即可根据《评估法》的规定，在评估事项涉及两个以上当事人的时候，由全体当事人协商委托评估机构。

第二节　法律顾问业务

一、法律顾问的定义和作用

法律顾问有广义和狭义之分。广义而言，具有法律专业知识，接受公民、法人或其他组织的聘请为其提供法律服务的人员，以及法人或其他组织内部设置的法律事务机构中的人员，均为法律顾问。狭义而言，法律顾问是指接受公民、法人或其他组织的聘请为其提供法律服务的执业律师。担任法律顾问是我国律师的主要业务之一。本节所涉及的法律顾问服务主要是指后者——执业律师提供的法律顾问服务。

本节涉及的产权交易过程中的法律顾问服务，是指交易业务涉及各方的外聘律师提供的法律顾问服务，不包括交易者机构内部法务人员提供的顾问服务。

法律顾问服务的主要作用体现在两个方面：一是协助聘方建立法律纠纷预防机制，二是及时处理已存在的相关法律问题。

二、中国法律顾问业务现状

根据司法部和前瞻产业研究院的统计数据，2015—2020 年，中国的律师事务所数量从约 2. 3 万家增加到约 3. 4 万家，执业律师数量从约 29. 7 万人增加到 52. 2 万人。中国的法律业务呈现快速增长的态势，但包括法律顾问业务在内的传统业务增长速度很慢，从而使其占整个法律业务收入的比重不断下降。对于法律顾问业务，目前缺乏独立的统计数据，但从作为法律顾问业务主体的常年法律顾问业务来看，2015 年占全部法律业务收入的比重还是 20. 80%，到 2019 年就下降到了 6. 58%。① 可见，包括法律顾问业务在内的传统业务增速放缓，市场趋于饱和的态势非常明显。

和资产评估机构一样，律师事务所的分布也集中在经济发达的东部沿海地区。东部沿海地区处于优势地位的律师事务所正不断在中西部地区建立分支机构并扩展业务，进一步强化了自身优势。② 在业务方面，经济发达地区律师事务所的业务以金融、证券、上市、兼并收购、知识产权等专业性较强的高端业务为主，以传统业务为辅；而非经济发达地区依旧是以传统业务的诉讼业务和法律顾问业务为主，以高端业务为辅。③

三、产权交易领域的法律顾问服务政策法规体系

在法律顾问业务方面，目前并无专门的法律规范。但产权和资本市场中的依法合规操作是市场正常运转的基本要求，唯有如此，才能保证各方利益，并有效防范国有资产流失，因此相关政策中均会强调要符合国家相关法律法规的规定。法律顾问或企业内部法务人员正是在这一过程中针对依法合规操作发挥引导、监督、纠正的专业性作用，相关政策实际上也在引导法律顾问的介入。

此外，部分法律或政策性文件，如《中华人民共和国证券法》、32 号令等，要求对资本和产权交易中的特定行为出具法律意见书，即明确要求法律顾问介入。

---

① 佘智海. 他们深耕房地产法律服务 20 年 诠释法律顾问如何为企业创造商业价值. [EB/OL]. (2021-07-11). https://www.titanlaw.com/news/detail/871.

② 前瞻产业研究院. 2020 年中国律师事务所行业市场现状及竞争格局分析 [R/OL]. (2021-03-29). https://bg.qianzhan.com/report/detail/300/210329-4b8ecd9c.html.

③ 前瞻产业研究院. 2020 年中国律师事务所行业市场现状与发展前景预测 [R/OL]. (2020-12-22). https://www.qianzhan.com/analyst/detail/220/201222-f34870ce.html.

四、法律顾问在产权交易业务中的作用

在产权交易业务中，法律顾问的重要作用之一就是为交易者提供相关法律建议，帮助交易者预防或避免产权交易过程中产生的法律风险。

具体而言，法律顾问在产权交易业务中起到如下作用：协助交易所促进管理和流程规范化；协助交易者明确目标，防范风险，并提供参考意见；在交易流程中协助和监督合同执行，增强自律性；在出现的交易纠纷中，起到协调纠纷、捍卫合法权益等作用。

五、改进产权交易中法律顾问服务的建议

法律顾问服务在规范和促进产权交易顺利进行的过程中起到了重要作用，但也存在一些有待改进的地方。

（一）前期防范应重于后期诉讼

一些法律顾问在为交易双方提供服务的过程中，尽管对合法合规性做了很好的把握，但还应提高风险防范意识。例如，某些产权出让方在产权交易所的挂牌信息中会刻意回避一些不利于出让的负面信息，法律顾问会通过相关处理使之符合有关规定，但在完成交易之后，买方终究会发现问题，并因此产生法律纠纷。

从法律顾问的利益角度出发，法律诉讼的出现可以产生额外的业务收入。但是，从法律顾问的责任角度出发，发挥法律纠纷预防作用、充分维护各方利益、促进产权交易的顺利进行，才是一个法律顾问的应尽之职。

（二）提高尽职调查中的专业性

在产权交易过程中，交易相关方经常需要对交易标的或者投资方进行尽职调查，这种尽职调查工作往往是由法律顾问或者企业内部的法务人员来完成的。从实践经验来看，对于一些专业性比较强的领域，内部法务人员更能在尽职调查中发现问题，达到尽职调查应有的效用，外部的法律顾问有时会显得专业性不足。

在现实中，不少交易者并没有自己的法务人员，因此并无更好的选择，仍要依靠企业外部法律顾问的尽职调查，因此法律顾问有必要提升在不同行业领域的专业性。这有待于通过未来中国法律咨询服务的进一步细分来实现。

（三）降低司法诉讼周期过长的负面影响

产权交易中出现纠纷是不可避免的，其中一些会进入诉讼程序。此类诉讼程序经常会耗时较长，部分诉讼甚至会持续一年以上，从而长时间占用交易方的资金，也影响产权的顺利流转和有效利用。

为此，除了通过司法辅助来协助降低负面影响之外，也需要法律顾问发挥更大作用，提出解决方案，协助解决纠纷，或者通过自己的专业服务协助尽快结案。法律顾问在维护聘用方利益的同时，应将缩短诉讼周期作为工作目标之一，并努力实现。

（四）适当扩大交易所法律顾问的公共服务范围

对于没有自身法律顾问的购买者，应当允许其申请交易所的法律顾问来提供无偿或有偿的公共服务。例如，部分交易需要买方具有一定的资质或资格，因而曾有这样的先例，在某些地区购买房产者只限两套，导致购买者摘牌后无法过户超额的房产。

此类资格或资质事项类型很多，交易所难以全部及时提示，因此需要买方的法律顾问充分发挥作用，向交易者提示可能存在的问题，或者在问题出现后提出可行的解决方案，而在买方没有自己法律顾问的情况下，应向其提供公共法律顾问服务。

第三节 财务顾问业务

一、财务顾问业务的概念

财务顾问（Financial Advisor）业务是指金融中介机构根据客户的需要，为其发展战略、投融资、财务管理、资本运作、资产及债务重组等活动提供方案设计、分析、咨询及协助实施等服务。

按照服务的内容，财务顾问业务包括为上市公司完善法人治理结构、设计经理层股票期权、职工持股计划、投资者关系管理等工作提供咨询服务，为上市公司的收并购、重大投资等业务提供咨询服务，以及为企业申请证券发行和上市提供改制改组、资产重组、前期辅导等方面的咨询服务。

二、企业重组的形式

企业重组包括企业的资产、负债、业务、技术及人员要素的重新组合和配置。企业重组有两种分类：一是从企业要素变动的角度，可以把企业重组分为产权变动、资产变动、产权和资产同时变动三类；二是从企业活动的角度，可以把单个企业重组分为企业所有权或控制权变更（Change in Ownership or Control）、企业扩张（Expansion）、企业收缩（Contraction）三类。

企业所有权或控制权变更主要有反收购防御、股票回购和杠杆收购三种形式。

企业扩张是指扩大企业规模及经营业务范围的并购行为，主要包括兼并、收购和合并。

企业收缩又称为“出售”（Sell-off），是指使企业缩小规模及经营业务范围的各种行为，与企业扩张相反，主要形式为分立和剥离。

三、财务顾问机构在企业重组中的作用

投资银行等金融中介机构的企业重组业务，通常又被称为“兼并收购”（Merger and Acquisition，简称“并购”）业务。这类业务主要分为两类：一是中介顾问业务，即为进行重组的企业提供顾问服务，这是以投资银行为代表的金融中介机构的“正宗”并购业务；二是产权投资商业务，在这类业务中，投资银行作为并购交易的主体参与企业并购，通过先买进后卖出使企业获得收益。

在企业扩张中，财务顾问机构的作用在于帮助客户以最低的成本（含支付对价、融资成本、时间成本、劳动量等）、最优的交易结构和并购模式获得最合适的目标企业，从而使企业快速发展。

在企业收缩中，财务顾问机构扮演卖方顾问的角色，帮助卖方以最优的条件（含价格及其他条件）将目标企业卖给最合适的买主。

在公司所有权或控制权变更中，财务顾问机构还扮演着很多角色。

在交易的不同环节，不同中介团队需要完成不同的工作内容。其中，财务顾问在企业并购活动中往往扮演着重要的协调和推动交易进程的角色，为企业并购交易中的买方或者卖方提供专业建议。这些建议包括但不限于：提供行业发展的最新动态、充分了解交易双方的诉求、设计交易架构、基于最新的同行业可比交易案例对标的资产进行估值分析、解决并购过程中交易双方存在的问题，以及使交易符合监管方的要求。除了上述专业建议之外，国内财务顾问还要为客户制作项目申报文件，以符合交易所公告和监管部门审核的要求。

有经验的财务顾问会通过协调各中介团队按进度有序推进工作来协助企业对项目的流程和各参与方进行全面管理，并发挥两个核心作用：其一，为未上市企业融资提供融资顾问服务，包括梳理投资亮点、对接投资人、协调从协商到交割的所有流程；其二，为企业并购其他企业或者被其他企业并购提供财务顾问服务，主要是交易撮合服务。

四、国有资产交易并购重组行为的特殊性

新一轮国企改革的核心是从“管资产”向“管资本”转变，资本化思维、资本运营代替了监管下的资产管理思维，基于资本布局、资本运作、资本安全和资本回报这四个核心维度做强做优做大国有企业。并购重组是国有企业资本化思维和资本运营的重要载体和支点。当前国有企业的改革体现在三个方面，即管理层级、国企数量和混

合所有制，而这些都离不开并购重组。

通常意义上的并购重组路径，包括股权转让、股权置换、资产并购、增资、合并、分立、非对称减资、破产重组等，而国有企业的并购重组除了适用前述各种路径的法律规范外，还会交叉或综合适用各种专门性的法律文件和政策性文件，从而体现出特殊性。当国有企业作为并购主体目标或实施主体时，就构成了国有资产交易并购重组行为。

就成熟的市场实践而言，并购重组是非常专业且复杂的资本运作事项，不少国有企业主体开始高度重视财务顾问的作用。

五、混合所有制改革的财务顾问业务内容

国有企业混合所有制改革的内涵是“引资本、改机制”，是一种更为复杂的国有资产交易并购重组行为。一次成功的国企混改通常需要多个中介团队的全面配合和不懈努力，如财务顾问团队（设计交易架构、寻找潜在投资人、协助企业与潜在投资人进行谈判、对项目进行全流程管理）、管理咨询团队（协助企业制定战略发展规划、组织管控优化方案、员工激励方案、退休员工安置方案等）、律师团队（进行法律尽职调查、重组方案的细化与实施、交易文件的起草与谈判等）、税务团队（进行税务合规性摸底、税务重组方案设计及税务筹划等）、财务审计团队（审计及清产核资）、法定资产评估团队（根据国资委的要求进行法定资产评估）、产权交易机构（协助完成根据32号令的规定需要在产交所进行公开转让的交易）等。财务顾问在国企混合所有制改革过程中发挥着统筹协调的核心作用。

混合所有制改革项目顾问咨询服务政策性强、涉及面广，以某央企面向社会选聘混合所有制改革咨询全流程财务顾问机构为例，具体如下：

某央企面向社会选聘混合所有制改革咨询全流程财务顾问机构

（一）混改方案制定阶段的服务内容

（1）开展企业的尽职摸底调查，并依据调查结果，结合委托人及集团内部决策需要，提供具体方案及所需文件，包括但不限于《可行性研究报告》、《混改方案》、《员工持股方案》、《法律意见书》、《商业计划书》、项目推介资料等文件。

（2）依据现行公司法及国企混改政策对法人治理结构的要求，协助建立现代企业管理制度，起草公司章程、“四会一层”的议事规则等文件。

（3）依据国家及集团激励机制，配合开展涉及员工持股的调查工作，出具《员工持股方案》并协助搭建员工持股平台，完成《员工持股管理办法》《合伙协议》等的制定及实施。

（4）根据改革进程，协助起草公司章程、增资协议等法律文件。

（5）根据委托人要求，不定期参加委托人组织的专题会议，当面或以其他形式（根据委托人要求）提供咨询辅导，并对项目实施中出现的问题给予专业指导或建议。

（6）以见面沟通（主要方式）、电话、邮件等方式提供日常咨询和辅导答疑。

（二）混改方案实施及统筹协调工作

（1）协助委托人开展与其他第三方机构的沟通协调工作，特别是协助并跟进对项目的财务审计及资产评估工作。

（2）配合委托人开展意向投资方的征集或引入工作。

（3）针对交易双方，开展关于参与混改增资项目的沟通工作。

（4）组织意向投资方对混改增资项目进行尽职调查，同时协助委托人进行反向尽职调查。

（5）为撮合交易，组织双方签订意向合作协议。

（6）协助制作内部报批文件，并配合委托人做好向上级部门的汇报工作。

（7）协助委托人办理挂牌手续及准备交易所挂牌需要的相关材料。

（8）协助委托人对意向投资人进行资格审查。

（9）协助委托人制定最终投资人遴选方案，并协助组织履行遴选程序及确定最终投资人。

（10）协助委托人做好与最终投资方和员工激励平台签署增资协议、处理历史遗留问题等后续工作。

第四节 司法辅助业务

一、司法辅助的定义和意义

司法辅助通常指法院等相关执法机构因为人力、物力等方面的限制，把一部分执法权力委托给具有资质的第三方机构，这类第三方机构配合司法机关执行相关权力，完成相应任务。

随着社会经济的发展与变革，依法治国越来越深入人心，人们的法律意识越来越强，司法机构面临日益增多的法律纠纷，司法资源和人员逐渐难以满足现实需求，执法方式也随之发生改变。为提高司法机构处理案件的能力和效率，一部分司法事务逐渐被剥离，并形成了司法辅助业务。

司法辅助机构包括多种类型的第三方机构，如拍卖公司、公证机构等。这些司法辅助机构在我国司法领域的持续改革中产生，承担了一些本应由法院等机构直接行使的执行权，有利于分担执行机构巨大的工作量、防止司法腐败、提高执行事务的效率和效益。

二、我国司法辅助业务发展现状

随着司法辅助业务的不断发展，司法机关委托司法辅助机构执行的权力越来越广泛，全揽司法执行全过程，包括但不限于协助调查标的权属信息、协助调查标的户籍和税费缴纳信息、实地勘查、评估、文件准备、拍卖宣传公告、协助展示与咨询、协助办理权属变更、税费缴纳、拍卖标的交接等。大多数司法辅助机构拥有司法机关、拍卖公司、评估机构、律师事务所、保险公司、资管公司等渠道资源，对执行标的的执行能力相对较高。统计数据显示："2017 年至 2019 年属于快速发展阶段，截至 2019 年 6 月，全国司法辅助机构数量超 670 家。2017 年 1 月至 2019 年 6 月期间，司法辅助机构辅助法院共计上拍标的物次数 33.37 万次，成交率 39.3%，平均溢价率 25.5%，在此期间，法院共计上拍标的物次数为 120 万余次，辅助业务占比 27.8%。"① 虽然司法辅助业务有大幅度的增长，但是相对于司法业务的整体规模，仍有一定的提升空间。

三、产权交易领域的司法辅助政策法规体系

近几年，《最高人民法院关于人民法院民事执行中拍卖、变卖财产的规定》《最高人民法院关于人民法院委托评估、拍卖和变卖工作的若干规定》《最高人民法院关于人民法院网络司法拍卖若干问题的规定》陆续出台，对司法辅助机构及其工作流程做了详细规定。与人民法院合作的司法辅助机构应当先期公告，明确入册机构的条件和评审程序等事项，并且编制委托评估、拍卖机构名册。对于委托网拍辅助机构承担网拍辅助工作，应当出具委托书，载明委托工作内容及要求、收费原则及标准、权利义务和法律责任、委托期限等。同时，对司法辅助机构明令限制的事项，例如，以不正当手段进入网拍名单库，工作过程中违纪违法利益输送，把委托工作分包转包，以捏造或虚构等方式夸大或者缩小拍卖财产瑕疵，代竞买人竞买，未通过执行法院定期组织工作考核等，均会导致司法辅助机构被人民法院从名单库中除名。最高人民法院、司法部于 2017 年 7 月颁布了《关于开展公证参与人民法院司法辅助事务试点工作的通知》，北京、福建、云南等 12 个省份被选为开展公证参与人民法院司法辅助事务试点。

① 秉睿，陵溪．全国网络司法拍卖辅助机构发展指数分析报告［R/OL］．(2019-07-12)．https://mp.weixin.qq.com/s/PyWhH5b9SESHYXJqVaBvcQ.

四、司法辅助在产权交易业务中的作用

产权交易项目经常会涉及司法辅助业务，尤其是债权资产类项目、房屋租赁类项目、司法拍卖类项目、诉讼资产类项目、企业并购重组类项目，这些类型的交易在进行过程中对司法辅助的需求相对较多。

目前，一些产权交易所自建司法辅助团队，有的会和司法辅助机构合作提供司法辅助服务。例如，山东产权交易中心就设有司法辅助小组，并且山东产权交易中心是山东省法院网络司法拍卖唯一的辅助工作机构；山西省产权交易中心设有司法辅助小组，成为“山西省人民法院涉讼资产处置唯一第三方交易平台”；北京产权交易所和多家司法辅助机构合作，其中有法拍机构、投资并购等金融服务机构、资产处置与管理机构等，可以更便捷地匹配不同业务；重庆联合产权交易所自主运营拍卖机构——人民法院诉讼资产网，极大地提高了项目成交效率，实现了资产保值增值。

在产权交易中引进司法辅助业务，极大地促进了项目的保值增值，提高了项目的处置效率。广东国际信托投资公司（简称“广东国投”）破产处置是典型的司法委托拍卖巨额破产财产处置项目，也是第一例重大破产财产进入产权交易市场公开处置的项目。2017 年，南方联合产权交易中心对广东国投破产财产进行公开处置，处置标的为广东国投的全资子公司——广东省信托房产开发公司 100%投资者权益及债权，广东省信托房产开发公司曾是广东有名的房产开发商。南方联合产权交易中心通过多种途径提高项目曝光率，近 2000 人次电话咨询，经过 22 轮激烈竞价，最终 8 家机构进行竞拍，标的起拍价为 446. 772 亿元，最终成交价为 551 亿元，实现增值金额 104. 228 亿元，增值率为 23. 33%，不仅实现了国有资产保值增值，而且创造了极大的社会效益。

五、改进产权交易中司法辅助工作的建议

（一）加强产权交易所和司法辅助机构的合作

基于司法机构处置法律案件过程中对司法辅助的应用深度，目前产权交易中的司法辅助业务仍有很大的提升空间。现在只有一小部分产权交易所与司法辅助机构建立了合作关系，大部分产权交易所仍未涉及司法辅助业务。应在体制上合理推广司法辅助业务，充分发挥司法辅助机构的作用，通过司法辅助提高产权交易项目的曝光率和竞价率，实现资产保值增值，同时提高产权交易执行效率。

（二）拓展司法辅助业务领域

目前，法拍机构为产权交易所拓展的常见司法辅助机构，服务于产权交易所的资产拍卖业务。公证处、金融服务机构、资产处置机构等领域的司法辅助机构在产权交

易中出现的比较少。《人民法院执行工作纲要（2019—2023）》中提出："积极引入专业力量参与执行。建立健全仲裁、公证、律师、会计、审计等专业机构和人员深度参与执行的工作机制，区分执行权核心事务与辅助性事务，建立辅助事务分流机制，探索将财产查控、网拍辅助、案款发放、送达等执行工作中的辅助事务适度外包专业社会力量。"① 在产权交易业务中，应借鉴法院引进司法辅助机构的办法，积极全面引进司法辅助机构，拓展司法辅助业务领域。

第五节　交易档案管理

一、交易档案管理的定义与意义

传统的交易档案管理是指产权交易机构对国有企业合并、分立、终止（包括解散、破产等）、控制权变更、分离办社会职能等国有产权或资产交易过程中形成的具有保存价值的记录文件，进行收集、立卷与归档，整理、保管与利用，鉴定、销毁与移交。记录文件包括但不限于文字、图表、声像、电子数据等。广义的交易档案管理除了上述传统的交易档案管理外，还包括交易各方在交易过程中所产生的交易记录文件的档案管理，包括国有企业本身对交易记录文件的档案管理，参与交易的中介机构对交易记录文件的档案管理。

交易档案管理是交易过程中及完成后持续进行的工作。交易档案是交易过程中很宝贵的资料，能够记录交易的全过程，是企业资产查询的依据和凭证，有利于后续的复查翻阅及监督工作。

二、交易档案管理的政策法规体系

2021 年 8 月，国家档案局局务会议审议通过《企业国有产权交易档案管理规范（试行）》，自 2021 年 11 月 1 日起施行，结合交易档案管理的最新变化，对交易档案管理细则做出了详细规定。在交易档案管理过程中，可以参考的法规政策还包括《国有企业资产与产权变动档案处置办法》《中华人民共和国档案法》《中华人民共和国档案法实施办法》《档案管理违法违纪行为处分规定》等。此外，2018 年国家档案局曾出台《企业境外档案管理办法》，专门针对国有企业境外经营单位发生资产与产权变动

① 最高人民法院．最高人民法院关于深化执行改革健全解决执行难长效机制的意见：人民法院执行工作纲要（2019—2023）［EB/OL］．（2019-06-11）．https：//www. court. gov. cn/fabu-xiangqing-163022. html.

确定档案管理事宜。

三、产权交易领域的交易档案管理规定

（一）交易档案管理的原则与要求

《企业国有产权交易档案管理规范（试行）》规定，交易档案管理要遵循以下四个原则：一是维护国家安全和国家利益，保守国家秘密和企业商业秘密，防止档案散失；二是依法依规，区别情况，分类处置；三是保障档案的安全，便于档案的利用；四是有利于企业保持经营管理的连续性。

该规范对产权交易档案管理提出了四大要求：一是制定相应的产权交易档案管理办法；二是建立产权交易档案管理责任机制；三是产权交易档案应当按照《企业国有产权交易操作规则》生成和排列；四是产权交易档案管理工作应当坚持规范化、标准化、信息化。

（二）交易档案管理的参与方

1. 产权交易机构

根据相关规定，产权交易机构需要设立专门的产权交易业务部门来负责交易档案管理，包括交易项目文件和材料的收集、立卷与归档工作，每一宗项目需对应一个负责人。项目负责人需要在一宗产权交易各程序完成后一个月内，及时收集、核实产权交易凭证及相关资料。对于归档后因为其他原因形成的后续档案文件材料，应由该项目原负责人按照归档要求，及时做好相关文件材料的补充归档工作。

根据《国有企业资产与产权变动档案处置办法》（国家档案局令第17号）的规定，产权交易机构还应当设立档案室建制。档案室是负责产权交易档案管理的职能部门，主要职责包括但不限于：①按照本规范修订档案管理工作制度；②对产权交易文件材料立卷、归档工作进行指导和验收；③接收、登记、整理、留存产权交易档案；④保管产权交易档案和提供档案利用工作；⑤本机构产权交易档案的销毁、移交工作；⑥其他相关工作。

2. 产权交易活动相关方

产权交易活动相关方包括国有企业、交易中介机构等。对产权交易活动相关方的交易档案管理，在法规政策上没有具体规定，但是在实际工作中，国有企业会明确交易档案管理的负责部门及负责人。国有企业破产的，由破产管理人（清算组）负责档案处置工作。

（三）交易档案管理人员要求

按照相关规定，交易档案管理人员应当具备产权交易类职业经历或档案管理从业

资质，具有产权交易专业知识以及档案管理专业知识，以及相应的产权交易档案管理能力和水平。

（四）交易档案管理监督方

交易档案管理监督方包括国有企业或其上级主管部门、国有资产监督管理机构、中国产权协会。

（五）交易档案管理的特殊规定

《国有企业资产与产权变动档案处置办法》（国家档案局令第 17 号）对以下特殊情况下的交易档案管理做出了规定：

（1）国有企业合并的，合并后原各单位解散或者一方存续其他方解散的，档案由合并后的单位统一保管；合并后原各单位仍存续的，档案仍由原各单位保管。

（2）国有企业分立的，原企业档案应当由各方协商确定其中一方保管，其他各方可以利用与其业务相关的档案。

（3）国有企业终止的，其档案按照以下原则进行处置：①管理类档案依次归属原企业控股方、同级国家综合档案馆。②基建档案、设备仪器档案随其实体归属；其实体已报废、拆除的，随企业管理类档案归属。③需继续经营的产品生产和服务业务档案，归属产品和业务承接方；其他产品生产和服务业务档案由参与资产与产权变动的各方协商确定归属。④科学技术研究档案（含专利、商标、专有技术等档案）按照有关法律、行政法规办理；没有规定的，由参与资产与产权变动的各方协商确定。⑤已结清的会计档案应当同企业管理类档案归属，未结清的会计档案应当抽出移交给承接业务的单位。法律、行政法规另有规定的，依照法律、行政法规的规定办理。⑥干部职工档案按照有关规定确定归属。⑦无法归入以上类别的档案同企业管理类档案归属。

（4）国有企业控制权变更为非国有企业的，管理类档案依次归属原企业控股方、同级国家综合档案馆；其他档案由参与资产与产权变动的各方参照本办法确定归属，应当保证国有资产监督管理机构和原国有企业控股方可利用原企业的全部档案。

（六）交易档案管理的禁止行为

产权交易机构应当杜绝产权交易程序先行、文件材料滞后或缺漏的行为。

（七）交易档案管理材料

产权转让交易中的档案管理材料包括：①交易鉴证及审查意见；②产权交易凭证；③交易机构的审查意见；④转让信息发布材料；⑤转让方材料；⑥转让标的方材料；⑦各意向受让方材料；⑧产权交易机构材料；⑨或然性程序材料；⑩单独建档的竞价交易相关文件。

拍卖转让交易档案管理材料包括：①拍卖公告；②委托代理合同；③竞拍者名单；

④现场拍卖竞价过程记录；⑤拍卖成交确认文件。

招标投标转让交易档案管理材料包括：①招标公告；②委托代理合同；③投标邀请文件；④投标者名单；⑤投标资料；⑥评标报告；⑦招标结果通知文件；⑧开标、评标过程记录和其他相关材料。

网络竞价转让项目档案构成要件：①网络竞价方案；②竞买文件；③参与竞价者名单；④竞价过程记录文件；⑤竞价结果通知文件。

四、产权交易领域的交易档案管理中存在的问题

相关部门对于产权交易领域的交易档案管理业务已经做出了全面而细致的规定。在交易档案管理过程中，工作方式相对比较成熟、流程化，但是仍然存在一些现实的问题需要解决。

一是交易档案需要经历相当长时间的保存，一些纸质凭证、资料、文件由于时间久远，会出现字迹模糊、纸质损耗甚至丢失损坏的情况，从而给交易档案管理工作带来一些不可挽回的损失，这对交易档案管理信息化提出了更高的要求。除了以纸质方式保存外，还要进行电子档案的保存与备份，应采用先进的信息技术，如云端保存、云端共享等，探索更准确、更长期、更便捷的保存方式。

二是交易档案管理需要指定专人负责，但是因为各种原因，管理人员变动在所难免，在人员变动与交接的过程中，常会出现漏项、错项、误项等问题。一般在档案管理工作相对成熟的产权交易所出现这种问题较少，但是对于一些档案管理工作不太成熟、管理体制比较混乱的国有企业，由于人员职责划分不清晰、人员流动导致的交接工作不完善，经常会出现交易档案管理不当的问题。监督管理部门应制定相对严格的交易档案管理执行与惩戒制度，提高相关机构的交易档案管理意识，进一步完善交易档案管理工作。

参考文献

［1］前瞻产业研究院．预见2022：《2022年中国资产评估产业全景图谱》［R/OL］．(2021-09-25)．https：//www.qianzhan.com/analyst/detail/220/210924-7c212eb2.html.

［2］中国资产评估协会．“十四五”时期资产评估行业发展规划［EB/OL］．(2021-09-27)．www.cas.org.cn/docs//2021-09/ccc9db2366394e55ae8e7e014ad222a5.pdf.

［3］司法部．2020年度律师、基层法律服务工作统计分析［EB/OL］．(2021-06-11)．http：//www.moj.gov.cn/pub/sfbgw/zwxxgk/fdzdgknr/fdzdgknrtjxx/202106/t20210611_427394.html.

［4］余智海．他们深耕房地产法律服务20年 诠释法律顾问如何为企业创造商业价

值．[EB/OL]．(2021-07-11)．https：//www. titanlaw. com/news/detail/871.

[5] 前瞻产业研究院 . 2020 年中国律师事务所行业市场现状与发展前景预测 [R/OL]．(2020-12-22)．https：//www. qianzhan. com/analyst/detail/220/201222-f34870ce. html.

[6] 彭清华，高材林，黄冠华．投资银行学概论：上 [M]．北京：中国金融出版社，2000.

[7] 何小峰，黄嵩．投资银行学：第 2 版 [M]．北京：北京大学出版社，2008.

[8] 并购交易培训与认证中心．并购交易师 [M]．北京：北京出版集团公司，北京出版社，2016.

[9] 沈春晖．投行十讲：从菜鸟到投资银行家 [M]．北京：机械工业出版社，2020.

[10] 秉睿，陵溪．全国网络司法拍卖辅助机构发展指数分析报告 [R]．来拍法服，2019.

[11] 最高人民法院．最高人民法院关于深化执行改革健全解决执行难长效机制的意见：人民法院执行工作纲要(2019—2023)[EB/OL]．(2019-06-11)．https：//www. court. gov. cn/fabu-xiangqing-163022. html.

04

第四编

新时代产权交易资本市场监督管理

本编核心观点和内容提要

■ 监督管理制度是保障产权交易资本市场健康发展、行稳致远的制度基础，从来就没有不需要监督管理的产权交易市场。规范运作始终是产权交易资本市场健康发展的重要前提之一，制度层面的监督管理是规范和引导产权交易资本市场发展的重要手段。

■ 当前我国经济体制改革的核心问题是处理好政府和市场的关系，使市场在资源配置中起决定性作用，更好发挥政府作用。我国需要用好“看不见的手”和“看得见的手”，努力形成市场作用和政府作用有机统一、相互补充、相互协调、相互促进的格局。① 继续加快完善产权交易资本市场体系，关键问题同样是处理好政府与市场的关系，下一步改革的方向是使政府更加有为、市场更加有效。

■ 研究立法机关、行政机关、司法机关和社会公众四个主体对产权交易资本市场的监督管理，构建产权交易资本市场监督管理理论体系。加强统筹协调监管，必将为产权交易资本市场的发展提供有力保障，充分发挥市场在国民经济各个领域的决定性作用。

■ 从推进国家治理体系和治理能力现代化的层面来通观市场监督管理，产权交易资本市场采取的是立法监管、行政监管、司法监督和公众监督多元一体的监管模式，且中央集中监管与地方分层监管相结合。

---

① 习近平．习近平谈治国理政：第一卷［M］．北京：外文出版社，2014：116.

第一章　立法监管

立法监管是新时代产权交易资本市场规范发展的重要保障。经过40多年的制度建设，我国已基本形成了以宪法为根本法，以《中华人民共和国民法典》《中华人民共和国公司法》为基础，以《中华人民共和国企业国有资产法》《中华人民共和国技术合同法》《中华人民共和国环境保护法》《中华人民共和国矿产资源法》等单行法为主干，以若干行政法规、部门规章和地方政府规章等为补充的产权交易资本市场法律体系。由于交易要素类别众多、情况复杂，涉及资产股权类、金融资产类、自然资源类、环境权类和招标采购类共5大类26项具体的业务种类，全国统一的产权交易资本市场监管法律法规尚待完善。产权交易与证券交易并列，是我国多层次资本市场体系的重要组成部分。党中央、国务院高度重视产权交易资本市场的发展，在2020年和2021年先后出台了《关于构建更加完善的要素市场化配置体制机制的意见》《建设高标准市场体系行动方案》，对推进要素市场化配置改革和建设进行了总体部署，并强调要健全监管机制，但相较于银行、保险和证券等金融行业，产权交易行业在加强立法监管方面还有很多工作要做，现有的法律法规体系已经不能满足新形势下要素市场创新发展的内在需求，亟须通过提升立法层级等方式加以完善，促进市场整体的健康有序发展。

一、国有资产交易立法监管

国有资产广义上是指属于国家所有的各种财产、物资、债权和其他权益，依据性质和特点可分为企业国有资产（不含金融企业）、金融企业国有资产、行政事业性国有资产、国有自然资源资产四大类。产权交易资本市场中的国有资产交易通常是指前三类国有资产的交易，国有自然资源资产的交易归类于自然资源类交易。国有资产交易属于国有资产管理行为，国有资产交易的基础性立法由全国人民代表大会及其常务委员会制定。目前，企业国有资产交易在法律法规层面的依据是2008年第十一届全国人民代表大会常务委员会第五次会议通过的《中华人民共和国企业国有资产法》；金融企业国有资产交易的依据是2009年财政部印发的《金融企业国有资产转让管理办法》（财政部令第54号）及2021年财政部印发的《关于规范国有金融机构资产转让有关事项的通知》（财金〔2021〕102号）；行政事业性国有资产交易的依据是2019年国务院颁布的《行政事业性国有资产管理条例》（国务院令第 738 号）。

1989 年国家体改委、国家计委、财政部、国家国有资产管理局印发的《关于企业兼并的暂行办法》（体改经〔1989〕38 号），1991 年发布的《国有资产评估管理办法》（国务院令第 91 号），是早期国有产权交易的法律依据。在此后的国有企业改革进程中，针对国有资产管理的《企业国有资产监督管理暂行条例》《国有企业财产监督管理条例》《国有资产评估管理办法》《企业国有产权登记管理办法》等一系列行政法规、部门规章或规范性法律文件相继出台，对国有产权交易中的普遍性行为进行了规定。

2008 年第十一届全国人民代表大会常务委员会第五次会议通过《中华人民共和国企业国有资产法》，迈出国有资产管理的重要一步，也是首次以法律规范国有资产交易。《中华人民共和国企业国有资产法》确立了企业国有资产监督管理体制，明确了履行出资人职责的机构及其职权和责任，国家出资企业的财产权及其对出资人的相关责任，涉及国有资产出资人权益的重大事项，强化了国有资产监督等重要内容。在国有资产监管方面，《中华人民共和国企业国有资产法》将对国有资产的监管分成国有资产的基础管理、关系国有资产出资人权益的重大事项的监管和国有资本经营预算管理三个方面。对国有资产转让的监管，属于关系国有资产出资人权益的重大事项的监管。在该法第五章第五节中规定，除按照国家规定可以直接协议转让的以外，国有资产转让应当在依法设立的产权交易场所公开进行。转让方应当如实披露有关信息，征集受让方；征集产生的受让方为两个以上的，转让应当采用公开竞价的交易方式。这些规定对于国有资产转让强制进场交易、交易规则完善等具有重要意义。

总体来看，我国的国有资产交易立法监管法治建设相对滞后，仅《中华人民共和国企业国有资产法》为法律法规，其余的为行政法规和部门规章，法律效力层级较低，且 2008 年出台的《中华人民共和国企业国有资产法》已经滞后于改革实践，且无法满足改革需求，亟待修改完善。

二、金融资产交易立法监管

产权交易场所、区域性股权市场和地方金融资产交易所开展的金融资产交易业务，主要包括企业债权、国有企业金融不良资产以及各种只能在场外市场进行交易的非标准化债权资产等。

金融不良资产交易的法律法规依据主要有《中华人民共和国民法典》、《中华人民共和国商业银行法》、《金融资产管理公司条例》、《国有企业不良资产清理指导意见》（财清办〔1996〕185 号）等。① 2021 年 1 月，银保监会发布《关于开展不良贷款转让

① 姚惠惠．银行类金融不良资产处置的法律问题及策略探讨［J］．法制与社会，2021（19）：43-44.

试点工作的通知》（银保监便函〔2021〕26 号），正式批准单户对公不良贷款转让和个人不良贷款批量转让，并明确由银行业监督管理机构根据《中华人民共和国银行业监督管理法》对不良贷款转让业务实施监督管理。

非标准化债权资产是指未在银行间市场及证券交易所市场交易的债权性资产。2018 年，《中国人民银行 中国银行保险监督管理委员会 中国证券监督管理委员会 国家外汇管理局关于规范金融机构资产管理业务的指导意见》（银发〔2018〕106 号）（简称《资管新规》）印发，加强了对非标资产交易的监管。2020 年，《资管新规》的配套细则《标准化债权类资产认定规则》发布，明确了标准化债权类资产的认定标准，也对非标准化债权资产交易划定了界限。在实际操作中，非标资产交易的参与主体、资金来源、运作方式具有高度复杂性，立法监管以降低整体金融风险为目标，通过发布一系列规范性文件进行规范。

三、其他要素交易立法监管

碳排放权交易源于 1997 年签订的《联合国气候变化框架公约的京都议定书》，随后在立法监管模式上，形成了以欧盟为代表的综合性立法模式和以美国为代表的分立式立法模式。欧盟首先制定《欧盟排放交易指令》（2003/87/EC）基础性法律规范，涵盖电力、制造业以及航空业等排放单位，然后出台了一系列规章和决定，对碳排放权交易制度体系加以完善。[①] 目前，美国尚未在联邦层面开展统一的碳排放权交易立法，只是在部分州以签署《区域性温室气体倡议》的方式，优先对电力等重点行业进行立法，聚焦于碳排放权配额的市场化交易和拍卖制度。经过近 10 年的碳排放权交易试点运行，中国于 2021 年正式启动全国碳交易市场。目前，对碳排放权交易活动进行监督和管理的最重要规范是 2021 年 2 月颁布施行的《碳排放权交易管理办法（试行）》（生态环境部令第 19 号），该管理办法规范了全国碳排放权交易及相关活动，规定了各级生态环境主管部门和市场参与主体的责任、权利和义务。在立法监管方面，我国的碳市场交易大多依据部委规章及规范性文件，缺乏国家层面的行政法规乃至法律指引整个市场的建设和发展。

排污权交易是指在污染物排放总量不超过允许排放量的前提下，内部各污染源之间通过货币交换的方式相互调剂排污量，可交易的污染因子包含氮氧化物（NO_x）、二氧化硫（SO_2）和化学需氧量（COD）、氨氮（NH_3-N）和挥发性有机物（VOCs）等。我国最早的国家层面排污权交易试点可追溯到 20 世纪 80 年代，在经过多轮排污权交易试点后，2007 年环境保护部先后批复了天津、江苏、浙江、陕西等 11 个省份作为国家

① 丁粮柯，梅鑫．中国碳排放权交易立法的现实考察和优化进路：兼议国际碳排放权交易立法的经验启示［J］．治理现代化研究，2022，38（1）：88-96.

级试点单位，积极探索实行排污权有偿使用和交易制度。与排污权交易相关的法律规定散见于《中华人民共和国环境保护法》《中华人民共和国水污染防治法》《中华人民共和国大气污染防治法》等不同的部门法。排污许可制度是排污权交易的法律基石①，《中华人民共和国环境保护法》第四十五条明确指出，国家依照法律规定实行排污许可管理制度；《中华人民共和国水污染防治法》第二十一条指出，排污许可证应当明确排放水污染物的种类、浓度、总量和排放去向等，排污许可的具体办法由国务院规定；《中华人民共和国大气污染防治法》第十三条指出，实行大气污染物排污许可管理制度。2016 年，国务院办公厅《关于印发控制污染物排放许可制实施方案的通知》（国办发〔2016〕81 号）发布，从国家层面推动排污许可制度的实施。2018 年，《排污许可管理办法（试行）》（环境保护部令第 48 号）颁布，从部门规章层面对排污许可制度的实施举措进行细化。2021 年，国务院行政法规《排污许可管理条例》（国务院令第 736 号）出台，在全国层面统一排污许可管理，进一步完善排污许可制度的法律法规体系。

我国已经初步建成矿业权有形市场，形成了较为完善的监管机制。1996 年，修订后的《中华人民共和国矿产资源法》首次确立了矿业权依法转让、有偿取得等制度。1998 年，相继出台了《矿产资源勘查区块登记管理办法》（国务院令第 240 号）、《矿产资源开采登记管理办法》（国务院令第 241 号）、《探矿权采矿权转让管理办法》（国务院令第 242 号）三个矿产资源管理配套法规，对通过市场竞争有偿取得矿业权的方式和途径进行了明确，同时完善了矿业权的转让条件，形成了我国矿业权市场早期发展阶段的法律规制框架。2000 年，《矿业权出让转让管理暂行规定》（国土资发〔2000〕309 号）颁布，确定探矿权、采矿权为财产权，矿业权的出售、抵押、出租等市场行为也得到支持，对规范矿业权市场运行、加强矿业权立法监管发挥了重要作用。2010 年，国土资源部发布《国土资源部关于建立健全矿业权有形市场的通知》（国土资发〔2010〕145 号），要求各省（区、市）国土资源行政主管部门加快矿业权交易机构建设，完善矿业权有形市场。2011 年，国土资源部关于印发《矿业权交易规则（试行）》（国土资发〔2011〕242 号），以部委规章的方式对矿业权交易机构和矿业权人交易行为进行规范。该规则运行 5 年后，国土资源部印发了修订后的《矿业权交易规则》（国土资规〔2017〕7 号），阐释了交易平台的内涵，细化了交易程序。②

我国技术市场现已形成由《中华人民共和国科技进步法》《中华人民共和国促进科

---

① 贺蓉．关于我国排污许可阶段性属性特征的研究［J］．环境与可持续发展，2021，46（1）：20-23.

② 罗佐县．矿业权交易进一步市场化［J］．中国石油石化，2017（20）：35.

技成果转化法》《中华人民共和国技术合同法》，以及部门规章等构成的法律法规体系。① 1985 年，中共中央发布《关于科学技术体制改革的决定》，提出技术成果商品化，建立技术市场的设想。此后，《中华人民共和国专利法》和《中华人民共和国技术合同法》相继颁布实施，为技术交易提供了法律保障。1993 年出台的《中华人民共和国科技进步法》，在第十二条明确指出“国家建立和发展技术市场，推动科学技术成果的商品化”，成为早期技术市场建设和监管的法律依据。1996 年，《中华人民共和国促进科技成果转化法》正式实施。2000 年，科技部、财政部和国家税务总局出台《技术合同认定登记管理办法》，为技术市场发展提供了强有力的法律保障。2015 年，《中华人民共和国促进科技成果转化法》进行修订，从法律层面扫除了科技成果向现实生产力转化的体制障碍，同时配套出台《实施〈促进科技成果转化法〉若干规定》《促进科技成果转移转化行动方案》等细则，进一步完善了技术市场发展的法律保障体系。

参考文献

［1］姚惠惠．银行类金融不良资产处置的法律问题及策略探讨［J］．法制与社会，2021（19）：43-44.

［2］丁粮柯，梅鑫．中国碳排放权交易立法的现实考察和优化进路：兼议国际碳排放权交易立法的经验启示［J］．治理现代化研究，2022，38（1）：88-96.

［3］贺蓉．关于我国排污许可阶段性属性特征的研究［J］．环境与可持续发展，2021，46（1）：20-23.

［4］罗佐县．矿业权交易进一步市场化［J］．中国石油石化，2017（20）：35.

［5］邓少慧，黄何．我国技术市场发展的政策体系、特征分析与对策建议［J］．科技和产业，2020，20（9）：45-50.

① 邓少慧，黄何．我国技术市场发展的政策体系、特征分析与对策建议［J］．科技和产业，2020，20（9）：45-50.

第二章 行政监管

产权交易机构属于类金融机构，是产权交易资本市场行政监管的主要对象。产权交易的内在金融属性，以及近年来市场交易规模的日趋扩大，使其成为关乎我国金融市场平稳运行的重要影响因素，强而有效的行政监管是整个产权市场规范发展的重要保障。目前，我国已经形成了国务院及各部委按照交易要素种类进行行业监管，金融监管部门进行金融监管，地方各级政府进行属地监管和清理整顿各类交易场所部际联席会议开展协同监管的产权交易机构行政监管体系。从 2010 年起，针对份额化交易、贵金属和原油 OTC 模式等乱象，国内开启了新一轮各类交易场所清理整顿，并在这个过程中明确了对交易场所的行政监管，初步解决了之前“九龙治水”导致的“监管真空”问题。2017 年，全国金融工作会议明确提出服务实体经济、防控金融风险和深化金融改革三项任务，随后出台了《中共中央关于服务实体经济、防控金融风险、深化金融改革的若干意见》，并明确将类金融机构的监管职能划给地方金融监管部门。2012 年，清理整顿各类交易场所部际联席会议制度建立，初步形成了我国对产权交易机构的统筹协调监管机制。依照交易场所清理整顿的要求，全国各省份相继出台了交易场所监督管理办法，成为地方各级政府开展行政监管的重要依据。

第一节 国务院及各部委监管

产权交易资本市场的核心是国有产权交易市场，其行政监管目前呈现出“横向分割、纵向分级”的格局。在现有国资监管体系中，在纵向上是各级国资委对应监管各级政府及国资委履行出资人职责的企业及下属企业；在横向上是“国资委体系”“财政部体系”“中宣部体系”的三元监管，即国资委统一管理一般企业，财政部统一管理行政事业单位和金融企业，中宣部统一管理文化企业。

在企业国有资产交易的行政监管方面，2003 年 5 月，国务院公布了《企业国有资产监督管理暂行条例》（国务院第 378 号令），以行政法规的形式，明确了国有资产管理体制的基本框架，规定了国有资产监督管理机构的职责，确立了企业国有资产监督管理的一系列基本制度。[①] 根据该条例，同年 12 月 31 日，国务院国资委和财政部颁布施行 3 号令。3 号令是第一部对企业国有产权转让行为进行规范的行政规章，在全面落实国有产权进场交易制度、规范国有产权交易行为、防止国有资产流失、促进国有资产保值增值和国有企业资源优化配置、推进国企改革进程和国有经济布局及结构调整等方面发挥着重要作用。2016 年，在总结 3 号令施行多年经验的基础上，国务院国资委、财政部联合发布 32 号令，进一步明确了国有资产的定义，增加了企业增资业务进场要求，明确规定了协议转让范围等国有资产交易和监管相关内容，对规范企业国有资产交易行为、加强企业国有资产交易监督管理、防止国有资产流失具有重要意义。

行政事业性国有资产管理，初期依照财政部 2006 年颁布的《行政单位国有资产管理暂行办法》（财政部令第 35 号）（简称“35 号令”）和《事业单位国有资产管理暂行办法》（财政部令第 36 号）（简称“36 号令”）两个部门规章，以及各级地方政府及部门出台的规范性文件。35 号令、36 号令是贯彻落实党的十六届三中全会提出“要建立健全国有金融资产、非经营性资产和自然资产等的监管制度”的具体举措，健全完善了国有资产管理机制，明晰了行政事业单位国有资产处置过程中各部门的权责范围和职能——如财政部的职能为“制定行政事业单位国有资产管理规章制度，按规定管理行政事业单位国有资产”，国务院机关事务管理局的职能为“负责中央行政事业单位国有资产管理工作，制定相关具体制度和办法，承担产权界定、清查登记、资产处置工作”等，有助于进一步规范、加强行政单位和事业单位国有资产管理，维护国有资产的安全和完整，合理配置国有资产，提高国有资产使用效益，保障行政单位和事业单位履行职能。2014 年，《财政部关于印发〈地方行政单位国有资产处置管理暂行办法〉的通知》（财行〔2014〕228 号）下发，有助于加强行政单位国有资产管理，规范行政单位资产处置工作。2019 年，《行政事业性国有资产管理条例》（国务院令第 738 号）出台，这是行政事业国有资产领域的第一部行政法规。[②] 该条例的颁布对依法加强行政事业性国有资产管理与监督具有重要意义，也对行政事业性国有资产市场化处置做了制度性安排。该条例第二章第二十条规定，各部门及其所属单位应当将依法罚没的资产按照国家规定公开拍卖或者按照国家有关规定处理；第四章第三十条规定，行政事业性国有资产以市场化方式出售、出租的，依照有关规定可以通过相应公共资源交易平台进行。这些规定有助于行政事业单位资产进入产权交易机构公开处置，对整治该类资产管理实际操作中的部分管理乱象具有重要意义。

金融企业国有资产交易的行政监管依据的是财政部于 2009 年公布的 54 号令及

① 何亚斌．我国产权进场交易制度的建立、定型、落实和延伸［J］．国有资产管理，2020（1）：30-34.

② 郑凯平．国务院立法强力推动行政事业性国有资产市场化处置［J］．产权导刊，2021（6）：30-31.

2021年印发的《关于规范国有金融机构资产转让有关事项的通知》（财金〔2021〕102号）。前者明确非上市企业国有产权的转让应当在依法设立的省级以上产权交易机构公开进行，不受地区、行业、出资或者隶属关系的限制。后者明确国有金融机构资产转让原则上采取进场交易、公开拍卖、网络拍卖、竞争性谈判等公开交易方式进行。转让在公开市场交易的证券及金融衍生产品，应当通过依法设立的交易系统和交易场所进行。除国家另有规定外，未经公开竞价处置程序，国有金融机构不得采取直接协议转让方式向非国有受让人转让资产。

财政部负责制定金融企业国有资产转让监督管理制度，并对中央管理的金融企业及其子公司的国有资产转让工作实施监督管理。地方县级以上财政部门对本级金融企业及其子公司国有资产转让实施监督管理。作为2009年颁布的《中华人民共和国企业国有资产法》的细化规则，54号令对加强金融国资转让监管，结束转让各自为市、自由交易、监管效益低下、交易增值不高的局面，避免国有资产流失具有重要意义。

国务院国资委于2011年发布《中央企业境外国有产权管理暂行办法》，首次以行政规章的形式对境外国有资产交易的行政监管加以规范。该文件对进一步加强央企境外国有产权管理、提高央企境外管理水平、优化境外国有产权配置、防止境外国有资产流失进行了详细规定。该文件牢牢把握国资委履行国有资产出资人职责这一核心，填补了境外国有产权管理法规制度上的空白；明确了央企是其境外国有产权管理的责任主体，对本集团境外国有产权安全承担责任；除央企境内国有产权出境、涉及重要子企业的相关事项外，境外产权管理事项原则上由央企依法决定或者批准；首次实现了央企对境内、境外、境外返回境内投资三类国有产权规范与监管的全口径覆盖。

第二节　统筹协调机制监管

产权交易资本市场从诞生以来，一路跌跌撞撞地探索前行，但由于行业监管无经验可循，市场管理主体不明确，相关法律法规和制度规范不完善，市场在早期呈现野蛮生长的状态。为防范金融风险，国家开展了多轮清理整顿，并在这个过程中建立起统筹协调的监管机制。

20世纪90年代初期，产权交易资本市场因为缺乏必要制约和法规不健全，越权交易、合谋串通、幕后交易等违规行为频发。1994年之后，《国务院办公厅关于加强国有企业产权交易管理的通知》（国办发明电〔1994〕12号）、《中共中央 国务院关于深化金融改革整顿金融秩序防范金融风险的通知》（中发〔1997〕19号）、《国务院办公厅转发证监会关于清理整顿场外非法股票交易方案的通知》（国办发〔1998〕10号）相继发布，对产权交易机构变相进行股票上市交易等行业乱象进行清理整顿。这次清理整顿使市场进入了一段平稳发展期，但随着艺术品份额化交易模式等新的违规违法现象出现，《国务院关于清理整顿各类交易场所切实防范金融风险的决定》（国发〔2011〕38号）（简称“38号文”）和《国务院办公厅关于清理整顿各类交易场所的实施意见》（国办发〔2012〕37号）（简称“37号文”）两份文件相继于2011年和2012年发布，开启了对各类交易场所违法违规交易的清理整顿工作。①

不同于以往的清理整顿工作，2012年《国务院关于同意建立清理整顿各类交易场所部际联席会议制度的批复》（国函〔2012〕3号）印发，负责交易场所清理整顿工作的协调机构——清理整顿各类交易所部际联席会议办公室（简称“清整联办”）成立。清整联办由证监会牵头，国家发展改革委、科技部、工业和信息化部、公安部、监察部、财政部、国土资源部、环境保护部、农业部、商务部、文化部、人民银行、国资委、工商总局、广电总局、林业局、知识产权局、法制办、银监会、保监会，以及中央宣传部、最高法、最高检等有关单位参加。联席会议召集人由证监会有关负责人担任，各成员单位有关负责人为联席会议成员。清整联办的主要职责是统筹协调有关部门和省级人民政府开展各类交易场所清理整顿工作，督导建立对交易场所和交易产品的规范管理制度。联席会议不代替国务院有关部门和省级人民政府的监管职责。督导是联席会议推动各省级人民政府开展清理整顿工作的方式之一，是一个持续不断的工作过程，主要是统筹协调各省级人民政府对清理整顿工作的整体部署，提供相关政策解释和指导，要求各地加强监管制度建设、建立长效管理机制等。联席会议日常办事机构设在证监会，承担日常工作，落实联席会议的有关决定。

监管机构在持续了近十年的交易场所清理整顿工作过程中发布了大量政策文件，涵盖了对各种类型交易场所的清理整顿政策，取得了显著的监管成效，艺术品份额化等违规交易基本停止，分散式柜台交易、现货连续（延期）交易、融资融货交易、现货发售交易等违规模式得到整治，非法会员、代理商、授权服务机构以及“微盘”交易平台等得到清理，交易场所乱象得到有效遏制，交易场所风险得到逐步化解，为产权交易资本市场的规范发展提供了良好环境。在开展清理整顿工作的过程中，统筹协调监管机制逐步完善：联席会议督导有关部门和省级人民政府建立对交易场所和交易产品的规范管理制度；国务院及各部委制定本行业本领域交易场所运行规范或指导意见，落实行业监管责任；省级人民政府制定交易场所监管办法，落实属地监管责任。

---

① 周瑞．论交易场所的“乱”与“治”：从我国交易场所清理整顿谈起［J］．证券法苑，2012，6（1）：262-278.

第三节 地方各级政府监管

产权交易资本市场是实现要素市场化配置、促进要素自主有序流动、提高要素配置效率的重要金融基础设施，是推动区域经济高质量发展的重要抓手，也是关乎区域金融市场稳定的重要因素。2015 年以来，地方各级政府纷纷制定交易场所监督管理办法（见表 4-2-1），加强交易场所监督管理，规范交易场所经营活动，保护市场参与者合法权益，防范化解金融风险。

表 4-2-1 地方政府交易场所规范性文件一览

序号	区域	文件名称	发布时间
1	北京	《北京市交易场所管理办法》	2012 年
2	青海	《青海省交易场所管理办法（试行）》	2013 年
3	天津	《天津市交易场所监督管理暂行办法》	2013 年
4	新疆	《新疆维吾尔自治区交易场所监督管理办法》	2013 年
5	浙江	《浙江省交易场所管理办法（试行）》	2013 年
6	重庆	《重庆市交易场所监督管理实施细则（试行）》	2013 年
7	福建	《福建省交易场所管理办法》	2014 年
8	甘肃	《甘肃省交易场所监督管理办法（试行）》	2015 年
9	黑龙江	《黑龙江省关于加强各类交易场所规范管理的意见》	2015 年
10	湖北	《湖北省交易场所监督管理办法》	2015 年
11	江苏	《江苏省交易场所监督管理办法》	2015 年
12	辽宁	《辽宁省交易场所监督管理办法（试行）》	2015 年
13	广西	《广西壮族自治区交易场所管理暂行办法》	2016 年
14	海南	《海南省交易场所管理暂行办法》	2016 年
15	吉林	《吉林省交易场所监督管理暂行办法（试行）》	2016 年
16	内蒙古	《内蒙古自治区交易场所管理办法（试行）》	2016 年
17	宁夏	《宁夏回族自治区交易场所监督管理办法（暂行）》	2016 年
18	山东	《山东省交易场所管理暂行办法》	2016 年
19	贵州	《贵州省交易场所管理办法（试行）》	2017 年
20	河南	《河南省权益类交易场所监督管理办法（试行）》	2017 年
21	陕西	《陕西省交易场所监督管理暂行办法》	2017 年
22	江西	《江西省交易场所管理办法（试行）》	2018 年
23	云南	《云南省交易场所监督管理办法（试行）》	2018 年
24	安徽	《安徽省交易场所监督管理暂行办法》	2019 年
25	上海	《上海市交易场所管理暂行办法》	2019 年

续表

序号	区域	文件名称	发布时间
26	湖南	《湖南省交易场所监督管理办法》	2020 年
27	山西	《山西省交易场所监督管理办法》	2020 年
28	四川	《四川省交易场所监督管理办法（试行）》	2020 年
29	广东	《广东省交易场所监督管理办法》	2021 年
30	河北	《河北省交易场所监督管理办法》	2021 年

38 号文明确规定，除经国务院或国务院金融管理部门批准设立从事金融产品交易的交易场所由国务院金融管理部门负责日常监管外，其他交易场所均由省级人民政府按照属地管理原则负责监管。① 清理整顿各类交易场所部际联席会议第三次会议（2017 年）和第四次会议（2019 年）也明确提出，省级人民政府要尽快出台或完善本地区各类交易场所监管制度，明确各类交易场所监管部门和职能，建立健全长效监管工作机制，不断完善交易场所事前、事中、事后各环节监管，持续做好各类交易场所统计监测、违规处理、风险处置等工作。目前，全国已有 30 个省份出台了交易场所监督管理办法，强化属地监管职责，并与国务院及各部委出台的统一指导意见共同构成行业和地区纵横交错的大监管格局，促进交易场所合规经营，及时惩戒违法违规行为。

交易场所监督管理办法是地方各级政府对产权交易资本市场进行行政监管的重要依据。各省份发布的监督管理办法都对适用的交易场所范围，交易场所设立、变更程序，自律管理和规范运营，监督管理等做出了明确规定。在监督管理方面，多是采取行业监管和属地监管相结合的原则，省地方金融监督管理局负责交易场所的金融监管，省级各主管部门按照职能职责对相应类别的交易场所履行行业监督管理职责，各级政府履行属地监管第一责任，负责交易场所日常监管和风险处置工作，部分省份还建立了各类交易场所监管部门联席会议制度，统筹、规划、协调和指导交易场所监管工作。

现有的交易场所地方政府行政监管模式，采取严格准入管理、加强日常监管的手段，有效防范了潜在的金融风险，规范了交易场所的合规运营，但由于 38 号文、37 号文属于国务院发布的政策性规制文件，不属于行政法规的立法体系，文件效力需要行政强制力予以保障，而地方政府制定的交易场所监管办法属于地方政府规章，立法层级较低，亟须借鉴证券和期货等成熟金融市场的监管经验，制定效力较高的上位法，提升治理层级。

① 邢凯，戴一爽，杨超．强监管常态下地方交易场所风险分析及对策［J］．企业经济，2021，40（8）：96-103.

参考文献

[1] 何亚斌．我国产权进场交易制度的建立、定型、落实和延伸［J］．国有资产管理，2020（1）：30-34.

[2] 郑凯平．国务院立法强力推动行政事业性国有资产市场化处置［J］．产权导刊，2021（6）：30-31.

[3] 周瑞．论交易场所的“乱”与“治”：从我国交易场所清理整顿谈起［J］．证券法苑，2012，6（1）：262-278.

[4] 邢凯，戴一爽，杨超．强监管常态下地方交易场所风险分析及对策［J］．企业经济，2021，40（8）：96-103.

第三章　司法监督

司法监督是指国家司法机关依据宪法和有关法律对国家行政机关所实施的监督。人民法院和人民检察院是我国司法监督的主体。

人民法院和人民检察院在法律明确规定的范围内，经过法定条件和程序做出的决定，得到国家权力机关的执行保障，这使司法监督具有了国家强制性的特点。

司法监督在民商事活动中的基本功能是“定分止争”，在产权交易资本市场的交易活动中表现为通过处理各种产权交易纠纷实现产权交易资本市场的秩序稳定与和谐。同时，司法机关履行职权处理产权交易纠纷的活动，也是对公民、法人、其他社会组织以及国家机关是否依法享有权利和履行义务的法律监督过程。

这种由司法机关实施的司法监督，在以下方面起到了“稳定器、压舱石”的作用：处理涉及国有企业改革的案件，促进基本经济制度完善；处理国有企业改制过程中发生的民事纠纷，保护债权人和企业职工的合法权益；处理不良金融债权处置案件，保证不良债权处置交易的安全和顺畅，加强对不良债权转让合同的效力审查，防止国有资产的流失；处理商事纠纷案件，坚持契约自由、诚实信用原则，鼓励诚信交易，制裁违约侵权行为，保障交易安全，促进社会诚信体系建立，规范产权交易资本市场秩序，保障产权交易资本市场的平稳运行。

第一节　人民法院监督

一、人民法院助力产权交易资本市场营商环境法治化

产权交易资本市场是中国特色多层次资本市场的重要组成部分，是民生安全和国家安全的重要核心领域，构建法治化产权交易资本市场的营商环境尤为重要。产权交易资本市场的这两个基本特征与人民法院的工作密切相关。人民法院的根本职责就是化解社会矛盾、维护社会稳定、保障经济发展、促进社会和谐、实现公平正义。人民

法院是产权交易资本市场最重要的司法监督部门，在构建中国特色多层次资本市场体系的过程中肩负着重大历史使命。

构建中国特色多层次资本市场体系，对人民法院提出了更高、更新的要求。由于国际、国内经济社会形势深刻变化，大量尖锐、复杂的社会矛盾最终衍生为刑事犯罪、民事纠纷和行政争议，大量国资国企改革过程中触及的深层次矛盾和问题需要通过司法程序来解决。人民法院为产权交易资本市场提供司法保障的过程，就是不断发挥职能作用、化解矛盾、促进市场建设的过程。

坚持公正司法，提高司法效率，以化解产权交易矛盾为切入点，以确保良好的市场营商环境和秩序为着力点，以维护交易各方正当合法利益为出发点，以维护司法公正为立足点，加强司法保障，依法充分有效地发挥司法审判作用，是人民法院的法定职责。

二、人民法院为构建中国特色多层次资本市场体系提供司法保障

人民法院为构建中国特色多层次资本市场体系提供司法保障的主要目标如下：一是审判制度和工作机制更加完善，司法活动更加公正高效权威；二是维护公平正义和促进社会经济协调发展的司法功能更加健全；三是化解产权交易矛盾的司法手段更加多样，司法方式更加便捷；四是法官队伍素质显著提高，法官职业化基本实现，产权交易资本市场的司法需求得到进一步满足。

要达到以上目标，必须坚持公正司法的原则，始终把公正司法作为人民法院一切工作的灵魂和提供司法保障的根本任务，坚持审判独立和中立，坚持平等保护，通过公正高效权威的司法，最大限度地维护公平正义和资本市场稳定。

三、妥善处理相关案件，维护产权交易资本市场的交易秩序

1. 妥善审理涉及国有企业改革的案件，促进基本经济制度完善

审慎处理国有企业改制过程中发生的民事纠纷，保护债权人和企业职工的合法权益；妥善审理国有企业破产案件，减少破产费用，降低破产成本，积极清收破产企业的债权，提高债权清偿率；积极预防和妥善处置因企业破产引发的群体性事件，做到慎重立案，精心审理，稳妥执行，维护企业和社会稳定。

2. 妥善审理金融案件，保障金融安全

严格执行金融机构破产案件的受理条件，保证金融机构破产程序与行政撤销、关闭、整顿程序的有效衔接；慎重处理不良金融债权处置案件，保证不良债权处置交易的安全和顺畅，加强对不良债权转让合同的效力审查，防止国有资产的流失。

3. 妥善审理商事案件，促进社会诚信体系建立

加强合同纠纷案件的审理，坚持契约自由、诚实信用原则，鼓励诚信交易，制裁违约侵权行为，保障交易安全；加强涉及资本市场案件的审理，建立和完善资本市场侵权民事责任制度，依法保护投资者合法权益，规范资本市场秩序，保障资本市场的平稳运行。

4. 妥善审理涉及知识产权案件，保障全社会的创造活力和创新能力

加大科技成果权和著作权的保护力度，制止盗版、侵犯专利权等侵权行为，激励创新，促进科学技术和文学艺术的繁荣，推动知识经济的快速发展；依法制止侵犯注册商标专用权和不正当竞争行为，促进品牌创新，维护商业道德，引导建立公平的市场竞争秩序；依法受理涉及网络的知识产权纠纷案件，加强网络环境下的知识产权保护；依法加强对侵犯知识产权行为的刑事处罚和民事制裁，最大限度地保护权利人的合法权益。

5. 妥善审理涉外涉港澳台案件和海事海商案件，提高中国司法的国际公信力

坚持平等保护、法制统一、审判独立和透明度原则，正确行使司法管辖权，准确适用中国法、外国法、国际公约和国际惯例，平等保护中外当事人的合法权益；加强对涉外商事海事仲裁的司法监督，依法促进仲裁事业的健康发展。

6. 妥善审理涉农案件，维护农村社会和谐

加强涉农案件的立案、审判和执行工作，进一步方便农民群众诉讼；依法审理各类农村土地承包纠纷案件，维护农民的各项土地承包经营权益；依法审理乱收费、乱摊派、土地征收、安置补偿等涉农行政案件，保护农民群众的合法权益；依法惩处生产、销售假冒伪劣农药、兽药、化肥、种子等坑害农民利益的犯罪行为，以及破坏选举等危害农村民主管理的犯罪行为，维护农村正常的经济和社会生活秩序。

7. 妥善审理劳动争议案件，维护劳动关系和谐

积极受理企业拖欠、克扣工资等侵犯劳动者合法权益的案件，规范企业的用工行为，促进劳动力市场的发育和完善。加强对进城务工人员合法权益的保护，确保他们及时获得劳动报酬。

8. 妥善审理环境侵权案件，促进人与自然和谐

加大资源、环境方面案件的审理力度，依法严厉惩处重大环境污染事故、非法采矿、盗伐林木、非法占用农用地、非法捕猎等污染环境、破坏资源的违法犯罪行为，推动社会循环经济体系、资源开发利用补偿机制和生态环境恢复补偿机制的建立和完善。

第二节　人民检察院监督

一、人民检察院的法定职责

根据《中华人民共和国人民检察院组织法》第二条的规定："人民法院是国家的法律监督机关。人民检察院通过行使检察权，追诉犯罪，维护国家安全和社会秩序，维护个人和组织的合法权益，维护国家利益和社会公共利益，保障法律正确实施，维护社会公平正义，维护国家法制统一、尊严和权威，保障中国特色社会主义现代化建设的顺利进行。"

各级人民检察院依法承担下列法律监督工作：

1. 侦查监督

对公安机关侦查的案件进行审查，决定是否逮捕、起诉或者免予起诉；对公安机关的侦查活动是否合法进行监督。根据宪法和刑事诉讼法的规定，除了人民法院可以在一定情况下决定逮捕外，只有人民检察院有权批准逮捕，其他任何机关、团体、个人都无权决定和批准逮捕。对公安机关侦查终结的案件，人民检察院进行审查；如发现侦查人员在侦查过程中有违法行为，应视情节之轻重，及时提出口头意见或书面意见，加以纠正。

2. 提起公诉和审判监督

对刑事案件提起公诉，支持公诉；对人民法院的审判活动是否合法，实行监督。在刑事诉讼活动中，人民检察院作为国家公诉机关，代表国家向人民法院提起公诉，将被告人交付审判，在人民法院决定开庭审理时，除罪行较轻、经人民法院同意的以外，人民检察院均应派员以国家公诉人的名义出庭支持公诉，同时对审判活动，包括法庭人员的组成、被告人诉讼权利的行使，以及审理案件的程序等是否合法进行监督，如发现有违法行为，向法庭提出纠正。人民检察院对同级人民法院尚未生效的第一审判决或裁定，如认为确有错误，可在上诉期限内向上一级人民法院提出抗诉。上级检察院对下级人民法院、最高人民检察院对各级人民法院已生效的判决或裁定，如发现确有错误，可按照审判监督程序提出抗诉。人民检察院还有权对人民法院的民事审判活动实行法律监督。

3. 对刑事判决裁定的执行和监管改造工作的监督

对刑事案件判决、裁定的执行进行监督，包括对监内执行的监督和监外执行的监督。对监外执行的监督是指对由公安机关或基层单位负责执行的管制、缓刑、假释等进行监督。在监督过程中，人民检察院如发现判决或裁定确有错误，按照审判监督程序提出抗诉；对服刑中表现好的罪犯，按照法定程序给予减刑或假释。对重新犯罪或遗漏了罪行的罪犯予以侦讯和起诉；如发现监狱、看守所、劳动改造机关有违法情况，应通过主管机关进行纠正。此外，对劳动教养机关的活动，人民检察院也有权进行监督。

二、人民检察院依法履职，为构建中国特色产权交易资本市场提供司法保障

（1）人民检察院起诉金融诈骗、破坏金融管理秩序犯罪分子，持续打击金融领域犯罪。最高人民检察院根据金融犯罪案件动向向中央有关部门发出检察建议，推动强化金融监管、促进落实源头防控各项措施。

（2）人民检察院支持企业经营发展。坚持依法保障企业权益与促进守法合规经营并重，对国企民企、内资外资、大中小微企业同等对待、平等保护。坚定支持国有企业改革发展，依法维护国有资产安全；持续落实服务民营经济 11 项检察政策；发布典型案例加强指导。

（3）人民检察院加大知识产权司法保护力度，起诉侵犯商标权、专利权、著作权及技术信息、经营信息等犯罪行为，坚持刑事追诉与民事维权并重，审查起诉时主动告知被侵权企业诉讼权利。

（4）人民检察院努力发挥民事检察职能，具体包括：一是认真受理民事申诉案件，办好对经济社会发展有引领价值的典型案件，发挥同类案件的指导作用；二是对于民事抗诉案件，或人民法院因抗诉而改判、发回重审、调解、和解撤诉案件，应慎重处理；三是向人民法院提出再审检察建议；四是大力整治虚假诉讼，纠正虚假诉讼案件；五是对执行活动中的违法情形提出检察建议，对拒不执行判决、裁定的坚决批捕。

人民检察院通过依法打击犯罪，维护产权交易资本市场的秩序和环境，促进中国特色多层次资本市场建设，是司法监督的重要力量。

第四章　公众监督

产权交易资本市场作为我国资本市场的一个重要组成部分，在历经了30多年的建设后，已经实现了自身的跨越式发展。它构建了国际上独具特色的国有资产阳光配置平台、有形并购市场和非标资本要素市场体系，有效推动了产权制度和要素市场化配置改革，为我国完善社会主义市场经济体制发挥了重要作用，为世界其他国家和地区建设现代市场体系提供了中国智慧及方案。作为一个具有充分公开属性的市场平台，在产权交易资本市场内完成的各类交易尤其是国有资产资源的交易与广大人民群众的利益密切相关，因此需要接受广泛的公众监督。

公众监督是指公民及其他各类社会行为主体依据宪法和法律赋予的权利，以法律法规和职业道德规范为准绳，对国家机关及其工作人员权力行使行为的合法性与合理性进行监督。按照行为主体的不同，公众监督可分为公民监督、舆论监督、社会团体监督等类型。公众监督不具有国家权力性和法律强制性，监督的实现在很大程度上取决于国家的民主化水平和有关人员的法律意识、民主观念、道德水平以及社会舆论的作用。公众监督具有监督主客体、内容、范围和影响上的广泛性与普遍性，监督方式和途径上的灵活性。监督可能引发和启动相关国家监督机制的运行引导性等多个特性。

第一节　公民监督

“江山就是人民，人民就是江山。”产权交易资本市场是具有充分公开属性的市场平台，是服务经济社会的公共基础设施，各类交易尤其是国有资产资源的交易与广大人民群众的利益密切相关，需要接受公民监督。

我国宪法所规定的公民监督权主要包括批评建议权、控告检举权和申诉权。公民对于任何国家机关和国家工作人员，有提出批评和建议的权利；对于任何国家机关和国家工作人员的违法失职行为，有向有关国家机关提出申诉、控告或者检举的权利，但是不得捏造或者歪曲事实进行诬告陷害。公民监督虽然是一种非国家性质的监督，不具有严格的法律形式，也不具有法律强制性的后果，但能引起社会组织及国家机关的注意，从而带动强制性监督的介入，具有广泛的群众性，是法律监督体系的基础。

一、国有产权交易需要接受公民监督

产权交易资本市场按照《中华人民共和国企业国有资产法》及有关政策规定，以服务国资监管和国资国企改革为主，开展全要素资源交易服务。国有资产属于国家所有，即全民所有，是全体人民共同的宝贵财富，产权交易资本市场服务国有资本布局结构调整、发展混合所有制经济、提高国有资产配置效率、推动国有经济高质量发展等方面工作的成果将直接影响公民的权益，公民或者是好的结果的直接受益者，或者是错误行为的直接受害者。

我国产权交易机构无论是事业单位还是企业法人，绝大部分是国有或国有实际控制机构，按照政府授权与许可开展业务，交易机构工作人员属于国家工作人员，交易机构及其工作人员均有义务接受公民监督，这符合人民群众的期待。

二、公民监督对产权交易资本市场公开属性的完善具有重要意义

公民监督有益于完善产权交易资本市场的公开属性，促进打造具有更强公信力、有序流转的阳光平台。随着产权交易资本市场的不断发展，股权、物权、债权、知识产权、金融资产、公共资源等越来越多的交易品种被导入，资金流、客户流、项目流在产权交易资本市场的体系中不断循环、叠加、集聚，市场能级、市场活跃度、资源配置效率进一步提升，规模效应的形成将促使市场的系统性、功能性不断释放更大效用，也将推动各个要素市场高质量发展。要素平台业务综合性的不断提升，产权市场逐步由单一的市场向全要素、全产业链、多元化转变，补齐了单一市场的功能性短板，产生了正的外部效应，形成了合力与叠加优势。优势互补、联动发展，要素交易平台不断做强做优做大，更加需要强化公开透明属性。① 公民作为监督主体，人数多、分布广，具有明显的广泛性，发挥公民监督的积极作用，能够实现对产权交易资本市场丰富多样的交易品种和不断增长的交易规模更加有效的监督。公民通过批评建议权、控告检举权等形式实施监督，既体现了公民监督的自主性和独立性，又将自身的监督融进了其他监督中，“自下而上”，成为其他监督的基础，促进市场更健康地发展。

三、产权交易资本市场要不断加强信息披露，主动接受公民监督

信息披露是资本市场的核心，产权交易机构的资本市场功能定位要求建立规范、

① 周小全．对发展产权市场的几点认识和思考［J］．产权导刊，2020（10）：21-23.

严谨、充分的信息披露机制。当前，我国产权市场已经建立了交易信息披露制度，但该项制度建设仍处于起步阶段，许多规定仍有待完善。在信息披露标准和规则制定方面，产权市场可以参考证券市场信息披露的制度设计，引导专业机构对披露信息进行专业服务。在信息披露制度设计中，应充分考虑交易标的主要涉及国有资产和资源的特点，根据交易品类和交易需求实行分类披露机制。国有产权的基本属性要求加强面向公众披露的力度，因此需要设计科学的信息披露机制，为公民监督提供有效保障。

公民可以通过多种渠道和形式行使法律赋予的监督权，如可采取发表评论、写信、面谈、打电话、网上举报、民主评议等方式直接批评和监督交易市场，也可通过人大代表、政协委员、大众传媒等来实施监督。另外，交易机构要有接受公民监督的主动意识，制定具有实效性的主动披露规则，参照企业社会责任报告（ESG）机制，主动披露交易平台运行有关信息，通过主动接受公民监督，防治平台系统腐败，促进平台工作人员廉洁从业，提升平台公信力。

四、公民监督要坚持党的领导，依法合规开展

产权交易资本市场是从我国国情出发，具有中国特色的资本市场，经过 30 多年的探索实践，已成为促进各类资源要素有序流转的权益性、基础性资本市场，在市场经济建设中发挥着越来越重要的作用。当前，产权交易资本市场开展的业务分为资产股权类、金融资产类、自然资源类、环境权类和招标采购类共 5 大类 26 个具体的业务种类。2012—2020 年，产权交易资本市场累计交易额达 68.78 万亿元，年均复合增长率为 27%。党的十八大以来，产权交易资本市场的功能地位和社会影响力进一步得到巩固，产权交易资本市场的体系建设和交易规模呈现跨越式发展。产权交易资本市场不断探索创新路径，社会影响力不断扩大，越来越深刻地影响着社会经济各个方面。同时，在服务国资国企改革过程中，产权交易资本市场也面临着不少机遇和挑战，需要不断完善。

对交易平台的监督和管理必须从实际出发，坚持党的领导，遵循习近平新时代中国特色社会主义思想，保证人民通过各种途径和形式依法参与监督，防范滥用公民监督权利捏造或者歪曲事实，确保产权交易资本市场长期稳定健康发展。

第二节　舆论监督

舆论监督工作一直以来都是受到党和政府高度重视的一项工作。“舆论监督”一词在 1987 年 10 月召开的中国共产党第十三次全国代表大会上首次出现。此次会议明确提出：“要通过各种现代化的新闻和宣传工作，增加对政务和党务的报道，发挥舆论监督的作用，支持群众批评工作中的缺点错误，反对官僚主义，同各种不正之风作斗争。”

一、舆论监督的概念

所谓“舆论监督”，单从词面意思解读，可分为“舆论”和“监督”两个部分。舆论是指社会公众在公共场合对社会公共议题进行公开的讨论而得出的一致结论。监督是指监察和督促。《辞海》对“舆论监督”的定义是：“公众通过舆论机关或者运用舆论工具，行使宪法和法律赋予的舆论监督权利。”

二、舆论监督的分类

按媒体宣传方式的不同，舆论监督可分为传统媒体舆论监督和新媒体舆论监督两种。所谓传统媒体，主要是指报纸、广播、电视、电影等媒体；而新媒体则是以互联网为依托的延伸产品，如电脑、手机等。这里以新媒体舆论监督为例做重点论述。

中国互联网络信息中心（CNNIC）发布的《第48次中国互联网络发展状况统计报告》显示，截至2021年6月，我国网民规模达10.11亿人，互联网普及率达到71.6%；手机网民规模达10.07亿人，网民使用手机上网的比例为99.6%；网络新闻用户规模达7.60亿人，占网民整体的46.4%。随着科技的发展和信息产业的进步，信息传播机制发生了翻天覆地的变化，互联网的快速发展让新媒体成为“连接一切”的生态平台，为公民正常行使知情权和表达权提供了便利，也为我国新媒体舆论监督提供了根本保障。作为一种新兴的舆论监督方式，新媒体舆论监督的主要特点就是通过新媒体手段来表达民意，概括可知，新媒体舆论监督是监督主体（如网民）运用新媒体传播媒介（如互联网、手机）对监督客体（如政府决策、社会现象等）发表自己的意见或言论，通过传播形成一定的舆论压力，最终实现监督目的的一种权利行使方式。

相比于传统媒体舆论监督，新媒体舆论监督在主体上实现了从以精英为主导到以平民为中心的转变，即公民以平等身份参与监督的全过程，“人民监督”真正落到了实地；从客观上实现了广度和深度的全方位拓展，监督对象的范围进一步扩大；从内容上突破了时间与空间的限制，呈现出多元化的特征；在模式上完成了由单一化向多样化的转型，畅通了舆论表达渠道，丰富了舆论监督手段。①

三、舆论监督的必要性

媒体是重要的信息源，是舆论监督的主体，是疏导社会情绪的重要渠道，更是凝心聚力、团结稳定的重要力量。随着新媒体舆论监督的产生和发展，其对产权交易资本市场长期健康发展的监督作用日益凸显，并已逐渐发展为公众对市场进行舆论监督

① 李萧．我国新媒体舆论监督研究［D］．保定：河北大学，2018.

的重要方式。

（一）能够提升产权交易资本市场的公开、透明和规范化程度

媒体通过对产权交易资本市场进行客观理性的报道、宣传和评判，提升了整个市场的新闻传播力和引导力，为持续打造一个公开、透明、规范的资本市场营造了良好的舆论环境。媒体在宣传过程中，围绕市场展开报道和讨论的热点事件普遍具有传播速度快、波及范围广的特点，能够在社会上迅速引起民众的广泛关注。与此同时，媒体舆论监督在很大程度上保障了公民的知情权，使公民能够充分行使舆论监督的权利。

（二）为产权交易资本市场发展提供更多机会

近年来，国内产权交易机构聚焦服务国资国企改革，坚持规范运作，持续创新发展，全国产权市场已成为国内交易量、覆盖面、影响力、运行质量均呈现良好发展态势的基础性、权益性资本市场。国内主要产权机构不断推进业务创新，按照稳中有进、创新发展的主基调，在服务国有资本重组布局、发展非公经济、拓展投融资渠道、加快科技成果转化、优化配置金融资产、提升要素市场化配置等方面发挥重要作用。①

随着市场的健康发展，我国的新闻舆论界以更加积极的姿态关注并参与到市场建设中，坚持正确的舆论导向，做了大量积极的、富有建设性的报道，特别是围绕市场改革发展、加强舆论监督等方面，发表了一系列有深度、有质量、有影响的文章，提升了市场主体信息披露质量，净化了舆论环境，起到了媒体引领舆论导向的作用。新闻舆论的引导从方向上给社会公众以指导，帮助公众认清形势、深入了解产权交易资本市场，统一思想、鼓舞信心，促使资本市场朝着更加健康的方向发展。

第三节　社会团体监督

社会团体监督主要是指各类社会组织对国家行政机关及其工作人员的行政管理活动所进行的监察和督促。社会团体通过选举、请愿、对话、示威、舆论宣传等形式对政府的管理活动进行监督。本节重点从行业协会监督的角度阐述此问题。

国务院办公厅于 2015 年印发的《整合建立统一的公共资源交易平台工作方案》（简称《工作方案》）的基本原则中提到，“坚持转变职能、创新监管。按照管办分离、依法监管的要求，进一步减少政府对交易活动的行政干预，强化事中事后监管和信用管理，创新电子化监管手段，健全行政监督和社会监督相结合的监督机制”。2017

① 周小全．发挥产权交易所在资本市场要素配置中的枢纽作用［J］．清华金融评论，2021，10（95）：80.

年，中共中央办公厅、国务院办公厅印发的《关于创新政府配置资源方式的指导意见》中又提出，“建立健全资源配置信息公开和公众参与制度，充分发挥社会公众和第三方专业机构在创新政府配置资源方式工作中的积极作用”。这些政策的出台，确保了行业协会参与产权交易资本市场监督的合法性。

行业协会参与到公共管理监督中，可以创新社会的监督管理方式，同时推动行业的发展。行业协会具有专业性和公众性等特点，可以弥补产权交易资本市场中政府监管的不足。行业协会对产权交易资本市场进行监督的优势体现在以下四个方面：

第一，行业协会是自发结成的社会中介组织，承载了行业的共同利益，因此可以有效将行业内部的意愿和需求传达给政府。

第二，社会公众普遍缺乏对产权交易资本市场的深入了解，因此在参与监督的过程中存在一定的被动性和盲目性。行业协会各个组成单位中的人员大多长期或专门从事相关工作，他们获取信息的渠道比政府更加畅通、更加多样甚至准确，能够在政府监管之外对交易进行全方位的追踪和监督，同时能够提出更具有针对性的意见，协助政府监管部门完善相关政策法规。

第三，政府在获取信息渠道有限的情况下，可以依靠行业协会获取信息，从而防止决策失误，有利于提高政府决策的科学性和可行性。

第四，在产权交易资本市场，管理机构具有政策制定者和推动者、市场管理者等多重身份，导致部分市场主体存在同体监管的情况。这不仅违背了《工作方案》中“决策权、执行权、监督权既相互制约又相互协调”的要求，还会使社会公众和交易主体质疑政府监管的公正性，也容易产生贪污腐败等问题。在一定程度上赋予行业协会监督职能，有助于避免上述情况的发生。行业协会的处理方式比行政监管主体灵活，有助于更好地规范交易市场秩序。

行业协会行使监督权力的前提，是建立良好的内部运行机制和监督机制，这需要行业协会不断加强自身建设，明确定位，充分发挥在本行业的主观能动性；同时，政府部门可以通过立法、制度约束、舆论宣传和引导等多种方式，帮助行业协会提升社会影响力，进而提升社会公信力，更好地开展监督工作。

参考文献

［1］周小全．对发展产权市场的几点认识和思考［J］．产权导刊，2020（10）：21-23.

［2］中国互联网络信息中心．第 48 次中国互联网络发展状况统计报告［EB/OL］．（2021-09-15）．www.cnnic.cn/NMediaFile/old_attach/P020210915523670981527.pdf.

［3］李萧．我国新媒体舆论监督研究［D］．保定：河北大学，2018.

［4］周小全．发挥产权交易所在资本市场要素配置中的枢纽作用［J］．清华金融评论，2021，10（95）：80.

05

第五编

新时代产权交易资本市场自律建设

本编核心观点和内容提要

■ 引入“自律建设”的概念，旨在顺应党的十八大以来我国社会治理改革创新的大趋势、新使命、高定位，理解“监督管理”“自律管理”“市场自律”等概念，搞清市场组织与社会组织的功能边界和相互作用，定义“政府监管”“社团自律”“市场运营”等话语体系，理顺产权交易资本市场自律建设的理论逻辑、历史逻辑和实践逻辑。

■ 社会治理创新是国家治理体系和治理能力现代化的必然要求，自律建设是完善产权交易资本市场体系过程中重要且不可或缺的组成部分。产权交易资本市场自律建设是国家制度法规体系监督管理的重要补充，有利于引导市场各主体积极主动加强自身规范建设。

■ 产权交易资本市场自律建设的主体为社会组织，按照当前社会组织管理相关法律法规的界定，社会组织可分为三大类：社会团体、基金会、社会服务机构。市场主体参与自律建设必须以社会组织为载体依法进行。

■ 随着我国社会治理创新的逐步深化，产权交易资本市场自律建设的重点方向已经清晰地显现出来，即需要加强诚信操守自律、风险防控自律和规范创新自律。

第一章　产权交易行业自律建设的理论、依据和创新实践

第一节　产权交易行业自律建设概述

一、行业自律的含义

根据《布莱克法律词典》，自律是某一个组织或行业根据其建立的规则和标准对自身的控制、监督或指导。① 行业自律是所在行业对已有法律法规和政策等强制性规定的遵守与执行，以及同一行业的参与主体通过建立自律组织、构建自律制度体系对行业内的市场活动进行自我监管的行为。

行业自律在实践中一般表现为，由政府确定监管目标和监管框架，行业协会等行业自律组织利用专业资源对政府监管体系进行细化补充，从而更好地实现监管目标。② 行业自律与政府监管和企业自我管理的区别在于：政府监管主要立足于公共利益，属于国家对某一行业的外部约束，具有普遍强制力；企业自律是具体到某一企业内部管理的自我约束；行业自律则是对本行业的所有相关参与主体进行的内部约束，仅适用于自愿加入行业自律组织的市场参与主体，不具有强制性。本章提到的行业自律是指通过行业自律组织，产权交易行业参与主体自发达成的自律。

二、行业自律的内容

行业自律起步较早的行业，行业自律组织主要通过以下途径发挥作用：一是制定相关的自律规则，即通过制定相应的章程、公约、专项规则等规范本行业的基本秩序和行业参与主体的行为。二是搜集行业信息，通过整理相关数据进行分析并发布统计

---

① 史晓霞．证券法视野下的行业自律制度研究［D］．北京：中国政法大学，2011.

② 高秦伟．社会自我规制与行政法的任务［J］．中国法学，2015（5）：74.

报告，为行业内相关企业提供决策参考。三是对违规行为进行处罚。行业自律组织所具有的处罚权，只是为了维护行业及会员的利益，根据行业规则对违规会员进行的惩戒。该处罚权既不具有强制性，也不属于《中华人民共和国民法典》中的合同违约。四是行业纠纷解决权。行业自律组织对行业内部的规则和流程更加了解，对会员之间的纠纷调解会以符合其实际发展需求为原则。此外，行业组织的纠纷调解在内部进行，不对外公开，更能保护会员的信誉和商业秘密。五是监督检查权。监督检查权是行业自律组织为提高行业的整体执业质量、净化市场环境、维护市场秩序，以法律法规政策以及行业规则为依据进行的监督检查。

具体到产权交易资本市场，行业自律的内容包括：第一，厘清与国资监管机构之间的关系，明确行业自律在产权交易资本市场中的地位；第二，在进行自律监管时，注意平衡参与产权交易的各方之间的利益；第三，收集并分析产权交易资本市场信息，严格细化市场参与主体应遵守的交易规则和各项义务，为市场参与主体维权提供依据，监督并处罚违规行为；第四，开展产权交易资本市场相关培训，提高市场参与主体防范风险的能力及有关从业人员的业务能力；第五，利用专业能力帮助市场参与主体解决纠纷，从而建立有效的纠纷解决机制。

三、行业自律的价值

（一）行业自律是维护市场秩序的基础

产权交易行业的参与主体为了在实现国有资产保值增值的基础上实现自身利益最大化，会主动维护产权交易的市场秩序，促进交易顺利进行。如果忽视市场参与主体自发形成的自我约束机制，代之以政府直接全面干预，就可能造成市场参与主体被动地接受监管，为了规避国资监管部门的监管而在其监管不到的地方通过不正当的方式牟利。产权交易资本市场中的交易涉及大量国有资产，如果危害发生后再去追究，造成的损失往往是难以挽回甚至难以估量的。从这个角度来看，行业自律可以成为政府监管的有效补充，建立行业内部的规则、制度、公约有助于防范违法违规行为的发生。将国资监管机构对行业的监管与行业自律相结合，能够实现对产权交易资本市场整体、有效的管理。因此，行业自律是产权交易资本市场稳定健康发展的基础。就我国产权交易资本市场而言，在现有规模和发展速度下，已经成为多层次资本市场的重要组成部分，这一定位对维护产权交易资本市场公开、公平、公正的市场秩序提出了更高的要求。产权交易资本市场自律建设起步较晚，全国性自律组织中国产权协会于 2011 年成立，至今只有 10 余年，相对于其他起步较早的行业，产权交易行业的自律建设有很大的提升空间。

行业的自律管理与政府监管相比有一定的优势。对产权交易资本市场来说，国资监管部门的监管工作可能无法面面俱到，行业自律是解决这一问题的有效途径，也是我国产权交易资本市场在自觉接受监管的前提下依然保持创新发展活力的一条有效渠道。产权交易资本市场在自律建设的过程中逐渐形成了自发性制度，有利于弥补行业尚未形成完备的法律法规政策体系的不足，从而能够使国资监管机构更加专注于市场监管和风险防控。

（二）行业自律是国家相关立法的重要参考

行业自律具有与政府监管和社会监督不同的功能，它可以影响正式法律法规政策的变化以及经济增长等。若行业自律得到重视且能发挥实际作用，就能在一定程度上减轻国资监管部门的负担，对行业内的专业意见、信息资源和行业数据进行收集、整理和分析进而加以利用也可以对国资监管部门的工作起到辅助作用。行业内部的市场参与主体也会更加重视本行业的整体发展和自律建设，提高敏感性，因为自律形成的相关规则、制度、公约等本身与其利益密切相关，而这些规则、制度、公约在实践过程中可能会促进国家的相关立法。若自律规则体系可以得到法律的承认并纳入国家立法，则这些规则不仅契合行业的实践，而且可以为政府处理相关工作省下大量的立法资源，真正实现双赢，具体表现如下：

第一，在日常实践中，行业自律组织为了发挥自身作用、促进行业发展，往往会总结行业的实践经验，并预测行业的发展趋势，从而积累大量的材料和著作。这些材料和著作不仅能为各市场参与主体的实践工作提供参考，而且是政府相关部门掌握本行业动向、其他行业了解本行业的重要参考资料。行业自律组织原本就是由市场参与主体共同组成的，因而在材料、数据、需求的收集等方面更加高效、全面、有可信度且更符合本行业的需求，如中国产权协会编写的《中国产权交易市场年鉴》《产权交易资本市场年度统计报告》等，为政府部门、其他行业了解产权交易资本市场提供了重要参考，对产权交易资本市场主体的实践和整个行业的发展发挥了重要作用。

第二，行业自律组织的相关制度可以为国家的法律法规提供试错机会。国家的法律法规一旦制定，就具有权威性，若出现无法落地的情况，就会对法的权威性产生极大影响。因此，对于一些上升到法律层面还需要实践证明的部分，通过行业自律组织的制度加以规范，再在业务开展的实践中不断完善，在制度得到验证后，则可在适当时机向立法机关提出完善立法的方案。此外，行业制度的修改和废除不会导致社会产生强烈的反应，可行性更高。

四、行业自律的核心主体——行业协会的特点

行业协会的成立本身就是行业自律的开始，根据《布莱克法律词典》的定义，行业协会是一群有着共同职业的人为了保护和发展共同的职业联合起来管理他们的事业，

特别是自发组成的相同行业或者社会上在同一公司、同种商业的人为了彼此的利益和保护自身成员组成的，日常运营由会员交纳会费。① 这一定义与行业自律非常相似。行业协会是行业自律的核心主体，应该如何真正发挥作用是其需要回答的重要问题之一。中国共产党第十八届中央委员会第四次全体会议通过的《中共中央关于全面推进依法治国若干重大问题的决定》中提出："支持各类社会主体自我约束、自我管理。发挥市民公约、乡规民约、行业规章、团体章程等社会规范在社会治理中的积极作用。"由此可见，行业协会在创新社会治理中、在行业发展的进程中都将发挥重要作用。但是，目前来看，行业协会的发展还缺乏一整套的法律法规体系作为支撑。

随着国家行业自律管理体系的日趋成熟，行业协会体现出以下四个特点：第一，行业协会具有自治性。行业协会的负责人或者负责机构由会员选举，经济来源主要是会费。因此，行业协会的重要功能之一就是服务会员。第二，为加快转变政府职能，行业协会已经完成与行政机关的脱钩改革工作。以中国产权协会为例，在接受国务院国资委党委直接领导的同时，正在逐步厘清政府部门与行业协会的职能划分与职责定位。第三，行业协会是政府和市场参与主体之间的桥梁，其在行业信息和数据等的汇总、整理、分析和发布方面的重要作用正逐步得到政府相关部门和市场参与主体的认可。第四，行业协会的管理具有极高的民主性。协会是按照协会章程统一管理的，章程则由协会全体会员共同制定并遵守。

第二节　产权交易行业自律建设的依据

一、行业自律主体身份的合宪性

行业协会作为自律的核心主体，其合宪性表现在宪法所规定的公民有结社自由的权利。② 结社自由是公民按照一定宗旨，依照法定程序组织或者参加具有持续性的社会团体的自由，是公民的基本权利之一。各行业协会是按照中国宪法和法律的规定履行相关程序而成立的，受到国家的保护。中国产权协会从成立之初就是产权交易资本市场参与主体为维护其共同利益和行业发展结社而成的行业自律组织，具有坚实的合宪基础。

---

① 史晓霞．证券法视野下的行业自律制度研究［D］．北京：中国政法大学，2011.

② 鲁篱．行业协会经济自治权研究［D］．重庆：西南政法大学，2002.

二、行业自律建设的法律及政策依据

我国的行业自律建设缺乏相应的法律制度支撑，但是行业协会需要面对脱钩改革后的新形势，国家需要从法律层面促进行业协会自律管理职能逐步替代政府行政管理职能，让行业协会在法律法规的规制下开展工作。我国 1998 年 10 月 25 日发布、2016 年 2 月 6 日修订的《社会团体登记管理条例》属于登记程序性条例，并不是用来规范行业协会开展工作以及脱钩后改革的法律依据。除此以外，国家还出台了《民政部主管社会组织内部审计工作暂行办法》《行业协会商会综合监管办法（试行）》《关于推进行业协会商会诚信自律建设工作的意见》《行业协会商会与行政机关脱钩总体方案》《脱钩后行业协会商会资产管理暂行办法》等政策文件。此类政策文件都是针对某项具体工作制定的，并未对行业协会整体的管理与发展做出具体的规定。

随着经济社会的发展，应将与行业协会相关的法律制度体系构建提上日程，制定符合中国行业自律实践的专门法律法规，对行业协会的宗旨、定位、工作方式、业务范围、经济来源等以法律法规的形式做出明确规定，使行业发展有章可循。在国家尚未出台统一的法律法规之前，就产权交易行业而言，可以先推动《中华人民共和国企业国有资产法》的修订，将中国产权协会的职能、定位、权限等写入其中，使产权交易行业自律有法可依。

三、行业自律建设的契约依据

在法治环境下，行业协会的部分工作在依法定程序获得行业协会会员授权后即可开展。因此，行业协会会员之间的契约认可也是协会获得权利的正当方式之一。就产权交易资本市场而言，行业自律的契约包括中国产权协会会员共同制定的协会章程、《产权交易行业统计工作实施办法》、《产权市场从业人员执业行为准则（试行）》、《企业国有产权交易行业风险防范管理办法（试行）》、《产权交易行业信用体系建设指引》、《产权交易市场国有企业增资业务规范指引》、《产权交易机构自律公约》、《中国产权交易行业信用承诺公约》、《中国企业国有产权交易机构协会收费自律承诺书》、《产权交易机构自律公约》等。这些文件是行业协会会员协商一致将维护市场秩序、促进行业发展、维护会员共同利益的工作交由能够代表其意愿的行业协会实施而形成的契约。

第三节 产权交易行业自律建设的创新实践

中国产权协会自成立以来，始终重视产权交易行业自律建设。本节以中国产权协

会为主体探讨产权交易行业自律建设的创新实践。

一、党建工作的创新实践

全面加强党的领导，将党建工作写入协会章程。中国产权协会党委成立后，推进党的组织和工作全覆盖，全面落实党的政治、思想、组织、作风、制度建设和反腐倡廉工作，健全党委议事规则、“三重一大”制度，确保党中央及上级党委决策部署在协会的贯彻落实。抓好党支部规范化、标准化建设；探索并逐步形成“三个一”行业党建工作新模式，即行业党的建设“一盘棋”、党的活动“一起抓”、党务干部教育培训“一体化”；保持清正廉洁，通过全面落实中央八项规定及其实施细则精神，加强廉洁自律教育，增强纪律意识，推动全面从严治党走深走实。

二、业务工作的创新实践

为发挥产权交易行业作为政府管理经济市场化工具的作用，从资本市场建设的高度助力国家治理体系和治理能力现代化，中国产权协会提出了理论体系、制度（法规）体系、信息（网络）体系、信用（文化）体系、自律与风险防控体系、市场服务体系、标准化体系和教育培训体系八大体系建设，为建成统一、规范、高效和服务功能强的产权交易资本市场奠定了坚实的基础。

（一）理论体系建设成绩斐然

一是形成了一批理论成果。组织了产权交易市场特质属性、功能定位与支撑体系实证研究；开展了行业立法、风险管理、信用建设、要素交易、企业增资、公共资源交易、“一带一路”产权交易、农村产权交易、知识产权交易、数字产权、碳排放权交易等 10 多个专题研究；编纂了《中国产权交易资本市场研究报告》《中国产权交易资本市场专题研究报告》《中国产权交易资本市场经典案例》等 8 部文献。二是完成了一批政府委托课题。承接国务院国资委、国家发展改革委等部门委托的课题共计 18 项，如“交易机构从事中央企业进场交易业务资质动态调整机制的研究”“国有企业强化资本运作能力和以融促产研究”“产权行业及上市公司风险管控监测分析”“国有企业违规经营投资责任追究体系建设课题研究”“传统行业兼并重组的国际经验研究”“商业银行参与企业兼并重组研究”“中央企业科技成果推广应用机制研究”等。三是建成专家智库。特聘 109 名行业专家、12 名研究员、7 名法律顾问。

（二）制度法规体系更加健全

一是贯彻落实中央关于体制机制改革重大决策。深入贯彻落实构建要素市场化配置体制机制、加快完善社会主义市场经济体制、做好碳达峰碳中和工作、建设高标准市场体系等重大决策部署，制定了4个实施意见（行动措施）。参与国务院国资委、国家发展改革委、财政部、生态环境部、银保监会等政府部门相关政策文件制定。三是推进产权交易立法进程。形成《中华人民共和国企业国有资产交易法》议案和修改《中华人民共和国企业国有资产法》议案，以及全国人大76号议案及48号议案。四是制定并实施行业规范。组织起草并实施《国有企业增资信息发布格式文本》《产权交易机构交易业务全面风险管理指引（试行）》《产权交易服务收费行为规范》《中国产权交易行业信用承诺公约（试行）》等9个制度规范。

（三）信息网络体系建设打下坚实基础

一是为提升产权交易行业的信息化水平，结合产权交易行业的实际需求，中国产权协会搭建了全国产权行业信息化综合服务平台。该平台对接了59家产权交易机构的交易数据，初步形成国有资产交易全国“一张网”。截至2022年2月21日，该平台累计披露项目37万余宗，累计披露项目金额（不包括增资类项目）达到3.5万亿元。二是中国产权协会组建具有自主知识产权的核心团队对平台数据进行分析，在生成统计报告、数据产品后在行业内推广，用数据反哺机构，切实做到为国资监管机构、产权交易资本市场参与主体提供满足其实际需要的服务，为推动行业从分散走向联合提供重要支撑。

此外，为响应国家的数字经济发展，中国产权协会协调技术实力强、具有一定影响力的会员单位成立了数字产权委员会，并在成都设立数字产权创新基地，为产权交易行业的数字化发展、创新和落地提供支撑。

（四）信用文化体系建设成效显著

一是开展行业信用评价。完成5批机构会员信用评价和复审工作，截至2022年3月，共评出AAA级75次（占比79%），AA级17次（占比18%），A级3次（占比3%）。其中，7家在复审中从AA级上升至AAA级，1家从A级上升至AA级。二是强化行业诚信管理。协会签署诚信承诺书，并组织107家行业机构签署产权交易行业企业诚信承诺书。三是制定信用档案管理办法，组织会员机构填报信用档案。四是开展信用政策宣传，做好行业信用推广。

（五）自律与风险防控体系逐步完善

一是强化市场风险提示。落实国务院国资委等部委统筹协调监管、防控金融风险、清理整顿交易场所等要求，通过会议、培训、论坛等形式，强调规范创新、合规运行，做好国资业务与其他业务的风险隔离工作，确保国有资产交易规范有序运作。二是完善自律管理职能。参与国务院国资委等五部委组织的产权交易机构综合评审，加强对合规管理和风险防范工作的督导。协助国务院国资委产权局建立从事中央企业国有产权交易业务机构的动态调整机制，组织全国36家交易机构签署自律公约。三是制定交易业务全面风险管理指引、收费行为自律规范和服务会员管理办法，编制市场服务机构名录，起草行业大数据自律公约和职业道德准则。

（六）市场服务体系建设不断完善

一是会员队伍持续壮大。目前，协会会员单位从初创时的66家发展到353家。二是服务机构逐步健全。成立资本投资运营专业分会、市场服务专业分会等5个分会；组建数字产权委员会等6个专业委员会；设立国企改革发展研究基地、碳中和研究中心（培训基地）和数字创新（成都）基地。三是服务水平不断提高。业务服务由13个业务品类扩展到资产股权类、金融资产类、自然资源类、环境权益类、招标采购类共5大类26个具体业务品类。

（七）标准化体系建设初见成效

制定实施协会《团体标准管理办法》，发布实施《产权交易机构综合评价标准》《产权交易机构服务标准》《产权交易行业交易业务信息数据通用规范》《产权交易服务收费行为规范》《产权交易行业数据统计规范》5项行业团体标准，组织起草《数据要素交易标准》《数据共享规范》《企业国有资产交易三项业务信息披露格式文本》《国企阳光采购标准》《产权交易行业职业道德准则》《投资者适当性管理规范》6项新团体标准。

（八）教育培训体系框架基本形成

实施教育培训方案，建立培训基地，拓展外部合作，充实师资库。一是启动产权交易员职业进入《国家职业分类大典》申报工作，作为全国性社会组织碳排放管理员职业协作组成员开展了相关工作。二是线上培训平台初步建成。搭建远程培训平台，在线开展“产权交易行业职业培训”。三是线下培训稳步推进。举办国企混改、风险防控、“国企改革三年行动”、建设高标准市场体系、碳达峰碳中和、数字产权等与政策、行业紧密相关的线下培训，为产权交易资本市场培养专业型、应用型、复合型、多层次的执业队伍。

参考文献

[1] 史晓霞．证券法视野下的行业自律制度研究［D］．北京：中国政法大学，2011.

[2] 高秦伟．社会自我规制与行政法的任务［J］．中国法学，2015（5）：74.

[3] 陈晓军．互益性法人制度研究［D］．北京：中国政法大学，2006.

[4] 鲁篱．行业协会经济自治权研究［D］．重庆：西南政法大学，2002.

[5] 金晓晨．商会与行业协会法律制度研究［M］．北京：气象出版社，2003.

第二章　产权交易资本市场自律组织概况

根据我国社会组织登记管理实践，社会组织分为社会团体、基金会、民办非企业单位（已调整为社会服务机构）三类。截至 2021 年 1 月 25 日，全国社会组织共 901351 个，突破 90 万个，其中民政部登记管理的社会组织共 2292 个。① 行业协会、学会等均属于社会团体。

根据《社会团体登记管理条例（2016 年 2 月 6 日修正版）》，社会团体是指中国公民自愿组成，为实现会员共同意愿，按照其章程开展活动的非营利性社会组织，具有组织性、自愿性、合法性、平等性、非营利性、互益性、公益性和代表性等特点。②根据活动范围的不同，社会团体可分为全国性社会团体和地方性社会团体；根据性质和任务的不同，社会团体可分为学术性社会团体（如学会、研究会）、联合性社会团体（如联合会）、行业性社会团体（如行业协会商会）和专业性社会团体（如律师协会、注册会计师协会）。

第一节　全国性自律组织的分布与运行情况

2019 年，民政部开发设计了“国家社会组织法人库”微信小程序，实时归集公开了全国 83 万个社会组织的基本信息，2301 个全国性社会组织的行政许可、行政处罚、评估登记、表彰、中央财政支持项目、失信记录等信息。通过查询可知，在全国 90 余万个社会组织中，名称中包含“产权”的社会组织共 355 个，仅 2 个为在民政部登记注册的全国性社会组织，即中国产权协会和中国知识产权研究会，其余均为在地方民政局登记注册的地方性社会组织。以“交易”为关键词进行检索，可得到 114 条结果，其中在民政部登记的全国性社会组织有 2 个，分别是中国产权协会和中国银行间市场

---

① 董凡．我国社会组织总数破 90 万个［N］．慈善公益报，2021-01-26.

② 徐家良．社会团体导论［M］．北京：中国社会出版社，2011.

交易商协会。以“产权交易”为关键词进行检索，结果仅有9条，且仅有1个为全国性社会组织，即中国产权协会，其余均为在地方民政局登记注册的社会组织，且登记类型均为民办非企业。

根据上述信息，产权交易资本市场中的全国性社会组织即为中国产权协会。

中国产权协会成立于2011年，是由中央纪委推动、国务院同意、民政部登记注册、国务院国资委成立以来组建的唯一的全国性行业协会。

中国产权协会自成立以来，得到各界领导的关怀、指导和支持。中共十八届、十九届中央委员、国务委员、国务院党组成员王勇同志在协会成立时批示：“要加强指导、规范运作、发挥良好作用。”国务院国资委原党委书记、主任郝鹏同志指出：“在相当长一个时期，产权交易清晰化、透明化，公平公正，通过交易市场体现国有产权的价值是非常必要的，产权协会要在这方面进一步完善做好。”国务院国资委原党委副书记、副主任黄淑和同志对协会批示：“此协会是我委成立以来第一个新组建的协会，一起步就要按照国际先进做法进行运作，为全委305家行业协会提供经验、带个好头。”

根据中国产权协会章程，协会是由从事企业国有产权交易业务的相关机构和自然人自愿结成的全国性、行业性、非营利性社会组织。协会的宗旨是坚持规范性、创新性、自律性的原则，发挥政府和会员之间的桥梁和纽带作用，加强行业自律，为推动我国产权交易资本市场的规范创新发展服务，为维护协会会员的正当利益服务，为政府的决策和监管服务。协会的业务范围：①宣传、贯彻国家关于产权交易的有关法律、法规和政府的相关政策，协助政府有关职能部门、单位监管产权交易资本市场，规范产权交易行为；②研究产权交易领域的新情况、新问题，向政府有关部门及时反映产权交易资本市场发展的相关要求，提出完善政策和立法等方面的建议；③收集并发布行业信息，研究开拓新业务，促进行业资源共享；④制定行业执业标准和自律规则，督促会员执行；⑤维护会员的合法权益，协调会员间的关系；⑥根据授权进行行业统计分析、组织调查研究、提供咨询服务等；⑦经政府有关部门批准，开展行业信用评价工作，承接水平评价类职业资格具体认证工作；⑧开展产权交易理论学术研究和业务开发等工作；⑨组织行业培训，推动业务交流与合作；⑩发展行业公益事业；⑪承办政府及有关部门委托的事项；⑫开展符合本协会宗旨的其他活动。中国产权协会会址设在北京，活动范围为全国。

经过10年的发展，截至2021年底，中国产权协会会员数量从成立之初的66个发展至353个。中国产权协会的权力机构包括会员大会、理事会和常务理事会。中国产权协会的负责人为会长1名、副会长10名、秘书长1名，会长和副会长均不驻会，由秘书长主持日常工作。中国产权协会的办事机构为秘书处，内设5个职能部门（办公室、党办、会员部、信息部、综合部）和4个业务中心［认证中心（信用评价办公室)、培训中心、信息中心、研究中心]。中国产权协会严格执行会员大会、理事会和常务理事会决议，形成了党委会、会长办公会议、秘书长（秘书处领导班子）办公会议、秘书处办公会议等工作机制。

中国产权协会现有13个分支机构和3个研究基地。其中，分支机构为6个专业委员会（业务标准研究委员会、国际交流与合作培训委员会、政策研究与自律委员会、纠纷调处委员会、市场创新委员会、数字产权委员会）和7个分会［资本投资运营专业分会、市场服务专业分会、董事分会、农村产权交易分会、“一带一路”产权交易分会、知识（技术）产权交易分会（筹）、自然资源交易分会（筹）］，3个研究基地分别为国有企业改革发展研究基地、碳中和研究中心（培训基地）和数字产权创新（成都）基地。

2012年12月，经国务院国资委直属机关党委批准组建中国产权协会临时党委。2019年1月，经国务院国资委党委批准同意设立中国产权协会党委。按照脱钩后党建管理新体制的规定，中国产权协会党委受国务院国资委党委直接领导，为国务院国资委党委直接领导的15家直管协会之一。

中国产权协会成立以来，始终坚持依法办会、党建立会、人才兴会、服务强会的原则，深度融入国家治理体系和治理能力现代化进程，积极引领产权交易行业全面贯彻落实党中央、国务院决策部署和国务院国资委党委要求，在国务院国资委、国家发展改革委、民政部、财政部、生态环境部等相关部委的领导支持下，在全体会员单位的共同努力下，以团结、进取、实干、创业的行业精神，规范、创新、合作、自律的行业发展理念，按照资本市场功能定位和提升市场服务水平的新要求，围绕服务国民经济和行业高质量发展，积极发挥会员机构与政府间的桥梁和纽带作用，引领行业始终坚持规范化、市场化、数字化、国际化的发展方向，以完善产权制度、要素资源的市场化配置为主线，以建设高标准、高质量、有效市场为主题，以建成统一、规范、高效和服务功能强的产权交易资本市场为目标，重点围绕理论体系、制度（法规）体系、信息（网络）体系、信用（文化）体系、自律与风险防控体系、市场服务体系、标准化体系和教育培训体系八大体系建设开展工作，推进产权交易行业的发展和产权交易资本市场的繁荣，助力国资监管和国企改革，实现要素资源的市场化配置，为加快构建“双循环”新发展格局、助力经济社会高质量发展、全面建设社会主义现代化国家贡献力量。

2021年3月3日，民政部印发《2019年度全国性社会组织评估等级公告》（民政部公告第505号），公布了2019年度全国性社会组织评估等级，中国产权协会等4家机构被评定为AAAAA级全国性社会团体。全国性社会组织评估结果分为5个等级，由高至低依次为AAAAA级、AAAA级、AAA级、AA级、A级。2014年，中国产权协会首次参加社会组织评估即获得AAAA级的评定。在成立10周年之际，中国产权协会被评定为 AAAAA 级全国性社会团体，既是对协会过去工作成绩的充分肯定，也是对协会推动行业“十四五”起好步、开好局，实现行业奋斗目标的鞭策和鼓励。作为推进国家治理体系和治理能力现代化的重要力量，社会组织的高质量发展对新时代“打造共建共治共享的社会治理格局”具有重大意义。随着对社会组织治理精细化、标准化和专业化要求的不断提高，社会组织评估对规范社会组织行为、提升社会组织能力、强化社会监督起到了重要作用。① 2021 年 7 月，在中国产权协会党委书记、秘书长夏忠仁带队前往民政部汇报工作时，民政部社会组织管理局副局长吕晓莉（正司级）表示，中国产权协会在成立 10 年间迅速发展壮大，并获评 AAAAA 级行业协会，党建工作和业务工作均取得了可喜的成绩，党的领导坚强有力、内部管理规范、人才队伍年轻精干、市场建设成果丰硕，确实做到了协会成立之初各级政府部门领导的批示要求。同时，在协会的引导和推动下，产权交易资本市场在服务国资国企改革、服务国家战略、推动市场经济发展等方面发挥了不可替代的作用。

2021 年 12 月 31 日，《民政部关于表彰全国先进社会组织的决定》（民发〔2021〕111 号）印发，指出“为充分发挥先进模范作用，进一步弘扬社会组织正能量，激励广大社会组织在实现第二个百年奋斗目标新征程中建功立业”，民政部启动了第四次“全国先进社会组织”评选表彰活动，授予了中国产权协会等 281 个社会团体、社会服务机构和基金会“全国先进社会组织”称号。

据民政部社会组织管理局介绍，“全国先进社会组织”是我国社会组织领域的一项重要表彰，自 2004 年以来已成功举办了 4 次表彰活动，累计表彰了 1714 个社会组织。当前全国登记在册的社会组织共 90 余万个，这 1714 个社会组织不到全国社会组织总数的 0.2%。中国产权协会作为一家成立 10 年的年轻的社会组织能够获此殊荣，得益于国务院国资委党委的坚强领导，得益于各级政府部门的支持指导，更得益于广大会员单位的共同努力。2022 年 1 月 28 日，民政部社会组织管理局召开行业协会商会高质量发展交流座谈会，为 21 家获得“全国先进社会组织”称号的脱钩全国性行业协会商会和 5 家民政部业务主管社会组织颁发了奖牌及证书。中国产权协会党委书记、秘书长夏忠仁受邀参会，上台接受“全国先进社会组织”荣誉表彰，并作为 8 家发言代表之一，作了题为“充分发挥先进社会组织示范引领作用 在建设高标准产权交易资本市场中砥砺奋进”的发言。此次会议就行业协会商会等社会组织如何实现高质量发展，提出了“七必须、七服务”的要求：一是必须以过硬的政治能力，服务中心工作和国家大局；二是必须以专业的行业引领能力，服务顶层设计和政策研究；三是必须以强大的品牌培育功能，服务行业发展和企业需求；四是必须以先进的行业发展理念，服务科技进步和创新发展；五是必须以良好的政会合作关系，服务政府决策和市场监管；

① 徐家良．中国社会组织评估发展报告（2018）［M］．北京：社会科学文献出版社，2018.

六是必须以强大的民间交往能力，服务外交战略和国际合作；七是必须以强烈的社会责任意识，服务国家需求和社会关切。中国产权协会在今后的发展中，也必将以“七必须、七服务”为高质量发展的准绳，充分发挥“全国先进社会组织”和全国 AAAAA 级社会组织的示范引领作用，加强党的领导，保持正确的发展方向，坚持规范运行、不断强化自律自治，创新服务形式、提升服务水平，把握发展形势、融入新发展格局，团结带领全国产权交易行业，为推动产权交易行业高质量发展、建设高标准产权交易资本市场继续奋斗、再立新功。

第二节　地方性自律组织的分布与运行情况

根据民政部社会组织登记管理信息系统和全国社会组织统一社会信用代码信息系统中的社会组织登记信息，在社会组织的分布上，从全国范围来看，2019 年，县级社会组织数量最多，有 537313 个，占比为 76.34%；市级次之，有 128843 个，占比为 18.31%；省级社会组织有 35434 个，占比为 5.03%；全国性社会组织数量最少，仅有 2272 个，占比仅为 0.32%。[①] 虽然全国性和省级社会组织在全国社会组织总量中占比很少，但无论是资产规模还是动员能力等，全国性和省级社会组织都要高于省级以下民政部门登记的社会组织。[②] 从区域分布来看，根据《中国民政统计年鉴 2020》，东部沿海地区社会组织数量要高于绝大多数中西部内陆地区。其中，江苏、浙江、广东和山东是比较突出的省份，这 4 个省份的社会组织数量占全国社会组织数量的 41%，拥有量始终保持在较高水平，与其他省份社会组织数量有较大差距。相比较而言，北京、上海等传统经济发达地区的社会组织数量却不高，甚至要低于很多经济发展处于中等水平的地区。

对产权交易领域社会组织的检索结果也基本符合上述数据分布。在全国社会组织信用信息公示平台以“产权”为关键词进行检索得到的 357 条结果中，仅有 2 条为全国性社会组织，占比为 0.56%，与“产权交易”相关的仅有 9 个，其余的绝大多数是知识产权领域的协会、研究会、服务中心。这 9 条结果中含 1 家全国性社会组织，即中国产权协会，其余 8 家均为地方性社会组织，且社会组织类型均为民办非企业，无社会团体。依据产权交易机构有序参与公共资源交易平台整合共享工作的新趋势，以“公共资源”为关键词进行检索得到了 43 条结果。结果显示，公共资源领域无全国性社会组织，均为地方性社会组织，其中有 30 个正常开展活动的社会组织（剔除了撤销

① 中华人民共和国民政部．中国民政统计年鉴 2020［M］．北京：中国社会出版社，2020.

② 黄晓勇．中国社会组织报告（2020）［M］．北京：社会科学文献出版社，2020.

和注销的社会组织）与公共资源交易、配置相关（其中，有 1 条结果与以“产权交易”为关键词进行检索的结果相同）。这 30 个社会组织，从地域分布来看，省级（含直辖市）社会组织为 9 个、市级为 20 个、县级仅有 1 个；从社会组织类型来看，社会团体有 16 个，民办非企业单位有 14 个（其中，有 11 个民办非企业单位实际上是从事公共资源、招投标、拍卖业务的机构，非本书所表述的一般意义上促进行业交流或承担一定自律管理职能的社会组织）。

据此，产权交易资本市场的地方性社会组织名单如下（根据检索结果排序）：①河南省产权协会；②上海长江流域产权交易共同市场促进中心；③中关村公共资源优化配置促进会；④中关村新时代公共资源市场化配置促进中心；⑤河北省公共资源交易行业协会；⑥辽宁省公共资源交易协会；⑦朝阳市公共资源交易行业协会；⑧伊春市公共资源交易协会；⑨温州市公共资源交易协会；⑩台州市行政服务和公共资源交易学会；⑪安徽省公共资源交易协会；⑫合肥公共资源交易管理协会；⑬淮南市永信公共资源优化配置研究所；⑭山东省公共资源交易协会；⑮淄博市公共资源交易协会；⑯武汉市公共资源交易协会；⑰京山市公共资源交易协会；⑱广东省公共资源交易联合会；⑲四川省公共资源交易协会；⑳平昌县公共资源交易服务协会；㉑首都要素市场协会。

上述地方性社会组织中，与产权交易资本市场全国性社会组织中国产权协会联系较为密切的有：河南省产权协会、上海长江流域产权交易共同市场促进中心、广东省公共资源交易联合会、首都要素市场协会。

河南省产权协会，注册成立于 2007 年 6 月 6 日，登记管理机构为河南省民政厅，党建工作机构为河南省体育局，业务范围为协助政府规范、促进产权流转，建立信息平台，组织开展培训与对外合作，承办政府委托事项，开展协会允许的其他活动。根据 2018 年 11 月河南省产权协会第二届会员大会选举结果，该协会副会长兼秘书长为中国产权协会理事单位河南中原产权交易有限公司董事长，同时河南中原产权交易有限公司总经理为该协会副会长。

上海长江流域产权交易共同市场促进中心，注册成立于 2009 年 7 月 31 日，是由开展资产重组和产权转让业务的产权交易机构与相关经济组织举办的非营利性的区域性民办非企业合作组织，登记管理机关为上海市民政局，无业务主管单位，为直接登记，业务范围为理论研讨、合作交流、提供信息、业务标准建设、市场规范、利益协调和成果推广等。该中心的发起单位兼理事长单位为中国产权协会副会长单位上海联合产权交易所。上海联合产权交易所是中国产权协会的创始会员单位之一和第一届理事会会长单位。目前，该中心的 65 个成员单位中，有 51 个单位同时为中国产权协会的会员单位（中国产权协会副会长单位 5 个、常务理事单位 10 个、理事单位 24 个、会员单位 12 个），重叠率高达 78%。

广东省公共资源交易联合会，注册成立于2017年8月14日，由广东省公共资源交易管理工作委员会办公室提出，广东省公共资源交易中心等25家单位牵头成立，由广东省内从事公共资源交易及相关活动的企事业单位、社会团体及相关专家学者、从业人员自愿组成的全省性、联合性、非营利性社会团体法人。成立时由广东省发展改革委作为业务主管单位，后改为广东省政务服务数据管理局，登记管理机关为广东省民政厅。该联合会的副会长单位中，有2个是中国产权协会的副会长单位，分别是广东省交易控股集团和广州交易所集团。该联合会法定代表人是中国产权协会副会长单位广东省交易控股集团原党委副书记、总经理，兼中国产权协会“一带一路”产权交易分会会长。

首都要素市场协会，注册成立于2016年3月19日，登记管理机关为北京市民政局，业务主管单位为北京市金融工作局，由中国产权协会会长单位北京产权交易所、副会长单位北京金融资产交易所有限公司和全国棉花交易市场、北京东方永和国际版权交易中心有限公司共同发起成立，业务范围为政策宣传、调查研究、行业自律、专业培训、对外交流、咨询服务、承办委托、编辑专刊。该协会现有的30个会员单位中，中国技术交易所有限公司、北京绿色交易所有限公司和北京金马甲产权网络交易有限公司等也是中国产权协会的会员单位。

从上述地方性社会组织的简介中可以看出，产权交易行业地方性社会组织的发展有两种模式：一种是以一个行政区域内从事不同类型产权、公共资源、要素交易的机构为成员组成的地方性社会组织，如河南省产权协会、广东省公共资源交易联合会和首都要素市场协会；另一种是以同业机构为主体跨区域合作的地方性社会组织，如上海长江流域产权交易共同市场促进中心，这一点从其成员单位中有78%与中国产权协会会员重叠就可以看出。这两种发展模式也与注册成立的社会组织类型有关。广东省公共资源交易联合会和首都要素市场协会都属于社会团体，名称即显示了其限制活动地域。根据现有管理条例，地方性社会团体不能跨区域活动。上海长江流域产权交易共同市场促进中心属于民办非企业，经咨询有关民政部门，民办非企业与社会团体的主要区别在于民办非企业为结构具有实体性的非会员组织，不同于社会团体，不得设立分支机构。但公开资料显示，在实际运营中，上海长江流域产权交易共同市场促进中心的工作体制和运行机制与行业协会类的社会团体并无二致，如发展成员并收取会费，设置理事长单位、副理事长单位、常务理事单位、监事（长）单位和理事单位，设立4个专委会等。

除上述经各级民政部门登记注册的地方性社会组织外，产权交易行业内具有社会组织属性的各类合作组织、市场合作机制还包括：2002年，由天津、北京、黑龙江、河北、河南、山东、山西7地的产权交易机构共同组建的北方产权交易共同市场（2013年终止活动，整体对接中国产权协会）；2003年，由山东青岛产权交易所牵头，

11 家沿黄河流域城市产权交易机构组成，覆盖山东、山西、河北、河南、陕西、内蒙古、甘肃 7 省份的公司化运作区域性产权市场——青岛黄河流域产权交易共同市场有限责任公司（是唯一公司制的业内合作组织，已注销）；2004 年，由贵州、陕西、新疆、四川、云南、甘肃、重庆的 7 家产权交易机构发起建立的西部产权交易共同市场（目前已不再活动）；2014 年，由北京产权交易所、天津产权交易中心、河北产权交易中心联合发起建立的京津冀产权交易市场发展联盟；2020 年，由重庆联合产权交易所集团和西南联合产权交易所共同设立的川渝共同产权市场，并推出川渝共同产权市场互联网平台深度开展项目合作，川渝共同产权市场是川渝两地国资委为贯彻落实“成渝地区双城经济圈”战略、推进西部大开发形成新格局而创建的市场合作机制，于中国产权协会主办的 2021 中国企业并购与国企混改（成都）峰会上正式揭牌；2021 年，由山东产权交易集团与沿黄省区要素交易机构（青海省产权交易市场、西南联合产权交易所、甘肃省产权交易所集团、宁夏科技资源与产权交易所、内蒙古产权交易中心、西部产权交易所、山西省产权交易市场、河南中原产权交易有限公司）以区域间各类资源要素自由流动和优化配置为目标，共同发起成立的黄河流域要素市场联盟。

综上所述，在 30 余年的发展历程中，产权交易行业始终在通过各种形式探索区域协同发展的路径，无论是设立公司还是创办实体性社会组织，抑或是组成松散的联盟，其目标都是以相对统一规范的标准和流程、更大范围的项目披露、更有深度的资源整合提高市场发现价格、发现价值的能力，提高要素资源配置的效率，进一步促进产权交易机构发挥“三公”阳光交易平台的作用。

根据《全国产权交易行业“十四五”发展规划（2021—2025）》，在“十四五”期间，全国产权交易行业将以党中央、国务院关于“一带一路”倡议、京津冀协同发展、雄安新区建设、长江经济带发展、长三角一体化发展、粤港澳大湾区建设、海南自由贸易港建设、成渝双城经济圈发展、黄河流域生态保护等重大决策部署为引领，推动区域产权交易机构发挥各自比较优势和资源禀赋的作用，探索建立规划制度统一、发展模式共享、区域市场联动的一体化发展机制，为各类要素实现跨所有制、跨地区、跨行业流动和优化配置提供更加高效便捷的服务。上述探索同时也是全国产权交易行业深入贯彻落实中共中央、国务院关于区域协调发展重大决策部署的具体举措。中国产权协会作为产权交易行业的全国性社会组织，将进一步与地方性社会组织协同起来，以建成统一、规范、高效和服务功能强的产权交易资本市场为目标，谱写产权交易行业高质量发展和高标准产权交易资本市场体系建设新篇章。

参考文献

［1］董凡．我国社会组织总数破 90 万个［N］．慈善公益报，2021-01-26.

［2］徐家良．社会团体导论［M］．北京：中国社会出版社，2011.

［3］徐家良．中国社会组织评估发展报告（2018）［M］．北京：社会科学文献出版社，2018.

［4］中华人民共和国民政部．中国民政统计年鉴 2020［M］．北京：中国社会出版社，2020.

［5］黄晓勇．中国社会组织报告（2020）［M］．北京：社会科学文献出版社，2020.

第三章　产权交易行业自律建设的重点方向

第一节　诚信操守自律

一、诚信的含义

儒家十分重视修身为本的思想，认为齐家、治国、平天下都以自我修养为根本。

“诚”与“信”作为伦理规范和道德标准，在起初是分开使用的。最先将“诚”与“信”连在一起使用的是《逸周书》：“成年不尝，信诚匡助，以辅殖财。”“父子之间观其孝慈，兄弟之间观其友和，君臣之间观其忠惠，乡党之间观其信诚。”这里的“信诚”实际上表达的是“诚信”的意思。从一般意义上说，诚信是指诚实不欺，讲求信用，强调人与人之间应该真诚相待。①

二、行业的诚信自律

对大众来说，诚信自律是社会的公共道德规范，而对行业来讲，诚信自律则是行业能够健康稳定发展的基石。对国家、组织、企业或者个人来说，诚信自律对其生存乃至发展都具有重要意义。对和市场经济利益相关的从业者来说，诚信自律是重要原则，也是最基本的道德底线。在市场经济条件下，只有诚信，才能赢得客户的信任，不断扩大市场份额。

诚信是行业自律的基础和核心。如果行业缺乏诚信，自律就是一句空话。加强诚信自律，有利于争取良好的行业信誉、有利的行业政策和社会平均利润。如果一个行业做不到诚信自律，则会出现“溢出损害”，即一个成员企业的过失会连带同一行业的其他企业受到损害。最典型的是三鹿奶粉在2008年带来的“三聚氰胺事件”，重创了中国的乳制品业。时至今日，国内大多数人对国产乳制品的质量和安全仍然持怀疑

---

① 朴美玲．传统诚信观在我国电子商务中的运用研究［D］．延边：延边大学，2018.

态度。

讲行业诚信自律，行业内的领头企业应该成为楷模。这是因为，企业品牌的知名度越高，其影响力就越大，对整个行业的影响也越大。品牌企业、优秀企业、大企业在行业诚信自律方面更应该做到严于律己，一旦被抓住不自律的失信表现，产生的负面作用往往无法估量。

三、产权交易行业的诚信自律

中国产权协会是产权交易行业的全国性、行业性社会团体，作为行业自律的监督实施主体，对行业的发展现状有较为清晰而全面的了解，避免了由于信息不对称可能导致的缺乏严格规范和自律的问题，也更有利于协调行业内各企业间的利益分配。

（一）促进诚信自律的措施

自成立以来，中国产权协会为推动产权交易行业诚信自律建设实施了以下措施：

第一，开展入会诚信核查。对于每一个想要成为中国产权协会会员的单位，中国产权协会在其入会前都会开展诚信核查。一旦该单位在 3 年内有过不诚信行为，便不会同意其加入，以促进整个产权交易行业的诚信建设。

第二，签订《产权交易行业企业诚信承诺书》。为进一步督促行业的诚信自律，中国产权协会要求每一个加入协会的会员单位在入会时签署《产权交易行业企业诚信承诺书》，并在日后不定期进行审核，审核不通过的单位会被取消会员资格。

第三，建立信用制度，促进有关机构和单位的诚信廉洁自律。中国产权协会定期进行信用体系评价并进行公示，以便更好地督促行业内的产权交易机构做到诚信自律。

第四，建立分会，发挥分会优势，推动行业诚信自律监管，进一步提升行业诚信自律的水平。

第五，通过推动与其他行业的合作，开展相应的培训、业务交流和业务合作，强化产权交易行业的诚信自律和监管。

一个行业的诚信自律建设，不仅需要行业协会的努力，更需要提升行业内各单位的诚信自律意识和自觉性。

（二）"十四五"期间的诚信自律建设规划

为了进一步推动行业诚信自律建设，在"十四五"期间，中国产权协会将实施一系列旨在推动行业诚信建设的举措，总体目标是进一步完善诚信自律的相关机制。

第一，继续完善自律体系的建设。通过总结过往经验，探索提高行业自律的监管方式，学习并寻找更多的市场化、法制化手段，推动产权市场自律的建设。同时，借助全国产权行业信息化综合服务平台和统计分析系统，巩固加强交易中和交易后的自律监管，实现实时的动态监测。

第二，继续推动中国产权协会各分会发挥市场服务体系效能。中国产权协会通过现有的分会，推进相应的制度建设，并推动有关单位、机构依法依规、公平有序地开展业务，以进一步提升行业自律水平。

第三，为推进全国公共资源交易平台体系的建设提供协助。通过推进平台体系的建设，组织开展相应的业务培训、交流与合作，加强产权交易行业与公共资源交易在自律方面的协作，提高对应行业的自律能力。

从出现到现在呈现一派欣欣向荣的景象，产权交易行业经历了不少风雨和坎坷，诚信自律建设也随着产权行业的发展在不断推进。作为全国性的行业协会，中国产权协会将会继续发挥政府部门和行业企业之间的桥梁和纽带作用，进一步加强行业诚信自律建设，健全行业诚信自律监管机制，为建设统一、规范、高效和服务功能强的产权交易资本市场贡献力量。

第二节　风险防控自律

一直以来，风险防控都是各行各业稳定健康发展的重要内容，如何做到风险防控自律深受关注。

在第五次全国金融工作会议上，习近平总书记指出，防止发生系统性金融风险是金融工作的永恒主题。要把主动防范化解系统性金融风险放在更加重要的位置，科学防范，早识别、早预警、早发现、早处置，着力防范化解重点领域风险，着力完善金融安全防线和风险应急处置机制。

一、产权交易行业的业务风险

就产权交易行业而言，其交易业务风险可划分为交易业务内生风险和交易业务外生风险。交易业务内生风险是指由交易模式、交易参与人、交易方式、交易环节、交易纠纷、优先购买权行权等交易业务自身因素引发的风险。交易业务外生风险可以分为一般性外生风险和特殊性外生风险。一般性外生风险是指交易业务的合规性、交易机构的内部环境、交易规则、制度流程、风险防控体系等交易业务之外的因素引发的风险；特殊性外生风险是指交易系统的先进性、安全性、稳定性等引致的交易业务风险。

二、产权交易行业的非业务风险

经过 30 多年的发展，产权交易行业内部交易环境逐渐优化，风险管理体系逐步建立健全，交易系统趋于安全、稳定，交易规则、制度、流程等日趋科学、完善，业务操作标准化、规范化水平大大提高，在规避、防范交易业务风险方面也总结出了不少经验和方法。例如，从项目一进场，就保证交易的各个环节均做到职权分明；设立专门的法律和风控岗位，组建党委、纪委和监事会，负责相应领域的监督工作。

随着我国经济社会的不断发展，科技水平的日益提高，虽然产权交易的风险管理体系在逐步建立，但仍然有部分风险防控需要加强，具体体现在以下三个方面：

第一，网络方面。近年来，随着互联网的不断普及，越来越多的机构基于网络系统提供全流程的交易服务。虽然互联网平台的建立为产权交易提供了便利，并在一定程度上规范了流程，但也增加了风险发生的可能性。首先，部分产权交易机构的网络设施不够稳定，在交易过程中容易出现卡顿、停滞等问题，对客户的交易造成影响，从而影响交易机构的公信力。其次，交易机构对网络设施的非法访问、远程攻击等风险防控不到位，安全性有待加强。再次，交易平台的交易数据、商业机密信息等，会由于借助第三方云系统资源备份数据、权限分配不合理等造成信息泄露，从而造成交易机构公信力下降、企业利益受到影响。最后，对部分机构来说，现有人员无法完成互联网平台的搭建，自然而然会选择交给第三方公司去完成。但第三方公司对产权行业的业务理解不到位，可能导致开发出来的平台系统功能与实际业务的需求不匹配，而后续的功能优化又较难实现且成本较高。与此同时，将互联网平台外包给第三方公司完成并进行维护，可能由于第三方公司不交付底层系统代码及各版本代码的兼容性等问题，导致机构或企业面临失去互联网平台实际控制权的风险。

第二，意识方面。即使风险防控越来越多地被提及，在公司和机构的实际日常经营中，也很少实际操作，而且除监督部门和风险防控部门外，很少有人会去思考工作中涉及的风险防控问题。这些问题表明，大多数员工的风险防控意识有待加强。

第三，人员方面。相关业务人员不仅需要在金融、财务、法律、经济、相关政策法规等方面有很强的专业知识储备，更重要的是要有很强的道德风险意识。相关从业人员的道德风险主要体现为款项挪用侵占、商业贿赂、泄露信息、内幕交易、市场操控、玩忽职守等违法违规行为。为了营造公开、公正、公平的市场环境，维护产权交易资本市场的秩序，相关机构和企业除了需要对风控人员加强监督管理外，还需要在专业知识、政策法规和道德风险等方面加大对他们的培训力度，确保相应程序的规范化、有序化，降低风险发生的可能性。

三、产权交易行业的风险防控自律

对于可能出现的风险，可从以下两个方面进行风险防控：

第一，建立先进的互联网平台，提高信息化技术水平。首先，对于互联网平台服务器等相关设备所在地址的网络、技术故障、自然灾害等相关应急情况需要有充足的备案应对措施。其次，在搭建互联网平台时，要建立专业、善于沟通的项目对接小组，以保证系统搭建的科学性、完整性和合理性，以便后续使用和更新。最后，对于将互联网平台交付第三方公司搭建的机构或企业，在交付搭建前一定要明确相关知识产权的最终归属，保证互联网平台的最终控制权属于机构或企业。

第二，改良和提升机构或企业的内部环境。首先，各机构或企业要根据内部和外部环境制定与自身情况相匹配的风险防控措施，定期进行风险检查，并根据企业的发展及时调整和更新风险防控策略。其次，针对机构或企业不同层级的员工设立相互独立、职责分明的风险管理组织。最后，对员工的风险防控意识、职业道德修养和业务水平进行定期的培训和考核，并在机构或企业内部形成良好的风险防控自律文化。

作为全国性的协会，中国产权协会在风险防控自律方面更多的是对机构或企业进行监督和培训。时至今日，各机构或企业的风险防控意识越发强烈，相信未来会做得更好，产权行业也能更加健康稳定地发展下去。

第三节　规范创新自律

一、始终坚持资本市场功能定位，牢牢把握规范发展的生命线

产权交易资本市场必须准确把握资本市场的核心定位，紧紧围绕要素交易的有形并购市场和产权属性的资本市场，探索“互联网+要素交易+金融”的创新模式，构建金融支撑体系和金融服务体系，提升平台的金融属性和金融黏性，为交易各方提供金融支持。

合规永远是产权交易资本市场的生命线。防范交易风险既是对产权交易资本市场的基本要求，也是产权交易资本市场发展的动力。在合规的基础上，要正确处理产权交易资本市场的专业化创新与有效隔离市场风险之间的关系。

二、坚持“十三五”期间产权交易资本市场跨越式发展的成功经验

产权交易资本市场已经发展成为与标准化资本市场并列的、我国多层次资本市场的重要组成部分，在服务国资监管、国资国企改革、促进各类权益要素阳光流转、拓宽投融资渠道、保护各类产权、促进资本形成、优化资源配置等方面发挥着不可替代的重要作用，有力地推动了实体经济发展，成为支持我国经济社会持续健康稳定发展的重要平台。结合“十三五”期间的生动实践，我们总结了建设好产权交易资本市场的几点成功经验：

一是必须坚持服务国资国企改革和经济社会发展大局，主动融入国家战略和区域战略，要以此为出发点和落脚点，使发展的目标、原则、路径与国资国企改革和经济体制改革相协调，与时代发展要求相融合。

二是必须坚持统筹协调监管，把防止国有资产流失、保护各类参与主体利益作为监管自律的重中之重，完善市场监管，切实提高市场运行的规范化程度，有效维护公开、公平、公正和阳光透明的市场秩序。

三是必须坚持统一化、信息化、金融化的发展路径，尊重历史、尊重市场，不断建立数据标准，创新技术手段，推进信息互联互通，优化方法路径，强化金融服务功能，不断健全有利于推动市场统一开放、竞争有序和稳定健康发展的体制机制。

四是必须坚持新发展理念，坚持服务实体经济，不断深化对市场经济运行规律、产权交易资本市场发展规律的认识，更好地凝聚社会共识，形成发展合力。

五是必须坚持市场化、法治化、国际化的发展方向，坚持规范创新发展，坚持非标底线思维，推动行业立法，完善市场体制机制，有序推进产权交易资本市场转型发展，不断提高我国产权交易资本市场的竞争力。

三、坚持规范创新“双轮驱动”服务国资监管和国资国企改革

认真贯彻习近平总书记关于国资国企改革“三个有利于”和“两个一以贯之”的总体部署和有关国资国企改革的重要论述精神，进一步发挥产权交易资本市场权益流转和融资服务功能，更好服务国资监管和国资国企改革，更好服务国有资本布局优化和结构调整。助力国有企业混合所有制改革和股权多元化改革向纵深推进。紧紧围绕资本市场的功能定位，借助“平台+投行”的服务优势，吸引更多的社会资本、境外资本积极参与国企混合所有制改革和股权多元化改革，助力国有企业建立健全现代企业制度。

引导国资监管机构用好、用活产权交易资本市场平台和产权管理手段，为规范发展混合所有制经济提供高质量的市场化服务。为国有资本投资运营公司推进“十项改革试点”提供资本市场运作平台。通过不断提升市场化服务水平，引导国有资本投资公司充分有效利用产权交易资本市场开展投资融资、产业培育和资本整合；引导国有资本运营公司借助产权交易市场平台开展股权运作、价值管理和有序进退，为“两类公司”探索具有中国特色的国有资本投资运营模式贡献行业智慧。

助力国企改革“双百行动”取得实质成效，引导“双百企业”利用产权交易市场平台推进股权多元化和混合所有制改革，健全激励约束机制，解决历史遗留问题。充分发挥产权交易资本市场“平台+投行”功能，引导民间资本、境外资本携手“双百企业”，共同出资组建市场化运作的“双百企业”发展基金，探索以股权投资基金、创业投资基金、风险投资基金等方式推动“双百企业”市场化改革。

探索推动各类国企改革主题基金利用产权交易资本市场更好实现“募、投、管、

退”，有效提高国有资本运作效率，促进企业经营机制转变。以供给侧结构性改革为主线，助力国有企业实现“三去一降一补”的目标，有效化解企业运营中面临的系统性风险，提高国有资本配置效率。助力国有企业利用产权交易资本市场高效灵活处置低效无效资产，剥离企业办社会职能和解决历史遗留问题，聚焦主责主业，健全市场化经营机制，进一步提高核心竞争力。

服务国有企业阳光采购，助力国有企业实现降成本、控风险、增效益、提质量。推广国有资产进场交易的成功经验，配合各级国资监管机构不断完善国有企业采购制度，制定配套的业务规则和操作规范。

依托各地产权交易机构作为全国公共资源交易平台国有产权交易分平台的身份，运用大数据、人工智能等技术手段，由中国产权协会牵头，推动建立全国性的国有企业大宗物资采购、工程建设招投标信息服务平台，实现采购环节全程留痕，风险防控有规可依。

助力军民融合发展战略进一步落地实施。充分发挥中国产权协会扎根行业、贴近企业的独特优势和国务院国资委直管协会的作用，携手全国工商联、地方工商联等社会组织，共同推动军工企业与民营企业利用产权交易资本市场深度挖掘合作机会，争取在国有资本与社会资本技术创新、资产处置、资本融合等方面实现新的突破。

由中国产权协会牵头，组织行业力量深入开展国资监管、国企改革理论研究，更好服务国资监管体制改革和政府部门“放管服”改革，高效稳妥地承接好政府转移职能，为行业发展争取更好的政策支持。以组织实施交易机构信用评级、综合评价为抓手，为国务院国资委组织开展中央企业进场交易业务资质动态调整提供高效、务实的决策建议，参与备选交易机构综合评审，助力国资监管机构完善国有资产进场交易制度。以业务资质动态调整为契机，引导产权交易机构加强规范创新，提升市场化服务水平。

推动境外国有资产依托产权交易资本市场公开交易。以国际化视野加快创新交易方式、业务品种和服务模式，完善境外国有资产交易制度，规范交易行为，提高交易效率，降低交易成本，防范交易风险，实现境外国有资产保值增值。

参考文献

[1] 朴美玲．传统诚信观在我国电子商务中的运用研究 [D]. 延边：延边大学，2018.

致　谢

本次课题研究工作的顺利完成，离不开各位执笔人和支持单位的积极协助与鼎力支持。

（一）执笔人

本次邀请了来自业内外的43位专家学者参与课题报告的撰写，感谢各位执笔人呕心沥血的付出。

执笔人名单（按姓氏笔画排序）：

马湘毅　王双林　王予商　艾碧俊　叶长春　付　伟　朱丽娜　刘一然
刘申燕　刘江璐　刘素妍　孙高健　李　颖　杨　冰　杨思远　杨　啸
杨　颖　连利军　肖　丹　肖　君　何昌福　余　垚　张　凯　张　煜
张敬忠　欧阳克坚　周雪飞　姜又阳　祝婉奕　费汉赟　贾　彦　党　政
殷佳梁　高友富　高志臣　郭　悦　黄运兵　黄晓春　萧　楠　游　方
谢育均　臧腾进　潘　熙

（二）支持单位

本次课题研究工作获得21家单位的大力支持，在此表示衷心感谢。

支持单位名单（按拼音排序）：

1. 阿里研究院产业研究中心
2. 北京产权交易所
3. 北京华诺信诚财务顾问有限公司
4. 北京金融资产交易所
5. 北京九汇华纳企业管理集团有限公司
6. 北京赛瑞思国际商务咨询有限公司
7. 重庆联合产权交易所集团股份有限公司
8. 广东省交易控股集团有限公司
9. 广东要素科学研究院有限公司
10. 广西林控互联网平台有限公司

11. 广州交易集团有限公司
12. 贵州阳光产权交易所有限公司
13. 黑龙江省交易集团博士后科研工作站
14. 华能投资管理有限公司
15. 内蒙古环境能源交易所有限公司
16. 上海联合产权交易所
17. 深圳联合产权交易所
18. 天津农村产权交易所
19. 武汉光谷联合产权交易所
20. 西部产权交易所有限责任公司
21. 中国大连高级经理学院